KB266059

마인드 해킹

HACKING

마인드 해킹

소비심리를 지배하는 아주 작은 행동과학

THE HUMAN

MIND

리처드 쇼튼, 마이클아론 플리커 지음 | 박세연 옮김

RHK
알에이치코리아

이 책을 향한 찬사

광고 현장은 AI 기술로 인한 시대의 변곡점을 맞고 있다. 마케팅의 모든 것이 새롭게 재편되고 있다고 해도 과언이 아니다. 하지만 변치 않는 한 가지가 있다. 마케팅은 결국 '사람의 마음을 얻어야 한다는 것'이다. AI는 논리적 선택지를 줄 순 있어도 "이거 사도 괜찮아"라는 '확신'은 줄 수 없다. 무엇을 선택할지는 인간의 몫이기 때문이다. 따라서 기술과 데이터의 시대일수록 역설적으로 더 중요한 것은 '인간에 대한 이해'다. 행동과학은 우리가 실제로 어떤 선택을 내리는지 연구하는 학문이다. 이 책은 자칫 어려울 수 있는 주제를 세계적인 브랜드들의 성공 전략과 결합해 한 편의 이야기처럼 재미있게 풀어냈다. 소비자의 행동을 구매로 바꾸는 실질적인 해답이 여기 있다. 오늘도 정답을 찾아 헤매는 마케터와 광고인들에게 일독을 권한다.

— 김정훈, 더포지티브 대표

마케팅을 잘하고 싶다면, 결국 인간을 이해해야 한다. 이 책은 인간의 소비심리를 정교하게 분석하며, 행동과학을 통해 단순하고 명쾌하게 풀어냈다. 마케팅을 '감각'이 아닌 '과학'의 관점에서 분석한 브랜드 사례를 통해 실제로 써먹을 수 있는 구체적이고 실용적인 전략이 돋보인다. 인간 행동을 이해하고 영향력을 발휘하려는 모든 마케터에게 이 책을 권한다.

— 이상훈(스투시), 《마케터의 브랜드 탐색법》 저자

파이브가이즈, 다이슨, 레드불 등 누구나 알 만한 브랜드는 우연히 성공한 것이 아니다. 인간의 본능이 어떻게 작동하는지를 집요하게 연구한 끝에 설계된 결과다. 이 책을 읽으면 너무 익숙해서 잘 알고 있다고 생각했던 브랜드들이 사실 얼마나 정교한 행동과학 위에서 움직이고 있었는지 숨겨진 설계도를 발견할 수 있다. 사람은 생각보다 합리적으로 선택하지 않으며 그 선택 뒤에는 언제나 행동과학이 숨어 있다는 것. 이 책을 조금만 더 일찍 읽었더라면 개인적으로 덜 헤맸을 것 같다는 아쉬움이 든다. 최신 마케팅 기법을 따라 하다 한계를 느꼈다면 이제 이 책을 펼쳐보자. 결국 브랜드는 트렌드가 아닌 인간에 대한 이해로 성장하기에.

— **한다혜**, 《되는 기획》 저자

탁월한 마케팅은 기술이자 과학이다. 이 책에서 소개하는 흥미롭고 통찰력 가득한 사례들이 이를 증명한다. 또한 세계 최고의 브랜드들이 어떻게 기술과 과학을 동시에 활용하여 성공을 거뒀는지도 함께 보여준다.

— **로버트 치알디니**, 베스트셀러 《설득의 심리학》 저자

놀라운 책. 실용적이고 풍성하며 번득이는 통찰력으로 가득하다.

— **세스 고딘**, 베스트셀러 《마케팅이다》 저자

오늘날 최고의 브랜드들이 어떻게 미묘한 단서와 기발한 디자인으로 사람들의 이목을 끌고 행동을 유도하는지를 흥미로운 시각으로 들여다본다. 과학적인 증거와 놀라운 사례의 환상적인 조합이 명쾌하고 실용적이며 재미있는 이야기로 펼쳐진다. 곧바로 써먹을 수 있는 아이디어와 전략으로 넘쳐난다.

— **조나 버거**, 《컨테이저스 전략적 입소문》 저자

세계적인 브랜드 사례에서 행동과학의 가치를 발견하게 될 것이며, 또한 이들 브랜드가 어떻게 행동과학의 기본 원리를 활용했는지 이해하게 될 것이다. 쇼튼과 플리커는 인간을 이해하고 움직이려는 이들을 위해 가장 현명하고 재치 있으면서 실용적인 지침서를 만들어 냈다.

— 아옐릿 피시배크, 《반드시 끝내는 힘》 저자

시대를 초월하는 책이다. 두 저자는 행동과학을 바탕으로 세계 최고의 브랜드들이 지금껏 숨겨온 천재적인 심리학적 통찰력을 거꾸로 뒤집어서 보여준다.

— 로리 서덜랜드, 오길비 영국 부회장 《잘 팔리는 마법은 어떻게 일어날까?》 저자

인간의 행동을 바꾸려면, 먼저 인간을 이해해야 한다. 이를 위해 이 책은 좋은 출발점이 되어줄 것이다. 두 저자는 행동과학의 원리를 쉽고 간단한 '마인드 해킹' 기법을 통해 압축적으로 보여준다. 이 책은 많은 브랜드의 성공을 결과론적으로 설명하는 데 그치지 않고, 모든 브랜드가 성공을 위해 계획을 세울 수 있도록 도움을 준다.

— 세라 카터, adam&eveDDB 글로벌 기획 파트너이자 《계획을 세우지 않는 법How Not To Plan》 공저자

창의적인 영감을 공허한 말장난이 아니라 객관적인 수치와 검증 가능한 통계를 바탕으로 실현하고자 한다면, 이 책은 당신을 위한 것이다.

— 데이브 트롯, 크리에이티브 디렉터이자 《포식자처럼 생각하라Predatory Thinking》 저자

스토리텔링과 실용적인 통찰력을 모두 담은 훌륭한 책이다. 마케터라면 꼭 읽어보길 권한다. 유명 브랜드의 흥미진진한 사례와 함께 성공 뒤에 숨은 과학적인 근거를 자세히 들여다보는 동안, 자신에게 맞는 몇 가지 아이디어를 발견하게 될 것이다. 부디 경쟁자보다 먼저 이 책을 집어 들길.

— **멜리나 파머**, 브레이니 비즈니스 CEO이자 《가격의 진실The Truth About Pricing》 저자

쇼튼과 플리커는 생생한 스토리텔링과 함께 최신 연구 성과를 바탕으로 미묘한 단서와 프레이밍 기법 그리고 행동 편향이 어떻게 사람들의 일상적인 의사결정에 영향을 미치는지 잘 보여준다. 마케터와 기업가는 물론, 무엇이 사람들을 움직이게 만드는지 궁금한 이들에게 이 책은 아이디어를 영향력으로 전환하는 소중한 지침서가 되어줄 것이다.

— **탈리 샤롯**, 교수이자 《최강의 영향력The Influential Mind》 저자

차례

들어가며

그저 그런 여러 개보다
강력한 하나

파이브가이즈

어느 화창한 날, 메릴랜드주 오션시티에 있는 산책길을 걸어 간다고 상상해 보자. 때는 1980년대 중반으로, 민소매 티셔츠와 워싱 청바지가 유행하던 시절이었다. 제리 머렐Jerry Murrell은 이 제 성인이 된 네 아들과 함께 산책을 즐기고 있었다.

얼마 전 제리는 다 큰 아들들에게 한 가지 제안을 했다. 대학 에 가든지, 아니면 등록금으로 사업을 시작해 보라고 말이다. 아 들들 모두 사업을 택했다. 그렇게 네 아들은 가족 비즈니스에 도 전하기로 했고, 이는 그들에게 무엇보다 중요한 과제가 되었다. 실제로 가족의 미래가 걸린 일이었다. 그날부터 네 아들은 비즈 니스 아이템을 찾고자 주변을 주의 깊게 살폈다.

함께 산책하던 그때, 해변에 늘어선 요란한 길거리 음식점들 가운데 한 곳이 그들의 눈길을 사로잡았다. 간판에 '스래셔스 프렌치프라이Thrasher's French Fries'라고 적혀 있었다. 그 식당 메뉴는 단 한 가지였다. 감자튀김말이다. 다른 건 없었다. 정말로 맛있는 감자튀김 한 가지만 팔고 있었다. 거기서 제리는 강한 인상을 받았다.

보고도 믿을 수 없더군요. 산책로를 따라 감자튀김을 파는 식당들이 늘어서 있었거든요. 적어도 스무 곳은 되었을 겁니다. 그런데 오직 한 식당에만 긴 줄이 있더군요. 그곳이 바로 스래셔스였죠. 30미터나 되는 줄이 종일 줄지 않는 것을 보고 이런 생각이 들었습니다. 햄버거와 감자튀김. 우리도 간단하게 해보는 거야. 그렇게 아이디어를 얻었던 거죠.[1]

1986년에 제리와 그의 가족은 버지니아주 알링턴에 '파이브가이즈 버거즈 앤 프라이즈Five Guys Burgers and Fries' 매장을 열었다.

파이브가이즈의 자부심은 최고의 햄버거와 감자튀김을 만드는 데 있었다. 제리 가족이 처음 식당을 열었을 때는 비건이나 생선 메뉴를 선택할 수 없었고, 치킨이나 샐러드, 아이스크림도 없었다. 그들은 오로지 최상급 소고기 패티에 최고의 감자튀김을 넉넉하게 서빙하는 일에만 집중했다.

제리는 이 방식이 먹힐 거라 예상했고, 실제로 그랬다. 그렇게 첫 번째 매장이 성공을 거둔 뒤, 제리는 하던 일을 그만뒀다. 그리고 파이브가이즈 브랜드가 점점 인기를 끌던 2002년에 프랜차이즈 사업으로 확장했다. 이후로도 파이브가이즈는 정크푸드라는 이미지에서 벗어나 건강하게 만든 햄버거란 뜻의 '더 좋은 버거**Better Burger**' 브랜드로 자리 잡으며 승승장구했다. 그리고 지금은 전 세계에 1,800개 매장을 운영하고 있으며, 추가로 1,500곳을 오픈할 예정이다.[2]

한 가지만 완벽하게

분명히 머렐은 비즈니스 감각이 뛰어난 인물이었다. 그는 스래서스가 성공한 핵심 이유를 정확하게 간파했다. 그리고 그 이유는 행동과학의 관점에서도 근거가 있는 것이었다.

머렐이 한 가지 메뉴에만 집중하기로 선택한 것은 심리학에서 말하는 **목표 희석 효과**Goal Dilution Effect를 비즈니스에 적용한 사례다. 이 대단히 흥미로운 효과는 어떤 점에서 우리의 직관에 어긋난다. 간단하게 말해서 '목표 희석 효과'란, 여러 기능이 있는 멀티 제품이나 서비스가 더 좋은 것인데도 한 가지 기능에 집중한 것을 더 신뢰하는 경향을 의미한다.

사람들은 여러 기능을 수행한다고 주장하는 멀티 제품이나 서비스보다 한 가지 기능에만 집중한 제품과 서비스를 더 신뢰한다.

2007년 시카고대학교 잉 장Ying Zhang과 아옐릿 피시배크Ayelet Fishbach는 이러한 심리적 현상을 입증하는 한 가지 주요한 연구를 수행했다. 두 사람은 실험 참가자들에게 토마토의 효용을 다르게 제시했다. 토마토를 섭취하면 '암 예방에 도움이 된다'라는 한 가지 효용만 설명하거나, '암 예방과 퇴행성 안과 질환에 도움이 된다'라는 2가지 효용을 포함해 설명했다. 그리고 나중에 토마토 섭취에 따른 '암 예방'이 얼마나 강력할 것으로 예상하는지 평가하도록 했다.

그 결과, 흥미롭게도 실험 참가자들은 2가지 효능을 동시에 제시했을 때보다 암 예방이라는 한 가지 효능만 제시했을 때, 암 예방 효과를 12%나 더 높게 평가한 것으로 나타났다. 물론 논리적으로는 말이 안 된다. 그러나 실제로 한 가지 효능만 제시했을 때, 사람들은 그 효능에 더 강한 확신을 보였다. 이러한 목표 희석 효과는 분명한 교훈을 전한다. 그건 소비자에게 명확한 장점 한 가지만 전달하라는 거다. 여러 장점을 덧붙인다면 핵심 장점에 대한 신뢰가 떨어져서 영향력이 오히려 줄어든다는 말이다.

　머렐은 목표 희석 효과를 직관적으로 이해했던 것으로 보인다. 지금도 파이브가이즈의 메뉴는 다른 햄버거 가게보다 훨씬 단출하다. 그래서 손님들은 그 메뉴가 정말로 맛있을 거라고 자연스럽게 기대하게 된다. 실제로 사람들은 다양한 메뉴가 넘쳐나는 햄버거 가게보다 파이브가이즈 매장에서 먹을 때 더 맛있다고 평가한다. 물론 이러한 효과는, 높은 수준의 브랜드와 서비스, 제품의 수준이 전제되어야 한다. 그래야만 목표 희석 효과로부터 경쟁 우위를 얻을 수 있다.

　오늘날 파이브가이즈는 일 년에 1억 6,500만 개의 햄버거를 판매하고 있다.[3] 그리고 머렐의 아들들(지금은 다섯 명이 된)은 총 23억 달러(한화 약 3조 3천억 원)가 넘는 연 매출을 올리고 있다.[4] 이 모든 일이 가능했던 것은 머렐이 처음 발견한 스래셔스에서 실질적인 행동과학적 통찰력을 얻었기 때문이다.

파이브가이즈
사례의 의미

머렐처럼 우리도 더 빠르게 성장하기 위해서는 다른 이들에게서 배워야 한다. 이는 이 책의 목적이기도 하다. 그러나 일반적으로 성공한 가게의 상황은 스래셔스 사례처럼 단순하지 않다. 즉, 핵심 성공 요인을 파악하기가 그리 쉽지 않다. 그건 대부분의 브랜드가 다양한 마케팅 전략을 동시에 적용하기 때문이다.

이 책에서 우리는 세계적으로 성공을 거둔 여러 브랜드의 사례를 행동과학의 관점에서 분석한다. 그리고 그들이 활용하는 수많은 전략 중에서 효과가 검증된 것들에 특히 주목한다. 우리는 각 장마다 하나씩 브랜드를 집중적으로 살펴볼 것이다. 그리고 그 과정에서 이들이 활용한 원리와 그 원리를 뒷받침하는 행동과학 그리고 마케터라면 꼭 알아야 할 실용적인 통찰력을 소개한다.

이제 당신은 행동과학으로 입증된 마케팅 전략들을 이해함으로써 어떤 브랜드 사례를 참조해야 할지 스스로 판단할 수 있을 것이다. 또한 막연한 추측에서 벗어나 객관적인 증거를 바탕으로 전략을 실행에 옮기게 될 것이다. 이러한 접근방식은 단순한 모방이 아니라, 일종의 지름길이다. 다시 말해, 다른 이들이 먼저 깨달은 지혜를 배움으로써 값비싼 시행착오의 여정을 단축하는 방법이다.

이미 증거는 충분하다

이 책은 단지 '어떤 전략이 성공했는가?'에만 주목하지 않는다. 더 나아가 '왜 성공했는가?'도 함께 살핀다. 다시 말해, 마케팅 성공 사례와 함께 그 이유를 뒷받침하는 행동과학의 원리를 동시에 들여다본다. 그렇다면 행동과학이란 대체 뭘까?

행동과학은 심리학과 사회학, 경제학, 신경과학 분야의 다양한 개념들을 조합하고 과학적 연구를 바탕으로 인간의 심리적 편향Human Biases을 밝혀내는 학문을 말한다. 간단하게 말해서, 행동과학은 동료 연구자들의 검증을 거친 학술적 실험 연구의 집합체로, 사람들이 실제로 어떻게 행동하는지에 주목한다. 즉, 사람들이 그렇게 행동한다는 주장이나 논리적으로 마땅히 그러해야 한다는 추론에 의존하지 않는다.

인간은 의사결정 과정에서 많은 에너지를 소비하려고 하지 않는다는 사실은 널리 알려져 있다. 심리학자 수전 피스크Susan Fiske는 이러한 개념을 간략하게 요약하여, 인간을 '인지적 구두쇠Cognitive Misers'라고 표현한 바 있다. 같은 맥락에서 대니얼 카너먼Daniel Kahneman은 이를 재치 있게 설명했다.

"인간에게 생각이란 고양이에게 수영과 같다. 할 수는 있지만, 어떻게든 하지 않으려 한다."

— 대니얼 카너먼

대신에 인간의 두뇌는 종종 본능적이고 무의식적으로 이뤄지는 신속한 경험 법칙을 활용하는 지름길을 택한다. 그러나 이러한 방식은 체계적인 오류, 즉 이 책에서 말하는 '행동 편향Behavioral Biases'에 취약하다. 그런데 여기서 중요한 점은, 이러한 편향을 이해하면 인간의 본성에 맞서 싸우지 않고 오히려 유리한 방향으로 이용할 수 있다는 사실이다. 실제로 이러한 접근방식은 종종 긍정적인 결과로 이어진다.

전 세계 많은 과학자는 무작위 대조 실험을 수행하고 다양한 개입 방법을 시도한다. 그리고 이를 바탕으로 인간이 실제로 어떻게 의사결정을 내리는지 보여주는 논문을 발표한다. 하지만 이런 연구 성과가 실제 비즈니스로 이어지는 경우는 좀처럼 찾아보기 어렵다. 이에 대해 우리는 변화가 필요하다고 생각한다. 비즈니스 세상은 너무나 오랫동안 본능이나 직관, 혹은 '마케팅의 마법'에 의존해 왔다. 반면 객관적인 증거에는 충분한 관심을 기울이지 않았다.

그래서 더 나은 마케팅 전략을 연구하는 우리 두 사람, 즉 런던의 리처드와 뉴욕의 마이클아론이 손을 잡았다. 우리는 서로 다른 나라에 살고 있지만, 같은 질문에 주목했다.

"우리가 투자하는 예산으로 사람들의 행동을 실질적으로 바꿔놓으려면 어떻게 해야 할까?" 그리고 이 주제를 탐구하고자 〈브랜드를 위한 행동과학 Behavioral Science for Brands〉이라는 팟캐스트를 만들었다. 그리고 지금까지 팟캐스트를 운영하면서 얻은 소중한 깨달음을 함께 나누고자 이 책을 쓰게 되었다.

이 책의 활용법

우리는 각 장에서 하나씩 주요한 브랜드를 다룬다. 먼저 브랜드가 어떻게 성공했는지 살펴보고, 다음으로 그들의 성공 요인을 분석한다. 그리고 더 깊이 들어가서 그들의 전략이 행동과학 원리와 어떻게 맞닿아 있는지 파헤친다.

이 책의 목적은 단지 이론을 제시하는 게 아니다. 우리의 진정한 목적은 마케터와 광고대행사를 비롯하여 브랜드를 이끌어가는 모든 이들을 위해 구체적인 조언을 들려주는 것이다. 그래서 각 장의 마지막에 그 내용을 3가지 핵심 포인트로 요약했다. 이는 인간의 행동에 관한 중요한 깨달음은 간략하게 정리한 것으로, 말하자면 즉각적인 활용 도구다. 다음번 보고서 작성이나 프레젠테이션, 혹은 임원 회의 시간에 직접 활용해 봐도 좋겠다.

우리는 독자들이 이 책에서 흥미로운 사례집 이상의 가치를 발견하길 바란다. 여기서 우리가 전하는 통찰력을 진지하게 바라보고 시도해 보자. 그리고 직접 검증해 보자. 이를 통해 사람들의 실제 행동 방식과 조화를 이루는 방향으로 브랜드를 개선해 나가자.

우리 역시 고객과 학생 그리고 직접 운영하는 다양한 브랜드를 대상으로 이러한 노력을 해나가고 있다. 부디 당신도 이 여정에 함께하길 바란다.

살지 말지는
머리보다 가슴이 시킨다

KRAFT
MAC &
CHEESE

크래프트 맥앤치즈

KRAFT MAC & CHEESE

▼

맥앤치즈Mac and Cheese 이야기로 시작해 보자. 쉽고 빠르게 먹을 수 있는 간편식이다. 물론 끈적한 탄수화물에 치즈로 범벅된 이 음식을 건강식이라고 믿는 사람은 아무도 없다. 그럼에도 크래프트Kraft(최초로 맥앤치즈를 상업용 제품으로 출시한 미국의 대표적인 가공식품 업체-옮긴이)는 영양가 측면에서 우리가 짐작하는 것보다 더 긍정적인 평가를 받고 있다. 그건 그들이 이 유명한 간편식을 건강한 식품처럼 보이도록 만들기 위해 꽤 교묘한Crafty 한 전략을 썼기 때문이다. 자, 지금부터 성공 요인을 들여다보자.

이탈리아의 향기

맥앤치즈는 파스타라고 했을 때 우리가 기대할 수 있는 정통 이탈리아 식품은 아니지만, 그래도 유럽에 그 뿌리를 두고 있다. 14세기 영국 요리책에는 파스타와 치즈로 만든 마커룬즈Makerouns라는 요리가 나온다. 설명에 따르면, 마커룬즈는 삶은 도우와 치즈, 버터를 층층이 쌓아 만든 음식이다. 그렇다면 유럽인들은 적어도 600년 전부터 이러한 형태의 요리를 먹어왔다는 말이다. 그런데 이 요리가 대서양을 건너 미국으로 건너가기까지는 상당히 오랜 시간이 걸렸다. 전해지는 이야기에 따르면, 토머스 제퍼슨Thomas Jefferson의 개인 요리사가 파리를 방문했을 때 이 요리에 강한 인상을 받았고, 나중에 미국으로 돌아와서 그를 위해 요리를 해줬다고 한다.

초창기 맥앤치즈는 손이 많이 가는 요리였다. 파스타를 직접 뽑고, 치즈 소스도 따로 만들어야 했다. 그러나 1910년대에 이르러 파스타와 치즈를 편리하게 조합하는 아이디어가 등장했다. 한 영업사원이 파스타 상자에 크래프트 치즈를 고무줄로 묶어 판매하기 시작한 것이다.

크래프트는 제2차 세계대전 직전인 1937년에 이 아이디어를 받아들여 맥앤치즈를 박스 포장으로 판매하기 시작했다. 반응은 폭발적이었다. 이후 제2차 세계대전이 발발하면서 유제품과 육류에 대한 배급제 또한 크래프트의 성공에 큰 역할을 했다. 전쟁 기간 동안 미국의 가구들은 배급표 한 장으로 건조형 맥앤치즈인 크래프트 디너Kraft Dinner를 2개 살 수 있었다. 이는 힘든 상황에서 가족의 끼니를 해결하는 데 많은 도움이 되었다. 또한 전쟁 기간에 많은 여성이 집 밖으로 나가 일하기 시작하면서, 간편식의 인기가 높아졌다는 점도 중요한 역할을 했다. 게다가 냉장 보관할 필요도 없었다.

크래프트 맥앤치즈가 출시된 첫해만 무려 900만 개가 팔렸다.[5] 그리고 그 인기는 지금도 이어지고 있다. 오늘날 크래프트 맥앤치즈는 하루 100만 개가 팔리고 있다.[6]

가공식품에 대한 인식의 변화

건강식에 대한 관심이 날로 높아지는 오늘날, 초가공 식품인 크래프트 디너에 대한 인기가 크게 식었을 것으로 쉽게 예상할

● 1940년대 말까지 미국 가정에는 냉장고가 흔치 않았다.

수 있다. 그러나 영양에 대한 사회적 인식이 변화하고 있음을 알아챈 크래프트는 이제 건강과 관련해서 브랜드의 이미지를 개선하고, 방부제나 감미료, 색소 등 인공 첨가물을 줄여야 할 때가 왔다고 판단했다.

그런데 많은 브랜드와는 달리, 크래프트는 변화의 시도를 요란하게 알리지 않았다. 2016년에 크래프트는 조용히 식품 성분을 바꿨다. 예를 들어, 제품이 오렌지색을 띠도록 만들기 위해 첨가했던 인공 색소를 모두 파프리카와 강황, 아나토 같은 천연 향신료로 대체했다.

시장 반응은 어땠을까? 사람들은 변화를 알아채지 못했다. 혹은 눈치챘더라도 신경 쓰지 않았다. 매출 성과는 그대로 이어졌다. 다시 말해, 크래프트는 주력 제품들을 건강식품으로 소리 소문 없이 바꿔버린 것이다.

그런데 왜 크래프트는 성분을 바꿨다는 사실을 알리지 않았을까? 그건 크래프트가 **기대 동화** Expectation Assimilation라고 하는 중요한 행동 편향을 잘 이해했기 때문일 것이다.

기대한 대로
느낀다

기대 동화란 '기대한 만큼 경험하게 되는 현상'을 말한다. 다시 말해, 기대가 실제 경험에 중대한 영향을 미친다는 뜻이다.

건강식 브랜드의 입장에서는 안타깝게도, 우리는 몸에 좋은 음식은 맛이 없을 거라 예상한다. 어쩌면 그건 어릴 적 억지로 먹었던 맛없는 채소에 대한 안 좋은 기억 때문일지 모른다. 혹은 달고, 기름지고, 열량이 높은 음식에 본능적으로 끌리는 강력한 진화적 동기 때문일 수 있다. 어느 쪽이든 간에 우리 마음속에는 '건강 = 맛없음'이라는 인식이 굳건히 자리 잡고 있다. 물론 우리는 이성적인 성인으로서 이제 영양가 높은 음식도 얼마든지 맛있을 수 있다는 사실을 안다. 그럼에도 건강한 음식이라고 하면 여전히 부정적인 경험을 예상한다. 그리고 이러한 기대는 자기충족적 예언으로 작용한다.

2006년 텍사스대학교 오스틴 캠퍼스 맥콤스 경영대학원McCombs School of Business 의 라자고팔 라구나단Rajagopal Raghunathan 은 연구 동료들과 함께 기대 동화를 입증하기 위한 한 가지 실험을 진행했다. 그들은 파티에 참석한 손님들에게 인도식 요거트 음료인 망고라씨Mango Lassi를 나눠줬다. 망고라씨는 잘 알려진 음료가 아니었기에 생소한 경험에 대한 사람들의 초기 반응을 관찰하기에 적합했다. 여기서 라구나단 연구팀은 실험 참가자 중 절반에게 라씨가 건강에 좋은 음료라고 설명하고, 다른 절반에게는 건강에 안 좋은 음료라고 말했다. 그러고 나서 그 음료의 맛이 어떤지 평가하도록 했다.

결과는 놀라웠다. 라씨가 건강에 좋지 않다는 설명을 들은 사람들은 건강에 좋다는 말을 들을 사람들에 비해 55%나 더 맛있다고 평가했다. 건강한 음료라는 생각 자체가 미각에 부정적인 영향을 미친 것이다. 사람들이 건강에 좋지 않다고 생각하는(혹은 그렇게 믿는) 음식을 더 선호한다는 사실을 보여주는 연구는 그 밖에도 많이 있다.

기대는 미각을 넘어 행동에도 똑같이 영향을 미친다. 이와 관련해서 스탠퍼드대학교Stanford University의 브래들리 턴월드Bradley Turnwald는 동료들과 함께 2017년 연구에서 객관적인 증거를 보여줬다. 여기서 연구팀은 음식에 대한 설명이 섭취 행동에 미치는 영향을 들여다봤다. 그들은 한 대규모 대학 식당에서 채소 요리에 대한 설명을 무작위로 바꾸는 실험을 진행했다. 정확히는 7주 동안 매일 특정한 채소 기반 요리에 다음 4가지 중 하나의 설명을 무작위로 제시했다.

- 기본적인 요리(식물성 콩과 샬롯)
- 나쁜 성분을 뺀 요리(열량이 낮고 탄수화물이 적은 식물성 콩과 샬롯)
- 건강에 좋은 요리(몸의 에너지를 높여주는 건강한 식물성 콩과 샬롯)
- 달고 맛있는 요리(달콤하게 구운 식물성 콩과 바삭한 샬롯)

라씨의 사례와 마찬가지로, 몸에 좋다는 설명은 맛에 부정적인 영향을 미친 것으로 나타났다. 건강에 좋은 요리라고 소개했을 때, 사람들은 그 요리를 덜 선택했다. 기본적인 요리로 설명한 경우와 비교했을 때, 건강에 좋은 요리라는 설명은 판매량을 7% 떨어트렸고, 나쁜 성분을 제한한 요리라는 설명은 판매량을 11% 떨어트렸다.

사람들이 채소 요리를 가장 많이 선택하게 만드는 방법은 달고 맛있는 요리라고 소개하는 것이었다. 그렇게 했을 때, 채소 요리의 판매량은 기본적인 요리라고 소개했을 때보다 25%나 늘었다.

똑같은 요리를 건강보다 맛을 기준으로 설명했을 때, 사람들은 그 요리를 더 많이 선택했다. 우리는 이러한 발견을 여러 분야에 적용해 볼 수 있다. 마케터들이 윤리적으로 의미 있는(가령 지

도표 1-1. 달고 맛있는 요리로 소개했을 때 판매량은 늘었다

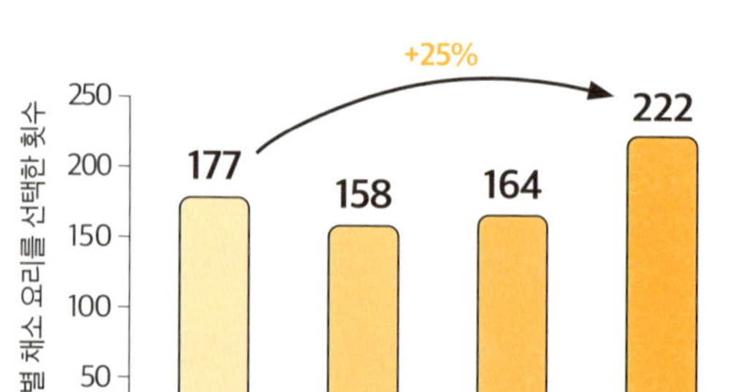

출처: Turnwald(2017)에서 발췌 및 편집.

속 가능하거나 건강한) 행동을 유도하려고 할 때, 주로 '도덕적 가치'를 강조한다. 그러나 턴월드의 연구 결과는 이와는 상반된 접근방식을 제시한다. 다시 말해, 건강한 행동 습관을 널리 알리고자 한다면, 의무감이 아니라 매력을 강조해야 한다는 것이다.

이러한 주장이 피부로 잘 와닿지 않는다면, 테슬라Tesla 사례를 살펴보자. 테슬라는 전기차를 출시하면서 환경적 가치보다는 사람들의 욕망에 집중했다. 즉, 기존 차량보다 낮은 탄소 배출량이 아니라, 세계 최고의 가속 성능과 사회적 지위로서의 상징을 강조했다. 버드와이저Budweiser가 처음 출시했던 무알코올 맥주도 마찬가지다. 그들은 알코올이 빠졌다는 사실을 강조하지 않았다. 대신에 '금주령 시대의 맥주Prohibition Brew'라는 이름을 내세웠다. 맥주에 신비로움을 더하는 흥미로운 마케팅 전략이었다.

크래프트는 건강을 강조하는 전략의 위험성을 잘 이해했다. 그래서 초반에는 건강한 요소를 홍보하지 않았다. 크래프트의 천재성은 소비자들이 몇 달간 그 제품을 경험하고 난 후에 성분이 바뀌었음을 알렸다는 사실에 있다. 그 몇 달은 크래프트의 마케팅 전략에서 대단히 중요한 역할을 했다.

타이밍이 전부다

크래프트의 전략은 기다림에 기반을 뒀다.

성분이 바뀌었다는 사실을 늦게 공지한 것은 그 전략의 핵심이었다. 출시 후 3개월 후, 크래프트는 소비자들이 그 사실을 전혀 인지하지 못한 채 신제품을 먹고 있었노라고 말했다. 그동안 크래프트 신제품은 5천만 개 이상 판매되었다. 그들은 이 마케팅 전략에 '세계 최대의 블라인드 시식회World's Biggest Blind Taste Test'라는 이름을 붙였다.[7] 공개 당일에는 "시식을 권하고 싶지만, 여러분은 이미 드셨습니다"라는 문구와 함께 #didntnotice(아무도 몰랐다)라는 해시태그를 광고에 실었다. 이러한 크래프트의 마케팅 전략은 언론에 강한 인상을 남겼다. 덕분에 매출은 상승세를 계속 이어갔다.

이러한 전략이 실제로 효과가 있다는 사실을 말해주는 연구 결과가 있다. 이 전략의 핵심은 부정적인 인식을 초래할 수 있는 변화가 있다면 그 내용을 공개하기 전에 소비자들이 먼저 경험해보도록 하는 것이다. 그럼으로써 기대 동화 현상을 사전에 차단할 수 있다.

2006년에 컬럼비아대학교 레너드 리Leonard Lee는 동료 연구원들과 함께 기대가 선호도에 미치는 영향을 확인하기 위한 한 가지 실험을 추진했다. 그들은 술집을 찾은 388명의 손님을 대상으로 2가지 맥주를 시음하게 했다. 하나는 일반적인 맥주(버드와이저)였고, 다른 하나는 'MIT 브루MIT brew'(일반적인 맥주에 발사믹 식초 몇 방울을 추가한)라는 이름의 맥주였다.

리 연구팀은 실험 참가자를 세 그룹으로 나눴다. 첫 번째 그룹은 MIT 브루가 마법의 성분(식초)으로 만든 맥주라는 사실을 알지 못한 채 두 맥주를 시음했다. 그리고 둘 중 뭐가 더 좋냐는 질문에 59%가 MIT 브루를 선택했다.

다음으로 두 번째 그룹에게는 MIT 브루가 식초를 첨가한 맥주라는 정보를 미리 알려줬다. 앞서 소개한 실험들과 마찬가지로, 사람들이 별로 좋아하지 않는 성분을 추가했다는 정보는 그들의 미각적 인식에 영향을 미쳤다. 이 그룹에서는 30%만 MIT 브루를 선택했다.

마지막으로 세 번째 그룹에게는 시음 '후'에 MIT 브루가 식초를 첨가한 맥주라는 사실을 알려줬다. 즉, 선호도를 물어보기 직전에 그 정보를 제공했다. 여기서는 52%가 MIT 브루를 선택했다. 이는 식초를 넣었다는 정보를 시음 전에 알린 두 번째 그룹보다 2배 이상 높은 수치였다.

도표 1-2. 불호인 성분에 관한 정보는 시음 후에 전했을 때 가장 약했다

	MIT 브루를 선택한 비중
식초에 관한 정보를 제공하지 않음	59%
식초에 관한 정보를 시음 전에 제공	30%
식초에 관한 정보를 시음 후에 제공	52%　+73%

출처: Lee(2006)에서 발췌 및 편집.

시음하기 전에 식초가 추가되었다는 사실을 안 실험 참가자들은 아마도 한 모금 마시기 전에 그 맛을 상상했을 것이다. 반면 시음 후에 식초가 추가되었다는 사실을 알게 된 참가자들은 처음 마셨을 때의 느낌을 바꿀 수 없었을 것이다.

결론은 분명하다. 소비자들에게 부정적인 인식을 자극할 수 있는 정보를 공개해야 한다면, 소비자들이 직접 경험한 '이후에' 하라는 것이다. 소비자들이 맛에 대한 결론을 이미 내린 후라면, 기대 동화 효과는 크게 약해지기 때문이다. 크래프트는 이 점을 잘 이해했다. 그래서 소비자들에게 신제품을 경험할 충분한 시간적 여유를 주고 나서야 미각적 인식에 부정적인 영향을 미칠 수 있는 변경 사항을 공개했다.

이 연구 결과는 다양한 분야에 쉽게 적용할 수 있다. 예를 들어, 당분과 칼로리를 뺀 제로 음료나 무지방 칩처럼 기존 제품을 건강 측면에서 개선한 신제품을 출시한다고 가정해 보자. 여기서 시음 행사를 진행한다면, 성분에 관한 정보를 전달하기에 앞서 맛에 관한 특성에 집중함으로써 긍정적인 기대를 먼저 심어줘야 한다. 그리고 당이나 지방 성분을 낮췄다는 정보는 나중에 공개해야 한다.

'미래의 나'를 위한
선택으로

어떤 경우에는 건강상 이점을 미리 알리는 게 유리할 수 있다. 여기서도 행동과학은 또 다른 실용적인 통찰력을 선사한다. 이러한 경우에 가장 효과적인 접근방식은 미래를 염두에 두고 의사결정을 내리는 소비자를 목표로 삼는 것이다. 이 방식의 효과를 장담할 수 있는 이유는 사람들은 미래의 자신이 무엇을 원할지 예측하는 것에는 대단히 서툴기 때문이다. 이 사실을 말해주는 연구 결과가 나와 있다.

1998년에 리즈대학교Leeds University의 대니얼 리드Daniel Read와 바바라 반 리우언Barbara van Leeuwen은 시간적 요인이 음식 선택에 어떤 영향을 미치는지 알아보기 위한 실험을 진행했다. 그들은 덴마크 직장인 200명을 다음과 같이 두 그룹으로 나눴다.

- 첫 번째 그룹은 일주일 뒤에 받을 간식으로 사과나 초콜릿바 중 하나를 선택하도록 했다.
- 두 번째 그룹은 지금 바로 받을 간식으로 사과와 초콜릿바 중 하나를 선택하도록 했다.

도표 1-3. 미래의 자신을 위한 선택은 현재의 선호도와 다르다

	사과	초콜릿바
일주일 후	50%	50%
지금 당장	19%	81%

출처: Read and van Leeuwen(1998)에서 발췌 및 편집.

일주일 후 간식을 받게 될 첫 번째 그룹의 경우, 약 50%가 사과를 선택했다. 그러나 당장 간식을 받게 될 두 번째 그룹은 19%만이 건강한 음식인 사과를 선택했고, 81%는 초콜릿바를 택했다. 이 실험 결과는 비록 절반이 미래의 자신을 위해 사과를 선택했지만, 지금 당장의 만족감은 초콜릿바가 더 높다는 사실을 말해준다.

단체 식사를 예약하면서 메뉴를 미리 주문했던 경험이 있다면, 아마도 이러한 편향에 영향을 받았을 것이다. 혹시 삶은 채소와 구운 감자를 곁들인 건강한 생선 요리를 골랐다가 예약 당일에는 옆 테이블에 놓인 스테이크와 감자튀김에 눈길이 가지는 않았는가?

이 연구 결과는 분명한 이야기를 들려준다. 그건 소비자들이

'관심을 기울여야 해'라고 의무감을 느끼는 제품을 출시할 때는 그들이 사전 계획을 통해 구매하도록 만들어놔야 한다는 것이다. 예를 들어, 주간 온라인 식료품 주문 프로그램을 생각해 볼 수 있겠다.

반대로 초콜릿바처럼 미각을 자극하는 식품을 판매한다면, 구매 마지막 순간에 아무런 계획 없이 마주치게 되는 계산대 앞 매대에 진열하는 것이 가장 좋다. 실제로 우리는 바로 그런 공간에서 이러한 제품들을 자주 만나게 된다.

포장에 미소를
담아서

크래프트는 기대 동화 현상에 이렇게 접근함으로써 열성적인 소비자들의 반발을 자극하지 않은 채 제품의 성분을 더 건강하게 바꿨다. 그러나 크래프트가 부린 마케팅 마법은 이게 전부가 아니다. 그들은 파레이돌리아Pareidolia라고 하는 또 다른 흥미로운 심리적 편향도 활용했다. 뜻밖의 공간에서 얼굴 형상을 발견한 적이 있는가? 가령 자동차 헤드라이트 불빛을 보고 얼굴을 떠올린

그림 1-1. 에스토니아 탈린에 있는 성 니콜라스 교회

출처: Shotton(2024).

적이 있는가? 혹은 위 사진처럼 교회 정문은 어떤가? 이게 바로 파레이돌리아 현상이다.

인간의 두뇌는 무작위 속에서 패턴, 특히 얼굴 형상을 찾아내도록 설계되었다. 우리는 구름이나 벽지 얼룩, 혹은 토스트의 그을린 자국에서도 이런 패턴을 쉽게 발견해 낸다.

파레이돌리아 현상은 오래전부터 인간의 고유한 특성으로 여겨져 왔다. 레오나르도 다 빈치Leonardo da Vinci도 이 현상에 대해 이런 말을 했다고 한다.

다양한 형태의 얼룩으로 뒤덮인 벽이나 여러 종류의 돌을 쌓아 만든 담을 바라볼 때, 거기서 어떤 이미지를 찾아내기로 마음만 먹는다면, 산과 강, 바위, 나무, 평야, 너른 계곡, 여러 언덕이 한데 어우러진 풍경을 얼마든지 발견할 수 있다.

이 책에서 소개하는 많은(전부는 아니라고 해도) 심리적 편향과 마찬가지로, 우리는 이러한 인간의 특성을 진화적 관점에서 잘 설명할 수 있다. 인간이라는 하나의 종으로서 우리는 다른 이들의 도움 없이는 살아남지 못한다. 우리는 사회적인 존재다. 그래서 얼굴을 정확하게 인식하는 능력은 생존에 대단히 중요하다.

이와 관련하여 데이비드 롭슨David Robson은 2014년 논문에서 이렇게 설명했다.

인간은 살아남기 위해 다른 이들에게 의존한다. 그러나 상대에게서 도움을 받을 때도 있지만, 폭력을 당할 때도 있다. 그래서 상대의 의도를 재빨리 파악해서 즉각 반응할 수 있어야 한다. 이러한 이유로 인간의 두뇌는 최대한 빨리 다른 사람의 존재를 탐지하도록 설계되었을 것으로 보인다. 때로 나무껍질에서 얼굴을 발견하는 실수를 저지른다고 해도, 덤불 속에 숨어 있는 사람을 발견하지 못하는 실수보다는 훨씬 덜 치명적일 것이다.

이러한 편향이 지금도 여전히 강력한 영향을 미치고 있다는 사실을 보여주는 심리학적 증거가 나와 있다. 이탈리아 살렌토 대학교University of Salento의 지안루이지 귀도Gianluigi Guido는 얼굴 패턴이 들어 있는 물체가 사람들의 주의를 더 강하게 잡아끈다는 사실을 보여주는 연구를 추진했다.

2019년 귀도와 동료 연구원들은 실험 참가자 154명에게 2가지 인쇄 광고물을 보여줬다. 하나는 파레이돌리아 현상을 일으키는 이미지를 담고 있었고, 다른 하나는 그렇지 않았다. 귀도 연구팀은 80%의 경우에 파레이돌리아 이미지가 들어 있는 광고가 그렇지 않은 광고보다 훨씬 더 많이 시선을 끌었다는 사실을 확인했다. 그런데 여기서 한 가지 흥미로운 사실은 광고의 노출 시간이 가장 짧았을 때(0.5초) 이 현상이 가장 뚜렷하게 나타났다는 점이었다. 가장 짧은 시간 동안 광고를 보여줬을 때, 92% 경우에서 파레이돌리아 이미지가 들어있는 광고가 더 많은 시선을 사로잡은 것으로 나타났다.

크래프트는 바로 이러한 파레이돌리아 현상을 포장 디자인에 활용했다. 마카로니로 웃는 얼굴의 형상을 만든 것이다. 후에 이 마카로니 미소는 크래프트의 중요한 자산인 것으로 드러났다. 그들은 이 전략으로 슈퍼마켓에서 소비자의 시선을 사로잡았다. 그리고 인공 첨가물이 없는 안심할 수 있는 먹거리라는 이미지를 심어줬다.

마케터들이 크래프트 사례에서 배워야 할 마지막 교훈은 단순한 디자인 전략이다. 그것은 파레이돌리아 효과를 무시하지 말라는 거다. 포장지나 광고에 순간적으로 얼굴 형상을 떠올리게 만드는 이미지를 집어넣을 때, 소비자의 시선을 사로잡을 확률은 더 높아진다. 귀도의 연구 결과에 따를 때, 이 전략은 매장이나 온라인 쇼핑처럼 사람들이 머무는 시간이 짧을 때 더 큰 힘을 발휘한다.

주의Attention는 단지 있으면 더 좋은 요소가 아니다. 주의는 성공적인 마케팅의 핵심 요소다. 광고 제작자 빌 번바크Bill Bernbach는 이렇게 말했다.

"광고가 사람들 눈에 띄지 않는다면, 그 밖의 모든 것은 학술적인 논의에 불과하다."
                                                              - 빌 번바크

3가지 핵심 포인트

1 상추부터 들이밀지 말자.

소비자는 건강한 음식은 곧 맛없는 음식이라고 생각한다. 안타깝게도 이러한 예상은 자기충족적 예언으로 기능함으로써 제품에 대한 실제 경험에 큰 영향을 미친다. 건강함을 강조하기 전에 한 번 더 고민하자.

2 건강을 내세우려면 타이밍이 중요하다.

건강이 당신이 전하려는 메시지의 핵심이라면, 미래를 계획하는 고객층에 집중하자. 미래의 자신을 떠올릴 때, 사람들은 의무감에 따라 행동하려 한다. 그때 건강 메시지는 최고의 효과를 발휘한다.

3 얼굴 패턴을 집어넣자.

파레이돌리아 효과를 과소평가하지 말자. 우리는 본능적으로 얼굴 형상에 끌린다.

희소성과 추억 앞에선
얼마인지는 중요하지 않아
STARBUCKS
COFFEE
STARBUCKS
스타벅스

STARBUCKS

▼

매년 스타벅스Starbucks에서 출시하는 펌킨스파이스라테Pumpkin Spice Latte의 등장은 계절이 여름에서 가을로 바뀌었다는 걸 알려주는 상징적인 행사다. 그 이름이 위키피디아에 올라와 있고, 굿즈에다가 팬클럽까지 거느리고 있는 스타벅스의 이 대표적인 메뉴는 2003년 출시 이후로 계속 높은 인기를 누리고 있다. 그렇다면 이 놀라운 성공의 비결은 뭘까? 여기에는 몇 가지 주요한 행동 편향이 작용하고 있다.

바다와 어떤 인연이 있을까

흡사 인어처럼 보이는 스타벅스 로고에는 뭔가 바다 내음이 느껴진다. 브랜드의 기원에 뭔가 신비로운 구석이 있는 것도 아닌데도 바다를 떠올리게 만든다. 스타벅스라는 이름은 《모비 딕 Moby-Dick》에 등장하는 일등항해사인 스타벅 Starbuck 그리고 1800년대 지도에 나오는 마을 이름인 스타보스 Starbos 에 영감을 받아 지어졌다. 기업의 브랜드팀은 '스트(St)'로 시작하는 단어가 강한 인상을 전달한다고 믿었고, 그래서 그런 단어들을 계속해서 살폈다. 그리고 결국 올바른 판단을 내렸다.

스타벅스 공동설립자인 고든 보커 Gordon Bowker 의 설명에 따르면, 그들은 바다와의 연관성보다 발음을 더 중요하게 생각했다. 비록 홈페이지에서는 "우리의 이름은 커피 무역상들이 누볐던 광활한 바다의 낭만과 항해의 전통을 떠올리게 한다"며 다소 시적으로 그 이름을 설명하고 있지만 말이다.

1971년에 보커는 동료들과 함께 시애틀에 첫 번째 스타벅스 매장을 열었다. 그리고 거기서 로스팅한 원두와 함께 커피 관련 장비를 판매했다. 이후 1980년대에 하워드 슐츠 Howard Schultz 가 스타벅스를 인수하면서 카페 비즈니스로 전환했다. 그전에 슐츠는 이탈리아 여행을 하면서 사람들이 에스프레소를 나누며 여유롭게 시간을 보내는 모습에 강한 인상을 받아, 일 조르날레 Il Gior-nale 라는 카페 브랜드를 출시하기도 했다. 그리고 일 조르날레에 유럽 감성을 재현하고자 매장에 오페라 음악을 계속 틀어놨고,

바리스타들에게는 나비넥타이를 매도록 했으며, 세계 각국의 신문을 비치해 뒀다.

일 조르날레가 스타벅스를 인수하고 나서도 다소 절제된 매장 분위기는 바뀌지 않았다. 이후 프랜차이즈 매장이 급속도로 늘어나면서, 커피하우스 문화가 미국에 상륙하게 되었다. 그래도 이탈리아의 향기는 그대로 남았다. 가령 에스프레소 기반의 고품질 커피 메뉴 그리고 오늘날 우리에게 익숙한 커피 관련 전문 용어들이 그렇다. 그러나 오페라 음악과 같은 다양한 아이디어는 사라졌다. 현명한 선택이었다.

그로부터 40년이 흘러, 스타벅스는 오늘날 전 세계 80개국에 3만 5천 곳 이상의 매장을 운영하는 세계 최대 커피하우스 기업으로 우뚝 섰다.[8]

가장 인기 많은
시즌 메뉴

스타벅스 메뉴들은 끊임없이 바뀐다. 그리고 그중 많은 것들은 전통적인 이탈리아 에스프레소와 공통점이 별로 없다. 가령 봄 시즌에 나오는 라벤더 크림 프라푸치노는 어떤가?

그런데 해마다 돌아오는 인기 메뉴도 있다. 펌킨스파이스라테가 대표적인 사례다. 스타벅스가 '에스프레소에 호박 시럽을 추가하고, 시나몬과 생강, 넛맥(육두구), 정향을 섞어서 토핑으로 올린 음료'라고 설명하는 펌킨스파이스라테는 수많은 스타벅스 팬 사이에서 인기 메뉴로 손꼽힌다. 이 음료는 출시 후 10년 동안 2억 잔 넘게 팔렸다.[9]

펌킨스파이스라테는 사람들에게 계절의 변화를 알려준다. 해가 짧아지고, 따뜻한 머그잔을 들고 포근함을 느낄 시즌이 찾아왔음을 전한다. 수많은 마케팅 책이 펌킨스파이스라테를 천재적인 마케팅 사례로 소개한다. 그런데 행동과학의 관점에서 어떤 의미가 있을까?

한정 판매가 건드리는 욕망

펌킨스파이스라테의 성공 비결은 계절성에 있다. 다시 말해, 스타벅스는 이 메뉴를 매년 9~11월에만 판매한다. 이는 스타벅스가 행동과학을 전략적으로 활용한 첫 번째 사례다. 우리는 무언가를 가질 수 없을 때, 즉 **희소성**Scarcity이 높을수록 더 원하게 된다. 어떤 제품의 공급이 제한되어 있다는 사실을 알게 되면, 그것에 대한 욕망은 최고로 치솟는다.

이러한 심리를 잘 보여주는 연구가 있다. 2010년 캘리포니아대학교 로스앤젤레스(UCLA) 앤더슨 경영대학원의 수잰 슈**Suzanne Shu**와 캘리포니아대학교 샌디에이고(UCSD)의 아옐렛 그니지**Ayelet Gneezy**는 한 가지 흥미로운 실험에 착수했다. 두 사람은 실험 참가자들에게 인근 카페에서 커피와 케이크를 먹을 수 있는 6달러짜리 상품권을 나눠줬다. 그런데 그 상품권은 두 종류였다. 하나는 유효 기간이 3주였고, 다른 하나는 2개월이었다. 여기서 우리는 유효 기간이 긴 상품권을 받은 사람들이 더 많이 사용했을 것으로 쉽게 예상할 수 있다. 그러나 결과는 반대였다. 2개월짜리 상품권은 6%밖에 사용되지 않은 반면, 3주짜리는 33%가 사용되었다.

두 사람은 행동할 수 있는 기간이 짧을수록 미룰 가능성이 줄어든다고 결론을 내렸다. 유효 기간이 짧은 상품권을 받은 참가자들은 곧바로 사용하지 않으면 기회를 잃어버리게 될지 모른다고 생각한 것이다.

펌킨스파이스라테의 사례에서도 이와 비슷한 심리가 작동했다. 사람들은 그 메뉴가 나왔을 때 서둘러 매장에 가지 않으면, 일 년 동안 마실 수 없다고 생각했다. 좋아한다면, 지금 당장 마셔야 했다. 9월부터 11월까지 사람들은 스타벅스 매장에서 펌킨스파이스라테를 즐긴다. 그러나 기간이 끝나면 마실 수 없다. 그렇게 기다리는 동안, 그 음료에 대한 사람들의 욕망은 더 높아진다.

마치 휴가를 기다리듯이

인생의 특별한 순간에 느끼는 기쁨 중에서 기다림으로부터 오는 즐거움이 큰 비중을 차지한다는 걸 아는가? 런던대학교 인지신경과학 교수 탈리 샤롯Tali Sharot은 무엇이 행복한 '휴가의 느낌'을 가져다주는지 밝혀내기 위해 연구를 진행했다. 여기서 말하는 휴가의 느낌이란 기대감을 비롯하여 여러 다양한 '새로운 경험'을 말한다. 예를 들어, 호텔에 처음 들어가서 웰컴 드링크를 마시고 수영장에 처음 몸을 담그는 느낌 말이다. 샤롯은 이러한 '첫 경험'들이 의미 있는 것은 새로움이 그 자체로 우리에게 보상을 선사하기 때문이라고 설명한다. 새로운 경험은 우리 두뇌에 긍정적인 자극을 가져다준다. 말 그대로 좋은 느낌을 주는 자극을 일으킨다.

스타벅스가 펌킨스파이스라테를 일 년 내내 판매한다면, 사람들은 기다리는 동안의 설렘이나 9월에 처음 맛보는 짜릿함을 경험하지 못할 것이다. 여기서 11월이 끝나고 이듬해 9월까지 이어지는 판매 휴식기는 기다림과 첫 모금의 짜릿함을 가져다주는 중요한 역할을 한다. 그것은 쾌락을 극대화하는 가장 좋은 방법이 쾌락을 잠시 중단하는 것이기 때문이다.

뉴욕대학교의 리프 넬슨과Leif D. Nelson과 톰 메이비스Tom Meyvis 는 2008년 연구에서 이러한 놀라운 아이러니를 들여다봤다. 두 사람은 실험 참가자들을 모아 놓고 안마기의 성능을 평가해 달라고 했다. 그들은 참가자를 두 그룹으로 나눴다. 첫 번째 그룹은 3분(180초) 연속으로 안마기를 사용하도록 했다. 그리고 두 번째 그룹은 80초간 사용하고 20초간 쉬었다가 다시 80초를 사용하도록 했다. 그리고는 모든 참가자에게 만족감을 9점 만점으로 평가하도록 했다(1점은 전혀 만족스럽지 않다, 9점은 최고로 만족스럽다).

그 결과, 3분 연속으로 사용했던 그룹의 평균 점수는 9점 만점에 6.05점이었던 반면, 20초를 중단한 그룹의 평균 점수는 7.05점이었다. 두 번째 그룹의 만족도가 17%나 더 높은 점수를 받은 것이다. 언뜻 보기에 이해가 되지 않는다. 안마기를 더 짧은 시간 사용했던 사람들이 더 만족스러웠다는 것이니 말이다. 두 연구원은 쾌락을 잠시 중단하는 것이 긍정적인 경험에 익숙해지면서 점차 둔감해지는 현상, 즉 습관화Habituation 과정을 막은 것이라고 결론을 내렸다.

이 연구 결과는 만약 스타벅스가 펌킨스파이스라테를 일 년 내내 판매한다면, 소비자들은 금방 익숙해질 것이고 그만큼 짜릿함은 시들 것이라는 이야기를 들려준다.

한정 제품이 큰 인기를 끌 때, 브랜드 입장에서는 판매 기간을 늘려 매출을 올리고 싶은 유혹을 참기 힘들다. 그러나 이러한 방식은 역효과로 이어질 수 있다. 실제로 1980년대 영국 캐드버리Cadbury의 크림에그Creme Egg 초콜릿의 사례가 그랬다. 캐드버리는 원래 크림에그를 부활절 기간에만 판매했다. 그런데 큰 인기를 얻자 이후 연중 판매로 확대했다. 그러자 신선함이 시들면서 매출은 오히려 떨어졌다. 결국 크림에그는 부활절 한정 판매로 다시 돌아갔다.

쾌락을 잠시 중단하면, 긍정적인 경험에 익숙해지거나 점차 둔감해
지는 현상을 막을 수 있다.

이러한 아이디어는 식품이나 음료 시장을 넘어 널리 적용할
수 있다. 예전에 디즈니는 이 아이디어를 효과적으로 활용했다.
비디오 시장이 빠르게 성장하던 1980년대, 디즈니는 '디즈니 볼
트Disney Vault'라는 전략을 선보였다. 디즈니는 여러 애니메이션 영
화를 동시에 판매하지 않았다. 대신에 특정 영화를 한정된 기간
에만 판매했다. 디즈니는 이 전략을 '작품을 금고Vault 속으로 도
로 집어넣는 것'이라고 설명했다.

실제로 디즈니는 애니메이션 작품의 판매를 최대 10년간 중단
했다. 그들은 이러한 접근방식으로 출시 시점에 화제를 만들었
고, 소비자들 사이에서는 판매가 중단되기 전에 사야 한다는 급
박함을 조성했다.

좀 더 작은 규모의 사례로는 배스앤바디웍스Bath & Body Works가
있다. 이 기업은 윈터 캔디 애플Winter Candy Apple과 같은 방향제를
매년 특정 시즌에만 판매한다.

당신의 브랜드가 지금 판매하고 있는 제품들을 떠올려 보자.
여기에 시즌 상품을 추가할 수 있을까? 혹은 기존 인기 상품의 판

매를 몇 달간 중단해서 소비자의 관심에 새로운 활력을 불어넣을 수 있을까? 아이러니하게도 판매를 제한하는 것이 판매를 강화하는 최고의 방법이 되기도 한다.

과거의 행복한 기억을 떠올리다

펌킨스파이스라테 사례에는 또 다른 행동과학적 요인이 작동하고 있다. 만약 음료 자체에 매력이 없다면, 아무리 판매 기간이 짧더라도 사람들은 굳이 서두르지 않을 것이다. 그렇다면 많은 이들이 펌킨스파이스라테에 그토록 열광하는 이유는 무엇일까?

단지 맛 때문만은 아니다. 사람들의 감정을 자극하는 방식도 중요한 역할을 한다. 여기서 스타벅스는 또 하나의 심리적 기법을 활용한다. 그건 바로 향수 Nostalgia 의 힘이다. 향수라는 감성이 사람들의 구매 행동에 중대한 영향을 미친다는 사실은 직관적으로도 쉽게 이해할 수 있지만, 이를 입증하는 과학적 증거도 나와 있다. 2014년 프랑스 그르노블 경영대학원 Grenoble School of Management 의 재닌 라살레타 Jannine Lasaleta 는 연구 동료들과 함께 그 효과를 보여주는 한 가지 실험을 진행했다.

연구팀은 실험 참가자들에게 2가지 인쇄 광고 중 하나를 보도록 했다. 첫 번째 광고는 보편적인 향수를 자극하는 것으로, 이를 본 사람은 과거의 특정한 기억을 떠올리게 된다. 그리고 두 번째 광고는 아직 도래하지 않은 미래의 특정 시점에 관한 이야기를 들려줬다. 다음으로 연구팀은 참가자들에게 24가지 제품을 소개하는 소책자를 나눠주고는 각각의 상품에 얼마의 금액을 지불할 의향이 있는지 물었다. 상품의 종류는 오토바이와 같은 고가품에서 운동복 상의와 같은 중가품 그리고 코카콜라와 같은 저가품에 이르기까지 다양했다.

그 결과, 연구팀은 과거의 향수를 자극한 그룹이 지불 의사를 평균 3배 더 높게 드러냈다는 사실을 발견했다. 이러한 현상은 상품의 종류와 상관없이 일관적으로 나타났다.

그 이유는 뭘까? 심리학자들은 우리가 삶에서 원하는 것을 얻는 데는 크게 2가지가 있다고 설명한다. 다른 사람을 통해서(사회적 연결성Social Connectedness 이라고 하는) 얻거나, 혹은 돈을 지불하고 얻는다. 그런데 여기서 중요한 점은 이 2가지가 서로 반비례하는 관계에 있다는 사실이다. 다시 말해, 향수를 통해 관계성에 대한 인식을 강화할 때, 돈의 중요성은 줄어든다는 것이다.

이 실험의 결과는 향수를 자극해서 과거의 행복한 기억을 떠올리게 만들면, 소비자의 지불 의향을 크게 높일 수 있다는 사실을 보여준다. 그리고 스타벅스의 펌킨스파이스라테는 바로 이러한 효과를 이용했다. 미국에서 호박파이는 많은 사랑을 받는 대표적인 추수감사절 음식으로, 가족이 함께하는 만찬에서 절대 빠질 수 없는 디저트다. 호박파이의 고유한 향은 우리를 과거로 데려가서 어린 시절 집과 가족에 대한 기억 그리고 아늑하고 따스한 감정을 떠올리게 한다. 즉, 향수를 불러일으킨다. 그래서 미국인들은 호박 향이 나는 이 달콤한 음료를 기꺼이 구매한다. 물론 이러한 효과는 음료에만 국한되지 않는다. 다음번 마케팅 전략을 수립할 때, 제품에 향수의 요소를 추가할 수 있을지 한번 고민해 보자.

우리는 향수의 효과를 다양하게 적용할 수 있다. 예를 들어, 지나간 세월을 배경으로 광고를 제작해서 소비자들이 어린 시절을 떠올리게 만드는 방법은 어떨까? 혹은 옛날에 유행했던 친숙한 캐릭터를 활용하는 방법도 있다.

실제로 오레오Oreo는 바로 그 전략을 활용했다. 그들은 1980년대에 출시된 아케이드 게임인 팩맨Pac-Man과 손잡고 한정판 제품을 출시했다. 여러 유럽 시장에서 제품 포장과 쿠키 안에 그 게임을 떠올리게 만드는 캐릭터와 상징적인 요소를 (가령 미로의 이미지) 집어넣었다. 오레오는 이처럼 단순한 마케팅 전략으로 사람들이 유년 시절을 떠올리게 함으로써 더 많이 소비하도록 유도했다.

다양한 형태로 향수를 자극하는 전략은 기업의 수익성을 크게 높여주는 단순하면서도 강력한 방법이다.

3가지 핵심 포인트

1   제한함으로써 수요를 창출하자.

희소성은 행동을 자극하는 중요한 요인으로 오랫동안 인정받
았다. 판매 수량이나 기간을 제한하는 방식으로 이러한 심리적
편향을 활용할 수 있다.

2   중단으로 특별함을 유지하자.

신제품에 대해 사람들이 느끼는 흥분감은 시간이 지나면서 점
점 옅어진다. 심리학자들은 이러한 현상을 '습관화'라고 부른
다. 스타벅스는 펌킨스파이스라테에 습관화가 일어나기 전에
판매를 중단하는 방식으로 이 문제를 영리하게 해결했다. 당신
의 제품에도 이러한 전략을 적용할 수 있을지 고민해 보자.

3   향수는 지갑을 열게 만든다.

소비자와 소통하는 과정에서 향수를 자극하여 과거의 행복한
기억을 떠올리게 만들 수 있다. 향수를 느낀 소비자는 가격에
덜 민감하게 반응한다는 점에서 향수 마케팅은 꽤 효과적인 전
략이라 하겠다.

SNICKERS

▼

배가 고픈가? 단 게 당기는가? 그렇다면 스니커즈가 어떨까?

쫀득한 누가Nougat 위에 땅콩과 캐러멜을 얹고 밀크초콜릿으로 감싼 스니커즈는 미국에서 가장 인기 있는 초콜릿바다. 우리는 행동과학의 연구 성과를 기반으로 스니커즈의 성공 비결을 설명할 수 있다. 이제 그들이 이 달콤한 간식으로 어떻게 초콜릿바 시장을 장악했는지 살펴보자.

만족스러운 한 입

1911년에 프랭크 마즈Frank Mars와 에설 마즈Ethel Mars는 마즈Mars라는 이름으로 초콜릿 회사를 설립했다. 이후 그들은 밀키웨이Milky Way라는 초콜릿바로 첫 번째 성공을 거뒀다. 그 성공을 계속 이어 나가던 1930년, 두 사람은 스니커즈Snickers를 출시했다. 당시 마즈 부부는 경마에 푹 빠져있었다. 실제로 그들은 대규모 부지를 매입해 경마용 트랙을 만들고는 밀키웨이팜Milky Way Farm이라는 이름을 붙였다. 그리고 새롭게 개발한 초콜릿바에 브랜드를 정할 때, 그들은 얼마 전 세상을 떠난 그리고 에설이 무척 아꼈던 경주마인 스니커즈에게서 이름을 따오기로 했다.●

　스니커즈가 기존의 밀키웨이와 다른 점은 땅콩에 있었다. 땅콩 크런치와 쫀득한 누가가 어우러진 스니커즈는 지금도 대표적인 초콜릿바로 인정받고 있다.

　프랭크 마즈는 1934년에 세상을 떠났고, 에설은 그로부터 5년 후 남편의 뒤를 따랐다. 그러나 두 사람이 만든 회사와 초콜릿바는 사라지지 않았다. 스니커즈의 인기는 이후로 더 높아졌고, 2013년에 그 브랜드의 연 매출은 10억 달러(한화 약 1조 4천억 원)를 돌파했다.[10] 그리고 2025년을 기준으로, 스니커즈는 미국 초콜릿바 시장에서 1위 자리를 지키고 있다.[11]

───

● 영국에서는 1990년까지 스니커즈가 아니라 '마라톤Marathon'이라는 이름으로 판매되었다. 그건 스니커즈가 영국인들이 일상에서 여성 속옷을 지칭하는 니커즈knickers와 발음이 유사했기 때문이었다.

스니커즈 마케팅의 중심에는 일반적인 초콜릿바보다 훨씬 더 높은 만족감을 선사하는 간식이라는 개념이 항상 자리 잡고 있다. 이 전략은 전반적으로 성공을 거뒀다. 그런데 15년 전, 스니커즈는 마케팅 방향을 잃고 말았다. 당시 '남성성'을 강조한 스니커즈의 2007년 슈퍼볼 광고는 GLAAD **Gay and Lesbian Alliance Against Defamation**(명예훼손에 반대하는 성소수자 연맹)로부터 성 고정관념을 고착화시킨다는 이유로 고발을 당했다. 그럼에도 스니커즈는 초콜릿바의 남성적인 측면을 강조하는 시도를 멈추지 않았다. 안타깝게도 이러한 접근방식은 성공을 거두지 못했고, 2006~2009년 동안 시장점유율이 10%나 떨어지게 된 이유 중 하나로 거론될 정도였다.[12]

결국 2010년에 스니커즈는 변화를 시작했다. 당시 스니커즈로부터 의뢰를 받은 광고대행사인 BBDO는 가장 먼저 스니커즈를 특별하게 만드는 핵심 요인이 무엇인지 파악하고자 했다. 그들은 자체 조사를 통해 스니커즈가 다른 초콜릿바들보다 허기를 달래는 데 효과적이라는 사실을 확인했다. 그리고 그러한 발견에다가 사람들은 배가 고플 때 성격이 변한다는 사실을 결합했다. 실제로 우리는 배가 고플 때 좀 둔감해지고, 쉽게 짜증을 내며, 집중을 잘 못한다. 이러한 과정을 거쳐 '마케팅의 귀환'이라고

할 정도로 회자되는 카피가 탄생했다.

"배고플 때 넌 네가 아니야 **You're not you when you're hungry**"

– 마케팅의 귀환

스니커즈는 새로운 광고를 2010년 슈퍼볼 시즌에 공개했다. 그 영상에는 미국 시트콤 〈더 골든 걸스 **The Golden Girls**〉에 출연한 89세의 베티 화이트 **Betty White**와 영화 〈대부〉(1973년)에서 살바토레 테시오 역할을 맡은 88세의 에이브 비고다 **Abe Vigoda**가 출연했다. 여기서 미식축구 선수로 등장한 두 노년의 스타는 배가 너무 고파서 경기 흐름을 제대로 따라잡지 못한다. 그런데 스니커즈를 한입 베어 문 베티가 다시 활기를 찾고 경기장으로 달려 나간다. 바로 이 장면은 배가 고플 때 평소의 자신이 아니라는 개념을 잘 보여준다. 그리고는 "배고플 땐 넌 네가 아냐. 스니커즈가 있잖아"라는 문구로 끝난다. •

반응은 폭발적이었다. 스니커즈에게는 횡재와도 같은 성공이

• 유튜브에 'Snickers Super Bowl Commercial 2010'을 검색하면 볼 수 있다.

었다. 광고가 나간 첫해에 스니커즈의 전 세계 매출은 15.9% 증가했고, 광고가 방영된 58개 지역 중 56곳에서 시장점유율이 상승했다.[13] 80년 전통의 수십억 달러 브랜드로서 꽤 인상적인 성과였다.

"배고플 땐 넌 네가 아니야" 광고는 칸Cannes과 에피Effie, 원쇼One Show 등 여러 시상식에서 광고상을 휩쓸었다. 그렇다면 스니커즈 광고가 그렇게 놀라운 성공을 거둔 이유는 무엇이었을까? 여기서도 우리는 행동과학에서 실마리를 찾을 수 있다.

눈에 띄는 트리거

심리학에는 '의도-행동 간극Intention-to-action Gap'이라고 부르는 유명한 현상이 있다. 이러한 현상 때문에 우리는 행동하려는 의지를 실행에 옮기지 못할 때가 많다. 대표적인 사례로, 운동을 해야 한다고 생각하지만 실제로 잘 실천하지 못하는 것이 있다. 이는 동기만으로는 행동을 유발하기에 충분치 않다는 사실을 말해준다.

의도-행동 간극을 줄이는 한 가지 비결은 행동을 구체적인 시간과 장소 및 감정 상태와 연결하는 것이다. 이 방법의 효과를 뒷받침하는 근거로, 1997년 피터 골비처Peter Gollwitzer와 베로니카 브란트슈테터Veronika Brandstätter가 수행한 연구가 있다. 두 사람은 실험 참가자들에게 크리스마스이브에 할 일을 짧은 보고서로 제출하라는 간단한 과제를 내줬다. 여기서 참가자 절반에게는 그 과제를 언제, 어디서 수행할 것인지 구체적으로 밝히도록 했다. 그리고 다른 절반인 통제집단(아무런 개입을 하지 않은 집단으로, 실험집단에 대한 개입이 실제로 효과가 있었는지 판단하는 기준이 된다-옮긴이)에게는 그런 요청을 하지 않았다.

결과는 뚜렷하게 나타났다. 통제집단 참가자들은 32%만이 과제를 수행한 반면, 보고서에서 언제, 어디서 그 일을 할 것인지 구체적으로 밝힌 참가자들은 71%나 수행한 것으로 나타났다. 그건 과제를 구체적인 시간과 장소로 연결 지음으로써 일종의 **트리거 순간**Trigger Moment(특정 행동이 촉발되는 결정적인 순간-옮긴이)을 만들어 냈고, 이를 통해 막연한 의도를 구체적인 행동으로 전환했기 때문이었다.

다른 연구들 역시 비슷한 결과를 보여줬다. 2002년 배스대학교University of Bath 심리학자 세라 밀른Sarah Milne은 248명의 실험 참가자를 세 그룹으로 나눴다. 먼저 첫 번째 그룹은 통제집단으로,

2주 동안 운동 내용을 기록하도록 했다. 이 그룹에서 20분 운동을 주 1회 이상 실행했던 사람은 35%였다.

다음으로 두 번째 그룹에는 운동 기록과 함께, 동기부여를 목적으로 운동의 이점을 설명하는 소책자를 나눠줬다. 그러나 이러한 정보는 운동에 대한 의지를 강화했지만, 실질적인 행동 변화로는 거의 이어지지 못했다. 주 1회 이상 운동한 사람의 비중은 38%로 아주 조금 늘었을 뿐이었다.

마지막으로 세 번째 그룹에는 운동 기록 및 동기부여 소책자와 함께 언제, 어디서 운동할 것인지 구체적으로 밝히도록 했다. 이 그룹의 동기부여 수준은 두 번째 그룹과 다르지 않았지만, 행동 결과는 크게 달랐다. 놀랍게도 이 그룹에서는 91%가 주 1회 이상 운동을 했다. 밀른은 시간과 장소를 구체적으로 밝히는 행위가 자신이 정의한 트리거로 기능함으로써 운동을 하게 만들었다고 결론 내렸다.

이 연구 결과는 트리거의 힘을 잘 보여준다. 예를 들어, "화요일 아침 식사 후에 이 일을 해야지"라고 정해 놓을 때, 화요일 아침 식사가 트리거 기능을 해서 그 일을 자연스럽게 떠올리게 만들고, 그만큼 실행 가능성을 높여주는 것이다. 그런데 그게 스니커즈와 무슨 관련이 있는 걸까?

"배고플 때 넌 네가 아냐" 광고는 실제로 트리거 순간(배고픔)을 만들어서 사람들이 해결책(스니커즈)을 떠올리게 했다. 이 광고를 본 사람들은 '배고픔'을 느끼는 순간에 자동으로 스니커즈를 떠올렸다. 다시 말해, 스니커즈는 배고픔이라는 막연한 느낌을 실질적인 행동으로 전환하는 트리거로 활용한 것이다.

배고픔과 같은 주관적인 느낌이 아니라 객관적인 대상으로도 트리거 순간을 만들 수 있다. 영국의 초콜릿바 킷캣KitKat이 그 좋은 사례다. 그들은 "휴식이 필요할 땐, 킷캣을Have a break, have a KitKat"이라는 카피로 광고했다.

그리고 1990년대 코카콜라 역시 비슷한 전략을 활용했다. 그들이 선보인 "다이어트 코크 브레이크Diet Coke Break"라는 광고에는 근육질 노동자들이 매일 오전 11시 30분에 휴식을 취하면서 다이어트 코크를 마시는 장면이 등장한다.

이처럼 트리거 순간을 활용하여 성공을 거둔 마케팅 전략은 모두가 경험하는 똑같은 순간이나 특정 요일을 구체적으로 제시한다. 대표적인 사례로, 타코튜즈데이Taco Tuesdays를 들 수 있다. 1930년대부터 미국의 문화로 자리 잡은 이 행사는 타코벨Taco Bell과 같은 브랜드에게 완벽한 기회가 되어줬다. 이 전략은 식품 시장 밖에서도 종종 활용된다.

가령 영국 은행* 네이션와이드Nationwide는 "월급날PayDay = 저축일SaveDay"이라는 카피를 앞세워 저축 광고 캠페인을 성공적으로 이끌었다.

좀 더 규모가 있는 역사적 사례로, 20세기 초 펩소던트Pepsodent라는 치약 브랜드를 살펴보자. 당시만 해도 양치는 일상적인 습관이 아니었다. 그래서 펩소던트의 새로운 광고 캠페인을 이끌었던 클로드 홉킨스Claude Hopkins는 먼저 이러한 사회적 분위기를 바꿔보기로 했다. 그는 사람들이 '치약'을 더 자주 사용하도록 설득하려 했다. 그러나 단지 하루에 두 번 양치하라고 권하는 데서 그치지 않았다. 그는 광고를 통해 아침 식사 후와 자기 전에 양치를 하라는 구체적인 조언까지 제시했다. 양치를 사람들의 일상과 연결함으로써 특정 시점을 트리거로 만든 것이다. 그렇게 홉킨스가 만들어 낸 새로운 생활 습관이 백 년이 지난 지금도 여전히 이어지고 있다는 점에서, 그의 광고는 가장 성공적인 마케팅 사례로 꼽는 데 손색이 없을 것이다.

마케터는 트리거 순간에 주목함으로써 큰 성공을 거둘 수 있다.

● 엄밀히 말하자면, 네이션와이드는 조합원이 지분을 보유하고 있기 때문에 은행이라기보다 주택금융조합이다.

그리고 자칫 마케팅이 의도-행동 간극에 빠질 위험에서도 벗어날 수 있다. 많은 브랜드가 제품의 매력을 강조해서 구매 동기를 강화하는 데 성공하지만, 트리거를 통해 동기를 행동으로 전환하는 데는 실패하고 있다. 이제 당신의 제품과 연결할 수 있는 시간이나 장소, 감정에는 어떤 것들이 있을지 고민해 보자.

가벼운 유머
한 스푼만으로도

물론 트리거를 활용한 광고가 스니커즈 마케팅 전략의 전부는 아니다. 유머를 삽입한 방식도 마찬가지로 중요한 역할을 했다.• 스니커즈는 유명 스타들이 나무를 자르거나 미식축구하는 상황에서 당황하는 모습을 보여줌으로써 시청자들의 웃음을 자아냈다.

● 행동과학자들도 유머를 좋아한다. 파블로프의 머리카락이 그렇게 부드러운 이유는 뭘까? 그건 고전적 조건화Classical Conditioning 때문이다(Conditioning에는 '조건화' 말고도 '컨디셔너로 머리 감기'라는 의미도 들어 있다는 점을 이용한 언어 유희-옮긴이).

그런데 **유머** Humor는 왜 효과가 있는 걸까?

먼저 '광고**Advert**'라는 말부터 살펴보자. 라틴어로 '~로 향하다'라는 의미를 담고 있는 이 단어에는 마케팅의 핵심이 들어 있다. 무엇보다 광고의 목표는 소란스러운 환경 속에서 사람들의 시선을 사로잡는 것이다. 세계적인 광고대행사를 설립한 레오 버넷**Leo Burnett**은 이렇게 말했다. "사람들 눈에 띄지 않는다면, 아무 의미가 없다."

유머는 사람들의 시선을 사로잡는 검증된 도구다. 이러한 사실은 독일 프랑크푸르트에 있는 비아드리나유럽대학교**European University Viadrina**의 마케팅 교수인 마르틴 아이젠트**Martin Eisend**가 2009년에 발표한 메타분석(여러 연구 결과를 수집하여 통계적으로 분석함으로써 효과의 여부를 판단하는 연구 수행 방식-옮긴이) 연구에서 확인할 수 있다. 여기서 그는 1960~2004년 동안 광고 속 유머의 효과를 연구했던 38편의 수준 높은 논문들을 분석했다. 아이젠트는 이를 통해 통계적으로 유의미한 여러 가지 사실을 확인했다. 그중에서 가장 중요한 발견은 무엇이었을까? 그건 '주의**Attention**를 끄는 것이 유머와 가장 상관관계가 높은 요소라는 사실이었다. 유머가 영향을 미치는 주요한 요인들은 다음과 같았다.

- 주의 끌기

- 광고에 대한 인식

- 부정적인 감정의 감소

- 긍정적인 감정의 강화

- 구매 의지

- 브랜드에 대한 인식

"배고플 때 넌 네가 아니야" 광고는 분명하게도 시청자의 주의를 끌었고, 또한 오래 유지했다. 그리고 앞으로 계속 살펴보겠지만, 브랜드 입장에서 가벼운 유머를 추가해야 할 이유는 많다.

그중에서도 그리 잘 알려지지 않은 한 가지 이유는 유머가 소비자의 가격 민감도를 낮춘다는 점이다. 사람들은 기분이 좋을 때 돈을 더 많이 쓰려는 경향을 보인다. 이 책의 저자인 리처드는 2023년에 영국 언론인 뉴스 UK News UK 의 벤 색슨Ben Saxon, 광고대행사인 캐럿Carat의 크리스 데이비스Chris Davies와 함께 이 효과를 직접 확인하기 위해 연구를 진행했다.

연구팀은 실험 참가자 821명에게 2가지 광고를 보여주었다. 하나는 피자와 맥주 광고였고, 다른 하나는 베일리스Baileys 위스키 광고였다. 그러고는 두 광고가 소개하는 상품의 가치를 평가하도록 했다(1점은 가치가 없다, 5점은 가치가 가장 높다). 또한 개인의 감정 상태도 함께 보고하도록 했다.

그 결과, 기분이 나쁘거나 매우 나쁜 상태의 사람들 중 60%가 상품의 가치를 높거나 아주 높다고 평가한 것으로 나타났다. 그런데 기분이 좋거나 아주 좋은 사람들은 76%가 상품의 가치를 높게 평가했다. 점수가 26% 상승한 것이다.

사람들은 기분이 좋을 때 브랜드가 제공하는 혜택에 주목한다.

반면 기분이 나쁠 때는 돈을 지불하는 데에 따르는 기회비용을 더 중요하게 생각한다. 물론 실제로 광고를 만드는 이들에게 유머의 중요성을 강조하는 것은 어쩌면 뻔한 조언에 불과할지 모른다. 그러나 오늘날 광고업계는 이 명백한 조언을 외면하고 있다. 시장조사기관인 칸타Kantar 의 발표에 따르면, 전 세계 광고 중 유머를 활용한 사례는 2010년 53%에서 2024년 34%로 크게 떨어졌다. 요즘 광고사들은 유머의 효과를 입증하는 연구 결과를 외면한 채 지나치게 진지하게 접근하고 있다.

그러나 광고업계의 이러한 분위기는 당신에게 기회가 될 수 있다. 광고에 유머 한 스푼을 추가하면, 여기서 소개한 다양한 효과를 누리면서 브랜드를 차별화할 수 있으니 말이다. 10장의 리퀴드 데스Liquid Death 사례에서 다시 살펴보겠지만, 유머를 활용하는 방식이야말로 사람들의 주의를 사로잡을 수 있는 가장 확실한 전략이다.

유머 활용을 위한 세부적인 지침

스니커즈 사례는 유머를 추가해야 하는 '이유'만이 아니라, 유머를 활용하는 효과적인 '방법'까지 함께 보여준다.

"배고플 때 넌 네가 아니야" 광고에서 한 가지 성공 요인은 농담이 제품에 자연스럽게 녹아들었다는 사실이다. 이는 대단히 중요한 대목이다. 그렇지 않을 때, '뱀파이어 효과Vampire Effect'에 빠질 위험이 있다. 이는 브랜드와 무관한 농담을 사용할 때, 오히려 역효과가 발생하는 현상을 말한다. 이런 경우에 소비자는 광고 메시지보다 농담에 더 관심을 기울인다. 빌 번바크는 이렇게 설명했다.

도표 3-1. 효과적인 광고는 유머와 브랜드를 연결 짓는다

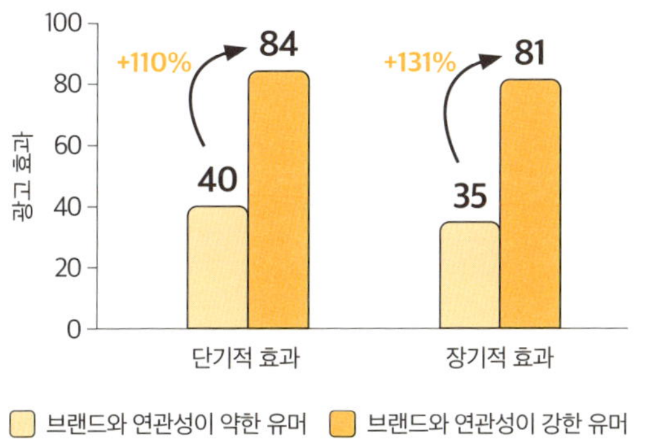

출처: Kantar LINK 데이터베이스(2024)에서 발췌 및 편집.

'오로지' 웃길 목적으로 사람을 거꾸로 세워놓는다면, 그건 적절한 광고가 '아니다'. 그러나 당신의 제품이 '주머니에 든 물건이 쏟아지지 않게 해준다'는 사실을 보여주기 위해 그렇게 한다면, 그건 '올바른' 광고다.

칸타의 광고 조사 데이터베이스인 링크LINK도 이러한 사실을 뒷받침해 준다. 위 도표에서 볼 수 있듯이 칸타의 조사 결과에 따르면, 유머를 활용한 광고의 단기 및 장기 효과는 농담이 브랜드와 얼마나 밀접하게 연관되어 있는지에 따라 극단적인 차이를 보인다.

스니커즈는 강력한 연관성을 영리하게 만들어 냈다. 이 광고에서 스니커즈라는 제품을 빼면, 아무런 의미가 없다. 즉, 스니커즈가 농담의 중심이다. 광고에 등장한 인물은 스니커즈를 먹는 순간 제정신을 차린다. 이처럼 광고에 유머를 활용하는 방식을 고려하고 있다면, 브랜드와의 연관성을 꼭 염두에 두자.

우리는 스니커즈 광고에 사용된 농담의 유형에도 주목해야 한다. 1970년에 이뤄진 한 연구는 '부조화Incongruity'라고 알려진 이러한 유형의 유머를 집중적으로 들여다봤다.

스톡홀름대학교의 예란 네르하르트 Göran Nerhardt는 부조화가 웃음에 미치는 영향을 알아보기 위해 한 가지 실험을 했다. 그는 실험 참가자들을 모아 놓고 여러 가지 무게추를 건넸다. 그리고 무게추를 들어보고 나서 그 무게를 6단계로 평가하도록 했다. 그런데 여기서 마지막 무게추는 앞서 들었던 것보다 훨씬 가벼운 것이었다. 실험 참가자의 예상을 완전히 빗나갈 정도로 가벼웠다. 지금까지 실험 시나리오에서 유머의 요소는 하나도 없다. 그런데 무슨 일이 벌어진 걸까? 참가자들은 마지막에 웃음을 터트렸다. 네르하르트는 부조화의 상황이 벌어질 때, 다시 말해 기존 상황이나 기대에서 완전히 벗어날 때, 사람들은 웃음을 터트린다고 결론을 내렸다.

스니커즈의 "배고플 때 넌 네가 아니야" 광고는 바로 이러한 원리를 활용했다. 그 광고에 등장한 인물들은 시청자의 예상을 뛰어넘는 과장된 모습을 보였다. 가령 백발의 노인인 베티 화이트가 미식축구 경기장에 들어서는 모습은 사람들의 예상을 깨트리고 웃음을 촉발하는 부조화 요소로 작용했다.

네르하르트의 실험에서 예외적으로 가벼운 무게추가 웃음을 자아낸 것처럼, 스니커즈 역시 부조화 원리를 활용하여 브랜드의 핵심 메시지를 유쾌하고 인상적인 방식으로 전달했다. 이 광고에서 그들은 허기가 바꿔놓은 (베티 화이트가 된) 당신을 스니커즈가 되돌려준다는 메시지를 전하고자 했다. 그 광고를 보고 기분이 좋아졌다면, 당신은 어쩌면 당장 소파에서 일어나 편의점으로 달려가서 스니커즈를 집어 들었을지 모른다.

유머는 단순한 웃음이 아니다. 배우 피터 유스티노프Peter Ustinov는 이렇게 말했다. "코미디는 진지함을 유쾌하게 표현한 것입니다."

3가지 핵심 포인트

1　욕구와 트리거를 연결하자.

동기만으로는 충분치 않다. 제품에 대한 소비자의 욕구에만 집중할 때, 의도-실행 간극의 위험에 빠지게 된다. 그러므로 제품의 매력을 강조할 때, 실제 소비 행동을 촉발하는 구체적인 신호나 트리거를 함께 제시하자. 스니커즈는 허기가 질 때 성격이 바뀌는 인간적인 특성을 제품과 연결 지었다. 당신의 브랜드와 연결할 수 있는 시점이나 장소, 혹은 감정에는 어떤 것이 있을까?

2　유머로 설득하자.

유쾌하게 메시지를 전하는 접근방식이 효과적이라는 걸 입증하는 뚜렷한 심리적, 비즈니스적 근거가 존재한다. 유머는 사람들의 주의를 끌어서 지갑을 열게 만든다. 유머를 활용하는 방식은 이미 충분히 검증되었음에도 쉽게 찾아보기 힘든 마케팅 전략이다. 이는 기회가 될 수 있다.

3　유머는 브랜드와 연관되어야 한다.

유머는 반드시 브랜드와 관련된 방식으로 활용해야 한다. 억지로 집어넣은 농담은 역효과를 낼 뿐이다. 그럴 때, 유머는 뱀파이어 효과를 일으켜 브랜드의 메시지를 희석시킨다.

Apple

애플

▼

책상 위를 둘러보자. 아니면 무엇을 소지했는지 살펴보자. 혹시 애플Apple 제품이 있는가? 그렇다면 당신은 전 세계 20억 명 중 한 사람이다.[14] 애플을 들어보지 못한 사람은 지구상에 거의 없을 것이다. 애플은 어떻게 이처럼 유명해진 걸까?

물론 애플의 놀라운 성공에는 다양한 요인이 함께 작용했다. 여기서는 그중에서도 흥미로운 행동과학의 통찰력을 잘 보여주는 몇 가지 요인에 주목하고자 한다.

애플의 씨앗과
그 열매

1976년 애플은 첫 번째 개인용 컴퓨터인 '애플-ⅠApple-ⅰ'을 출시했다. 당시 스티브 워즈니악Steve Wozniak이 직접 제작한 이 컴퓨터의 가격은 666.66달러(한화 약 97만 원)로 그리 비싸 보이지 않지만, 지금 기준으로 환산하면 무려 3,700달러(한화 약 536만 원)다. 전문가용으로 출시된 이 컴퓨터로 사람들은 간단한 프로그램을 짜거나 기본적인 한두 가지 게임을 즐길 수 있었다. 당시 애플-I의 광고는 24줄 출력 화면, 8K 바이트 RAM 용량, 새로운 16편 4K RAM 칩 등 세부적인 기술 사양으로 가득했고, 컴퓨터 전문가들만 그 의미를 이해할 수 있었다. 사람들은 대부분 그게 무슨 소린지 짐작할 수 없었다.

워즈니악은 단지 자신의 기술력을 입증하기 위해 애플-I을 내놨다고 했다. 그리고 그가 나중에 스티브 잡스Steve Jobs와 손잡고 컴퓨터 기술의 미래를 이끌어가기 시작했을 때도 이러한 내적 우월감은 그대로 남아있었다. 그로부터 반세기가 흘러, 애플은 비즈니스의 아이콘으로서 수십억 인구의 삶을 바꿔놨다.

애플은 설립 후 20년간 개인용 및 가정용 컴퓨터에 집중했다. 그러던 2001년, 애플은 많은 사랑을 받은 제품을 출시하게 된다. 그건 바로 아이팟iPod이었다. 그 무렵 MP3 플레이어가 인기를 끌면서, 음악을 좋아하는 사람들은 앨범을 사 모으기보다 자신이 좋아하는 곡들로 플레이리스트를 만들어 음악을 즐겼다. 그런데 그 시절 MP3 플레이어 대부분 디자인이 투박하고 용량도 낮았다.

그러나 아이팟은 이러한 상황을 완전히 바꿔놨다. 스크롤휠을 부드럽게 돌려서 다른 곡으로 쉽게 넘어갈 수 있었고, 무엇보다 저장 용량이 컸다. 그리고 아이튠즈iTunes를 기반으로 음원을 다운로드 받게 함으로써 당시 만연했던 불법 복제 문제를 해결했다. 아티스트와 음반사들 모두 환영했다.

그런데 그 인기의 비결은 무엇이었을까? 가장 먼저 애플의 전설적인 광고를 꼽을 수 있다. 그들은 광고에서 중요한 행동과학 원리를 활용했다.

주머니 속을 떠올려 볼 수 있는가

아이팟 광고가 성공을 거둔 이유를 이해하려면, 먼저 당시 상황을 알아야 한다. 시장에는 이미 많은 MP3 플레이어들이 나와 있었다. 그중에 필립스Philips가 2000년에 출시한 러시RUSH 디지털 오디오 플레이어가 있었다. 그리고 이 제품의 인쇄 광고 카피는 이랬다. "언제 어디서나 작동하는 MP3 MP3 in full motion." 그리고 카피 아래로 '내장 메모리 용량: 512MB'와 'MP3 및 WMA 디지털 오디오 재생'등 기술적인 설명이 이어졌다.

그러나 애플의 접근방식은 달랐다. 그들은 세련되고 여유로운 화이트 스타일의 광고에 이런 카피를 실었다. "주머니 속의 1,000곡 1,000 songs. In your pocket." 이 광고를 본 사람들은 아이팟의 저장 용량을 직관적으로 이해할 수 있었다. 메가바이트(MB)보다 곡 수가 더 쉽게 다가오기 때문이다. 그리고 작고 세련된 디자인도 확인할 수 있었다. 사람들은 청바지 주머니에 아이팟을 넣고 일상생활에서 음악을 즐기는 자기 모습을 쉽게 떠올릴 수 있었다. 아이팟 광고는 그렇게 즉각적이고 강한 인상을 남겼다. 그런데 그 핵심은 무엇이었을까?

여기서 애플은 **구체성** Concreteness이라는 심리적 편향을 활용했다. 사람들은 추상적인 개념보다 시각적으로 쉽게 떠올릴 수 있는 구체적인 이미지를 더 잘 기억한다. 실제로 많은 연구 결과가 이 편향의 존재를 입증하고 있다.

이제 그 한 가지 연구를 살펴보자. 대표적인 초기 연구 중 하나로, 1972년 웨스턴온타리오대학교 University of Western Ontario의 이언 베그 Ian Begg가 수행한 구체성 실험이 있다. 그는 25명의 학생에게 다음과 같이 두 단어로 구성된 20가지 항목을 읽도록 했다.

- 네모난 문 Square Door

- 불가능한 수량 Impossible Amount

- 녹슨 엔진 Rusty Engine

- 그럴듯한 변명 Better Excuse

- 불타는 숲 Flaming Forest

- 자명한 사실 Apparent Fact

- 건장한 신사 Muscular Gentleman

- 공동 운명 Common Fate

- 흰색 말 White Horse

- 미묘한 결함 Subtle Fault

이후 베그는 학생들에게 기억나는 대로 그 항목들을 적어보도록 했다. 당신도 지금 시도해 볼 수 있다. 실험 결과, 참가자들은 전체 항목 중 평균 23%를 기억한 것으로 드러났다. 그런데 여기서 베그는 한 가지 놀라운 현상을 발견했다. 학생들은 '불가능한 수량'처럼 추상적인 항목은 9%밖에 기억하지 못한 반면, '흰색 말'과 같은 구체적인 항목은 36%나 기억했다. 4배나 차이가 난 것이다.

그 이유는 뭘까? 이에 대해 베그는 시각이 가장 강력한 감각이며, 그래서 흰색 말처럼 시각적인 이미지를 떠올릴 수 있을 때 기억이 오래간다고 설명했다.

혹시 이 연구 결과를 비즈니스 환경이나 대중 집단에서도 발견할 수 있을지 궁금한 생각이 든다면, 그건 당신만의 호기심은 아닐 것이다. 그래서 2021년 리처드는 광고대행사 레오 버넷Leo Bur-nett의 인사이트 책임자인 마이크 트레하른Mike Treharne과 함께 이 연구 결과를 그대로 재현할 수 있을지 알아보고자 추가 실험을 진행했다.

두 사람은 표본의 크기를 확장하여 총 425명의 실험 참가자를 대상으로 추상적인 문구와 구체적인 문구가 혼합된 총 10개 항목을 보여줬다. 다음 표에서 볼 수 있듯이 이들 모두 일반적인 광고에서 쉽게 볼 수 있는 문구였다.

그러고는 5분 후 최대한 많은 문구를 떠올려 보도록 했다. 그 결과는 원래 실험보다 더 극단적인 형태로 나타났다. 실험 참가자들은 추상적인 문구는 0.7%밖에 기억하지 못했던 반면, 구체적인 문구는 6.7%나 기억했다. 10배에 달하는 차이다. 이러한 결과는 베그의 구체성 실험이 타당하며, 실제 광고에서도 효과를 드러낼 가능성이 높다는 사실을 의미한다.

추상적인 표현 대신에 시각적으로 쉽게 떠올릴 수 있는 표현

도표 4-1. 구체성 실험에서 제시한 문구

구체적 문구	추상적 문구
빠른 자동차 Fast Car	혁신적인 품질 Innovative Quality
스키니 진 Skinny Jeans	믿을만한 출처 Trusted Provenance
캐슈너트 Cashew Nut	주요 목적 Central Purpose
주머니 속의 돈 Money in Your pocket	건강한 영양 Wholesome Nutrition
행복한 닭 Happy Hens	윤리적 비전 Ethical Vision

출처: Shotton and Treharne(2021).

을 선택하는 방식이 효과를 발휘하는 이유는 시각이 대단히 강력하고 복합적인 감각이기 때문이다. 시각 이미지를 머릿속에 떠올릴 때, 우리는 '혁신'과 같은 추상적인 개념을 처리할 때는 발생하지 않는 인지 과정을 추가로 거치게 된다. 그리고 바로 이러한 추가적인 처리 과정 덕분에 더 오래 기억하게 되는 것이다.

애플은 주머니 크기의 아이팟을 보여주면서 청바지 속에 그 제품을 넣는 모습을 떠올리게 했다. 그리고 사람들은 그 이미지를 오랫동안 기억했다. 나아가 짐작하기 힘든 5기가바이트(GB)라는 기술 용어 대신에 훨씬 쉽게 가늠할 수 있는 1,000곡이라는 표현을 사용했다.

그러나 마케터들은 그 위력을 종종 간과한다. 일상에서 쉽게 접하는 광고 표현을 한번 떠올려 보자. 가령 '프리미엄'이나 '신뢰성', '고품질' 등이 있다. 이러한 표현은 조직 내부에서 목표로 정하기에는 도움이 될지 몰라도, 대중과의 의사소통에서는 문제가 된다. 소비자는 그 의미를 이해했다고 해도 돌아서면 금방 잊어버리고 말 것이다.

그러니 애매모호하고 추상적인 표현은 멀리하자. 대신에 소비자가 마음의 눈으로 쉽게 그려볼 수 있는 '표현'을 찾아라. 그리고 그 표현을 광고 문구에 집어넣자. 이와 관련해서 우리는 애플 외에도 많은 성공 사례를 찾을 수 있다.

가령 레드불Red Bull을 보자. 그들은 단지 "레드불은 에너지를 준다"라고 표현할 수도 있었을 것이다. 그랬다면 소비자의 상상력은 자극할 수 없었을 것이다. 대신에 그들은 "레드불, 날개를 펼쳐줘요Red Bull Gives You Wings"라고 표현함으로써 소비자들이 날아오르는 자기 모습을 상상하게 만들었다. 그 외에도 스키틀스Skittles의 "무지개를 맛 보세요Taste the Rainbow"나 엠앤엠즈M&Ms의 "손이 아니라 입안에서 녹는다Melt in Your Mouth, Not in Your Hand" 그리고 맥스웰하우스Maxwell House의 "마지막 한 방울까지 감미롭다Good to the

Last Drop"도 이러한 사례에 속한다.

구체성의 원칙은 광고 분야를 넘어 폭넓게 활용할 수 있다. 이와 관련해서 우리가 주목해야 할 좀 색다른 접근방식이 있다. 그것은 '플루언트 디바이스Fluent Device'를 활용하는 방법을 말한다. 이는 조사 기관인 시스템원System1의 올랜도 우드Orlando Wood가 만든 신조어로, '여러 광고에 반복해서 등장하는 주인공으로, 브랜드가 창조한 가상의 캐릭터(인물 혹은 창조물)'를 뜻한다. 대표적인 사례로, 켈로그의 토니 더 타이거Tony the Tiger, 애플랙Aflac의 애플랙 덕Aflac Duck, 그린 자이언트Green Giant의 졸리 그린 자이언트Jolly Green Giant가 있다. 이러한 캐릭터는 큰 성공을 거둔 미국 광고 캠페인에서 주도적인 역할을 했다. 이러한 사례는 영국에도 있다. 전화번호 광고 서비스인 118 118 러너스118 118 runners나 알렉산드르 더 미어캣Aleksandr the Meerkat, 혹은 스매시 마션스Smash Martians가 바로 그런 캐릭터다.

이러한 방법이 효과가 있는 이유는 구체성의 원칙을 적용하기 때문이다. 당신이 자동차 보험사인 가이코GEICO의 경영자라고 가정해 보자. 가이코가 출시한 보험 상품이 가성비가 좋다는 사실을 사람들에게 각인시키기는 쉽지 않다. 그건 너무 추상적인 개념이기 때문이다. 그런데 도마뱀 캐릭터인 가이코 게코GEICO Gecko가 나와서 이야기를 들려준다면? 아마도 기억에 오래 남을 것이다.

플루언트 디바이스의 위력을 입증하는 사례는 참으로 많다. 그러나 그 효과를 보여주는 객관적인 연구 결과도 있다. 시스템원은 이를 검증하기 위해 영국 광고협회가 격년으로 주최하는 광고 효과성 어워드Effectiveness Awards의 수상 내역에서 335개 광고를 선정하여 분석해 봤다.

그 결과는 다음 도표에 나와 있다. 플루언트 디바이스를 활용한 광고가 기업의 시장점유율 상승으로 이어질 확률은 그렇지 않은 광고에 비해 32%나 더 높은 것으로 나타났다. 물론 상관관계가 곧 인과관계를 의미하는 것은 아니다. 어쩌면 해당 기업이 이들 광고를 더 효과적으로 운용했기 때문일 수도 있다. 그러나 구체성 원칙에 따르면 플루언트 디바이스 효과가 적어도 부분적으로 기여했을 것으로 보인다. 플루언트 디바이스는 대단히 시각적이고 구체적이며, 그래서 기억에 더 오래 남는다.

플루언트 디바이스를 활용한 광고가 기업의 시장점유율 상승으로 이어질 확률은 그렇지 않은 광고에 비해 32%나 더 높다.

그 효과가 검증되었음에도 플루언트 디바이스를 활용하는 광

도표 4 - 2. 플루언트 디바이스는 광고 효과를 높인다

시장점유율 상승(대단히 놀라운 효과)

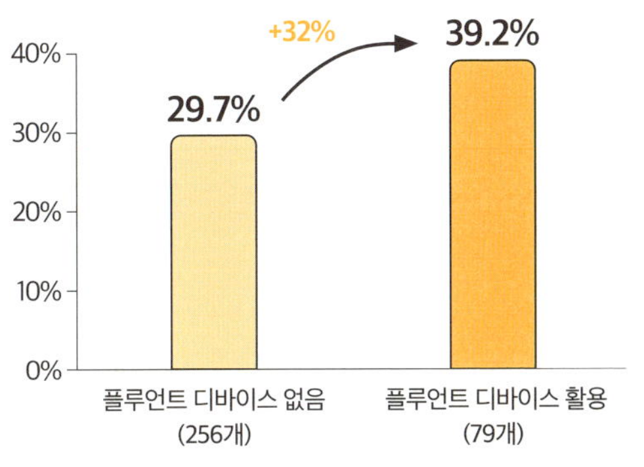

출처: System1(2019)에서 발췌 및 편집.

고 사례는 드물다. 시스템원의 조사에 따르면, 오늘날 미국 광고의 4%와 영국 광고의 7%가 이를 활용하고 있다. 이러한 현실은 절반에 가까운(45%) 영국 광고가 플루언트 디바이스를 활용했던 1990년대 초 전성기와는 확연한 대조를 이룬다.

앞서 유머에서 그랬던 것처럼 광고 업계 전반의 이러한 분위기는 당신에게 기회가 된다. 이 방식을 광고에 활용한다면, 차별화를 이룰 수 있다. 우리는 차별화야말로 사람들의 주의를 끄는 열쇠라는 사실을 이미 잘 알고 있지 않은가.

새로움을
다루는 법

애플의 아이팟 성공으로 우리 사회는 스마트폰 시대에 진입하게 되었다. 그전까지 사람들은 휴대전화로 통화를 하거나 문자 메시지를 보냈다. 그밖에는 기껏해야 스네이크 게임Snake Game(화면 속 움직이는 뱀의 진행 방향을 조정하여 먹이를 먹으면서 점수를 쌓는 고전 아케이드 게임-옮긴이)과 같은 단순한 게임을 하거나 이메일 몇 통을 보내는 정도였다. 그리고 이런 기능을 활용하려면 버튼 조작에 익숙해야 했다.

그러던 2007년, 드디어 아이폰이 등장했다. 터치스크린과 함께 말이다. 기존의 스마트폰과 달리 아이폰에서 버튼은 거의 찾아볼 수 없었다. 스티브 잡스는 신제품에 대해 이렇게 말했다. "애플이 휴대폰을 새롭게 개발했습니다." 그리고 이 말은 절대 과장이 아니었다. 그런데 애플은 어떻게 우리를 생소한 기술 세상으로 이끌었던 걸까? 이를 위해 애플은 '낯선' 것을 '익숙한' 것으로 보이게끔 만들었다.

사람들은 익숙한 걸 좋아할까? 그렇다. 실제로 성공적인 혁신은 새로움과 익숙함 사이에서 균형을 잡은 것이라는 사실을 보여주는 연구 결과들이 나와 있다.

대표적인 사례로, 2013년에 노스웨스턴대학교의 브라이언 우지Brian Uzzi는 1,790만 편에 달하는 연구 논문을 메타분석해서 새로운 주제를 다룬 연구들이 어떤 평가를 받았는지 살펴봤다. 먼저 우지는 논문들을 두 범주로 나누었다. 첫 번째는 새로운 개념을 익숙한 개념과 결합한 논문이었다. 그리고 두 번째는 새로운 개념에만 전적으로 집중한 논문이었다. 둘로 나눈 다음에는 우지는 두 범주의 논문들이 다른 논문 속에 얼마나 자주 인용되었는지 확인해 봤다.

결과는 분명했다. 새로움과 익숙함 사이에서 균형을 잡은 논문들이 새로움에만 집중했던 논문들보다 2배나 더 많이 인용된 것으로 나타났다. 이러한 연구 결과는 전문적인 과학 분야에서조차 사람들은 완전히 새로운 개념에만 집중하는 방식보다 익숙한 개념을 어느 정도 함께 다루는 방식을 더 선호한다는 사실을 말해준다.

2012년에 발표된 또 다른 연구 논문 역시 비슷한 결론을 보여준다. 런던 비즈니스스쿨의 케빈 부드로Kevin Boudreau 연구팀은 생소한 주제에서부터 익숙한 주제로까지 폭넓은 스펙트럼 상에서 어떤 유형의 연구 제안서가 더 성공적으로 지원금을 받아냈는지 확인해 봤다.

여기서 부드로 연구팀은 미국의 한 의과대학에서 근무하는 세계적인 수준의 과학자 142명을 대상으로 15건의 연구 제안서를 보여주고는 10점 만점으로 평가하도록 했다(1점은 영향력이 거의 없음, 10점은 영향력이 매우 높음).

그 결과, 이들 과학자는 가장 생소한 주제를 제시한 연구 제안서에 가장 낮은 점수를 부여한 것으로 나타났다. 그리고 익숙한 주제를 제시한 제안서들은 그보다 조금 더 높은 점수를 받았다. 반면 조금은 새롭지만 완전히 낯설지는 않은 주제를 다룬 제안서들은 최고의 평가를 받았다. 부드로는 이러한 결과를 **최적의 생소함** Optimal Newness 이라는 표현으로 설명했다.

변화를 편안하게 느끼도록

역사적으로 위대한 혁신가들은 옛것과 새로운 것 사이에서 절묘하게 균형을 잡는 것이 대단히 중요하다는 점을 잘 알고 있었다. 전구 사례를 보자. 토머스 에디슨 Thomas Alva Edison 이 그 놀라운 발명품을 내놨을 때, 그는 전기의 위력만이 아니라 그 신기술을 사람들이 익숙하게 받아들이도록 해야 한다는 사실을 본능적으로 알고 있었다. 에디슨은 획기적인 아이디어가 사람들에게 흥분감은 물론, 두려움도 줄 수 있다고 생각했다. 만약 사람들이 전기에 두려움을 느낀다면 그 신기술의 확산 속도는 느려질 수밖에 없었다.

캘리포니아대학교 데이비스 캠퍼스의 앤드루 하가던Andrew Hargadon이 2001년에 발표한 논문에 따르면, 에디슨은 사람들이 전구를 친숙하게 받아들이도록 가스등과 비슷한 모양으로 디자인했다. 그리고 이렇게 썼다. "전구로 가스등을 대체하려면, 가스등의 기능을 그대로 가져와야 한다…. 더 크고 더 환한 전구가 아니라, 가스등의 온기를 똑같이 느낄 수 있는 자그마한 전구를 만들어야 한다." 그렇게 에디슨은 가스등과 비슷한 밝기로 전구를 만들었고, 그 위에 전등갓도 씌웠다. 사실 전등갓은 가스등 불꽃이 바람에 흔들리는 것을 막기 위한 장치로, 전구에는 필요 없었다. 나아가 그는 전선도 가스관처럼 지하에 매설해야 한다고 고집을 부리기까지 했다.

혁신적이면서도
쉽게 받아들일 수 있도록

에디슨이 전등을 가스등과 유사하게 설계한 의도적인 선택은 마야MAYA 원칙을 잘 보여주는 사례다. 여기서 MAYA란 '가장 진보적이면서도 받아들여질 수 있는Most Advanced Yet Acceptable'의 약자로, 혁신적이면서도 쉽게 받아들일 수 있다는 의미다. 이 개념은 산업디자이너 레이먼드 로위Raymond Loewy가 처음 주창한 것으로, 그는 에너지 기업 셸Shell의 로고와 럭키스트라이크Lucky Strike 담뱃갑, 미국 대통령 전용기 에어포스원Air Force One의 상징적인 외관 등 세계적으로 유명한 디자인을 창조한 인물로 잘 알려져 있다.

디자인과 관련해서 로위는 미래 지향적이면서도 점진적이고, 또한 현재와 조화를 이루려는 노력이 중요하다고 생각했다. 그는 말했다. "이성적으로는 자신의 욕구를 충족시켜 줄 해결책이라고 생각하더라도, 대중은 지금까지의 표준과 지나치게 동떨어져 있다면 잘 받아들이려 하지 않는다."

이러한 접근방식이 유효하다는 점을 잘 보여주는 연구 결과가 있다. 2003년 델프트공과대학교Delft University of Technology의 폴 헤커트Paul Hekkert는 마야 원칙의 효과를 검증하기 위해 한 가지 실험을 설계했다.

그는 실험 참가자들에게 3가지 제품군 중 하나에 속하는 제품들을 보여줬다. 그 3가지는 연마기(디자인이 중요하지 않은) 그리고 전화기와 주전자(디자인이 좀 더 중요한)였다. 이들 제품은 각각 전형성과 참신함에서 다양했다. 즉, 디자인을 기준으로 어떤 제품은 전형적이고 다른 제품은 참신했으며, 나머지 대부분은 그 중간 어딘가에 속했다. 다음으로 헤커트는 참가자들에게 각각의 제품이 얼마나 익숙하거나 독창적인지 그리고 얼마나 마음에 드는지를 평가하도록 했다. 그리고 이를 통해 익숙함과 새로움이 사람들의 호감도에 미치는 영향을 분석했다.

그 결과, 헤커트는 사람들이 익숙함과 새로움을 모두 똑같이 중요하게 여기며, 이 2가지 특성을 균형 있게 조합한 제품을 가장 선호한다는 사실을 확인할 수 있었다. 이 연구 결과는 마야 원칙이 유효하다는 사실을 입증해 주는 증거다.

처음 출시된 아이폰에서도 바로 이러한 디자인 특성이 뚜렷하게 드러났다. 아이폰은 이전에 나온 그 어떤 제품과도 달랐기에, 애플은 가능한 많은 요소를 익숙한 형태로 설계했다. 가령 메모**Notes** 앱의 아이콘은 노란색 줄이 그어진 메모지처럼 보이게 만들었다. 그리고 뉴스스탠드**Newsstand**는 목재로 된 선반 형태로 설계했고, 게임센터Game Center는 체스판과 야구공 이미지를 활용해서 어떤 게임인지 직관적으로 이해할 수 있게 했다. 또한 모든 아이콘에는 3D 기술을 적용해서 사용자가 실제 버튼처럼 느끼도록 만들었다.

이는 '스큐어모피즘Skeuomorphism'이라는 기법으로, 디지털 요소를 현실의 물체처럼 보이게 만드는 디자인 접근방식을 말한다. 이러한 스큐어모피즘 기법 덕분에 사람들은 아침 알람부터 잠들기 전 독서까지 그리고 그 사이 일상에서 만나게 되는 모든 새로운 아이콘과 기능을 쉽게 이해하고 편안하게 받아들인다. 그러나 스큐어모피즘이 만병통치약은 아니다. 부드로가 언급했던 '최적의 생소함'이라는 개념을 다시 떠올려 보자. 만약 제품이 더 이상 새롭지 않고 익숙한 단계에 접어들었다면, 스큐어모피즘은 적절한 접근방식이 아닐 것이다.

이후 애플은 다시 한번 좋은 사례를 보여줬다. iOS 7을 출시했던 2013년에 애플의 기술은 더 이상 생소한 것이 아니었다. 그래서 애플은 스큐어모피즘 수준을 낮추면서 보다 단순한 형태의 디자인으로 아이콘을 바꾸는 접근방식을 취했다.

여기서 마케터의 과제는 제품이 얼마나 혁신적인지를 있는 그대로 평가하는 것이다. 이 질문에 올바른 대답을 찾았다면, 무엇이 적절한 디자인 전략인지 분명히 이해할 수 있을 것이다.

미국 시사잡지 〈애틀랜틱The Atlantic〉의 칼럼니스트 데릭 톰슨 Derek Thompson은 이렇게 말했다. "놀라운 것을 팔려면 익숙하게 만들어라. 익숙한 것을 팔려면 놀랍게 만들어라." 애플이 했던 일이 바로 그런 일이었다.

✴

3가지 핵심 포인트

1　보이는 것을 더 잘 기억한다.
구체성의 원칙을 활용해서 강한 인상을 남길 수 있다. 추상적인 단어나 개념 대신, 혹은 그것을 보완해서 시각적으로 쉽게 떠올릴 수 있는 이미지를 활용하자.

2　마스코트를 내세워라.
플루언트 디바이스 전략을 고려하자. 광고 전반에 걸쳐 브랜드를 대표하는 캐릭터를 활용하면 사람들의 기억을 강화하고 광고 효과를 높일 수 있다.

3　새로우면서도 익숙해야 한다.
최적의 생소함이라는 개념을 항상 염두에 두자. 새로운 제품이나 서비스, 아이디어를 내놓을 때, 항상 새로움과 익숙함 사이에서 적절한 균형점을 찾자.

똑똑한 소비자의
판단력을
흔들고 싶다면

아마존

▼

이번 주에 온라인 소핑몰에서 무엇을 주문했는가? 책? 고양이 사료? 압박 양말? 혹은 3가지 모두? 미국의 온라인 소핑몰인 아마존은 어떻게 지금과 같은 비즈니스 거물로 성장했을까? 여기서도 행동과학이 이면에서 중요한 역할을 했다.

아마존 설립자 제프 베이조스Jeff Bezos는 행동과학에 많은 관심을 기울였다. 그는 변하지 않는 인간 본성을 이해하고 활용해야 한다는 사실을 알았다. 그의 이야기를 들어보자.

이런 질문을 종종 받습니다. "앞으로 10년 동안 뭐가 바뀔까요?" 흥미로우면서도 흔한 질문이죠. 그런데 이런 질문은 거의 듣지 못합니다. "앞으로 10년 동안 뭐가 바뀌지 않을까요?" 저는 두 번째 질문이 더 중요하다 생각합니다. 세월이 흘러도 변하지 않을 것을 기반으로 삼아 비즈니스를 구축할 수 있기 때문이죠.

지금부터는 아마존이 어떻게 인간의 행동을 기반으로 장기적인 전략을 수립해 왔는지 들여다보도록 하자.

차고에서
세상으로

1995년 7월, 제프 베이조스는 자신의 집 차고에서 아마존을 창업했다. 그때 이름은 아마존이 아니라, 카다브라Cadabra였다. 그런데 변호사가 그 이름을 'Cadaver(시체)'로 잘못 알아듣는 것을 보고는 고민에 빠졌다. 그렇게 해서 결국 '아마존'이라는 이름이 탄생했다. 아마존은 거대한 규모를 의미할 뿐 아니라, 웹사이트 목록이 알파벳순으로 정렬되던 당시로서 유리한 작명이었다. 베이조스는 시작부터 앞서 나가길 원했다.

항상 기술에 관심이 많았던 베이조스는 핀테크 스타트업 파이텔Fitel에서 경력을 시작했다. 그리고 서른이 되었을 때, 직접 기업을 설립해 보기로 마음을 먹었다. 시작은 작았지만, 그래도 기술 혁신을 기반으로 회사를 세웠다.

아마존은 원래 온라인 서점으로 시작했다. 그러나 베이조스에

겐 더 큰 꿈이 있었다. 그건 전 세계 모든 지역의 모든 사람에게 모든 것을 판매하겠다는 야망이었다. 그리고 그는 그 꿈을 이뤘다. 아마존은 이제 누구도 막을 수 없는 거대한 비즈니스 흐름이 되었다. 이 글을 쓰는 시점을 기준으로, 아마존은 세계 최대 온라인 쇼핑몰이다. 미국 가구의 83%가 아마존에서 쇼핑하면서 매년 6,380억 달러(한화 약 925조 원)를 쓴다. 그리고 배송은 대부분 24시간 안에 이뤄진다.[15] 그렇다면 베이조스는 인간의 어떤 편향에 주목했기에 세계적인 갑부가 되었을까?

이제부터
프라임 타임

아마존의 놀라운 성장을 이끈 핵심 요인 중 하나로 아마존 프라임Amazon Prime을 꼽을 수 있다. 아마존 프라임은 최초의 회원제 프로그램으로, 연회비를 내면 1년간 원하는 만큼 프라임 제품을 이틀 내에 무료 배송으로 받을 수 있다.

2005년에 도입된 아마존 프라임은 사실 초반에 경영진의 반발에 부딪혔다. 그들은 아마존 프라임에 지나치게 열성적인 고객들 때문에 파산에 처할지 모른다며 우려를 표했다. 오늘날 전세계 아마존 프라임 회원은 2억 명에 달한다.[16] 그리고 미국에서는 인터넷 사용자 3명 중 2명이 가입해 있다.[17] 연회비는 약 139달러(한화 약 20만 원)로, 아마존 매출에서 중요한 원천을 차지한다.

그런데 더 중요한 사실은 프라임 회원이 비회원보다 돈을 더 많이 쓴다는 점이다. 프라임 회원은 매월 아마존에서 평균 110달러(한화 약 16만 원)를 소비하지만, 비회원은 38달러(한화 약 5만 5천 원)에 불과하다.[18] 이에 대해 일부는 소비를 많이 하는 사람이 프라임 서비스에 가입하기 때문이라고 설명한다. 물론 일리 있는 말이다. 하지만 여기에는 이미 연회비를 낸 사람이 더 많이 소비하는 경향을 보이는 심리적 편향도 함께 작용하고 있다. 우리는 이를 일컬어 **매몰 비용 오류**Sunk Cost Fallacy라고 부른다. 매몰 비용 오류란 돈이나 노력, 시간을 이미 많이 들였기 때문에 투자를 계속 이어 나가려는 성향을 뜻한다. 간단하게 말해서, 선행 투자가 지출을 계속 이어 나가게 만드는 동기로 작용하는 것이다. 그런 판단이 이성적으로 타당하지 않다고 해도 말이다.

우리가 이러한 행동 편향을 '오류'라고 부르는 이유는 합리적이지 않기 때문이다. 그렇다면 왜 우리는 손실이 나는 상황에서도 계속 투자를 이어 나가려는 걸까?

"이미 배송비를
냈으니까요"

이러한 비합리적인 행동 편향이 실제로 존재한다는 사실을 보여주는 연구 결과는 많다. 초기 사례 중 하나로, 1985년 오하이오대학교의 할 아크스Hal Arkes와 캐서린 블루머Catherine Blumer의 실험을 꼽을 수 있다. 두 사람은 실험 참가자들에게 다음과 같은 상황을 상상해 보도록 했다.

당신은 지금 주말 스키 여행을 위해 미시간행 티켓을 100달러(한화 약 14만 원)에 구매했다. 그리고 몇 주 후, 두 번째 스키 여행을 위해 위스콘신행 티켓을 50달러(한화 약 7만 원)에 끊었다. 위스콘신 여행이 미시간 여행보다 더 즐거울 것 같다는 생각이 든다. 그런데 막 구매한 위스콘신행 티켓을 지갑에 넣는 순간, 두 여행의 일정이 겹친다는 사실을 깨달았다! 티켓을 되팔기에는 너무 늦었고 환불도 불가능하다. 티켓은 하나만 사용할 수 있고, 다른 하나는 포기해야 한다.

그들은 실험 참가자들에게 이렇게 물었다. "어느 여행을 선택하시겠습니까?" 여기서 참가자들은 저렴하고 즐거운 여행과 비싸고 덜 즐거운 여행 중 하나를 선택해야 한다. 물론 상황은 분명하다. 어차피 지출하는 총 비용은 같으니 당연히 즐거운 여행을 선택해야 한다. 위스콘신으로 떠나야 한다.

그러나 실험 결과는 뜻밖이었다. 위스콘신을 선택한 사람은 46%로 소수였다. 54%의 다수는 더 비싼 미시간 여행을 택했다. 이 연구 결과는 매몰 비용 오류의 한 가지 사례에 해당한다. 사람들은 더 많은 돈을 결제했다는 이유만으로 미시간을 선택했다.

그런데 이러한 사고 실험의 결과를 보편적으로 적용해도 좋을지 의문이 든다. 아크스와 블루머도 그런 의심이 들었다. 그래서 영화 관람객을 대상으로 추가 실험을 진행했다. 이번에 두 사람은 오하이오대학교 극장의 시즌권을 구매하려고 줄을 선 사람들을 실험 대상으로 삼았다. 원래 시즌권 가격은 15달러였다. 그런데 시즌권 구매자들이 매표소 창구에 섰을 때, 다음 3가지 제안 중 하나를 무작위로 제시하도록 했다.

1. 정가 15달러(한화 약 2만 원)

2. 조금 할인된 13달러(한화 약 1만 8천 원)

3. 크게 할인된 8달러(한화 약 1만 1천 원)

도표 5-1. 티켓 가격이 높을수록 매몰 비용 오류가 뚜렷하게 나타난다

시즌권 가격	평균 관람 횟수
15달러	4.11회
13달러	3.32회
8달러	3.29회

+25%

출처: Arkes and Blumer(1985)에서 발췌 및 편집.

그리고 이후 6개월 동안 두 연구원은 시즌권을 구매한 사람들이 실제로 몇 편의 공연을 관람했는지 추적했다. 실험 결과, 가장 비싸게 시즌권을 구매한 이들이 평균 4.11회로 공연을 가장 많이 관람한 것으로 나타났다. 구체적으로 말해서, 15달러 그룹은 8달러 그룹보다 25%나 더 많이 공연장을 찾았다. 이에 대해 두 연구원은 정가로 시즌권을 구매한 경우, 매몰 비용이 가장 높았기 때문에 더 많이 공연을 관람한 것으로 결론을 내렸다. 다시 말해, 본전을 뽑으려는 동기가 가장 강하게 작용한 것이다.

그런데 우리(이 책의 저자인 리처드와 마이클아론)는 여기서도 공연 시즌권은 일반적인 상품이 아니므로 조금 더 보편적인 비즈니스 환경에서 다시 검증해 봐야겠다는 생각이 들었다. 그래서 조사 기관인 칸타 소속의 존 풀레스턴Jon Puleston과 니키 몰리Nicki Morley, 맥스 위긴스Max Wiggins와 함께 500명이 넘는 영국 실험 참가자를 모집했다.

그리고 참가자 절반에게 오랫동안 관심 있게 지켜보던 책을 드디어 구매하려 한다고 상상해 보라 했다. 그리고 아마존에서 8.99파운드(한화 약 1만 7,500원)로 결제하고 오늘 책을 받거나, 혹은 영국의 유명 소매업체인 WH스미스WHSmith에서 6.99파운드(한화 약 1만 3,600원)로 결제하고 내일 책을 받는 2가지 선택지를 제시했다. 그 결과, 아마존을 선택한 이들은 37%에 불과했다. 나머지 다수는 하루 더 기다려 2파운드를 아끼는 쪽을 택했다.

다음으로 다른 절반에게도 똑같은 선택지를 제시했다. 즉, 아마존에서 8.99파운드로 결제하고 당일 책을 받거나, 아니면 WH스미스에서 6.99파운드로 결제하고 다음 날 받는 것 중 하나를 택해야 했다. 그런데 이번에는 올해 초 95파운드(한화 약 18만 5천 원)를 내고 아마존 프라임에 이미 가입한 상태라는 정보를 추가로 제공했다. 그리고 똑같은 질문을 던졌다. "요금을 더 내고 책을 더 빨리 받고 싶은가?" 그 결과, 요금을 더 낼 의사가 있다고 답한 이들의 비중이 40%로 증가한 것으로 나타났다. 즉, 8%가 증가한 것이다. 더 많은 사람이 연회비를 '낭비'하고 싶지 않다는 생각에 더 비싼 아마존을 선택했다.

이러한 결과는 여러 다양한 연구에서도 똑같이 나타난다. 2015년 독일 카이저슬라우테른대학교University of Kaiserslautern의 슈테판 로트Stefan Roth는 98편의 연구 논문을 메타분석했다. 그리고 이를 통해 도박에서 무제한 뷔페에 이르기까지 다양한 비즈니스 분야에서 매몰 비용 효과를 확인할 수 있었다. 이는 특히 젊은 층에서 두드러지게 나타났다. 만약 젊은이들이 주요 고객층이라면, 매몰 비용 효과는 반드시 고려해야 할 요인이다.

인지 오류로 인한 행동 변화

사람들의 마음속에 무슨 일이 벌어진 걸까? 가장 확실한 설명은 사람들은 돈을 '낭비'하고 있다는 느낌을 싫어한다는 것이다. 이미 돈을 냈다면, 그만큼의 가치를 얻고 싶어 한다는 뜻이다.

앞서 소개한 스키 여행 실험을 공동으로 진행한 아크스는 한 걸음 더 나아가 이런 설명을 내놨다. 초기 지출 후에 투자를 중단한다면, 처음 선택이 어리석었다는 사실을 스스로 인정하는 꼴이 되므로, 매몰 비용 오류가 나타난다고 말이다. 실제로 우리는 자신의 선택이 틀렸다는 사실을 좀처럼 인정하지 않는다. 그래서 처음에 내린 선택이 현명한 판단이었다는 듯 기존 행동을 계속 이어 나간다.

아마존 프라임은 바로 이러한 편향을 활용하여 큰 성공을 거뒀다. 이미 연회비를 낸 아마존 회원들은 본전 생각에 비합리적인 소비 패턴을 보인다. 이제 우리가 던져야 할 질문은 이것이다. 아마존의 여정을 따라가려면 어떻게 해야 할까?

바로 아마존처럼 배송비를 선불로 결제하는 구독 프로그램을 내놓는 것이다. 우버이츠Uber Eats의 우버 원Uber One이 좋은 사례다. 한 달에 한 번 9.99달러(한화 약 1만 4,500원)를 내면, 음식 배달비를 전혀 내지 않아도 된다.

그런데 이러한 이야기가 당신의 비즈니스에 해당되지 않는다면, 미국 샐러드 레스토랑 기업인 스위트그린Sweetgreen 사례에 주목해 보자. 스위트그린은 매달 10달러(한화 약 1만 4,500원)를 내면, 매장을 방문할 때마다 3달러(한화 약 4,300원) 적립금을 준다. 고객의 입장에서 계산은 간단하다. 한 달에 4번만 방문해도 이익이다. 그런데 이는 스위트그린에게도 마찬가지로 이익이다. 스위트그린 최고디지털책임자 대니얼 슐로스만Daniel Schlossman은 이 프로그램으로 큰 성공을 거뒀다고 했다. 그는 이렇게 설명했다. "어떤 유형의 고객이든 '구독' 기간에 매장을 더 많이 방문하게 된다는 사실을 확인했습니다." 그리고 확실하게도 고객들은 방문 시 적립금으로 받는 3달러보다 더 많은 돈을 쓴다.

다른 사례로, 영국 샌드위치 전문점 프레타망제Pret A Manger 의 클럽 프렛Club Pret이 있다. 월 회비를 내면 하루 5잔까지 커피를 반값에 즐길 수 있다. 이 프로그램 역시 매몰 비용 효과를 활용한 것이다. 비회원이 커피 한 잔에 4파운드(한화 약 7,800원)를 닐 때, 회원은 2파운드(한화 약 3,900원)만 내면 된다. 만약 인근에 카페가 생겨서 똑같이 맛있는 커피를 1.75(한화 약 3,400원)파운드에 판매한다고 해도, 회원들은 아마 매몰 비용 오류 때문에 프레타망제를 계속 이용할 것이다.

절묘한
상기 효과

아마존이 처음 구독 서비스를 도입했을 때는 연 단위 결제만 가능했다. 그런데 지금은 월 단위 결제도 선택할 수 있다. 어떤 형태의 구독 프로그램이든 고객이 정기적으로 결제하도록 만들 수만 있다면 똑같이 소비를 높일 수 있기 때문이다. 이를 증명하는 연구 결과가 있다. 1998년에 하버드대학교 Harvard University 존 거빌 John Gourville과 콜로라도대학교 University of Colorado 딜립 소먼 Dilip Soman 이 바로 이에 대해 연구를 했다.

두 사람은 콜로라도 지역의 헬스클럽 회원 200명을 대상으로 결제와 이용에 관한 데이터를 분석했다. 헬스클럽의 회원들은 일 년, 6개월, 분기, 한 달 단위로 회비를 결제할 수 있었다. 연구 결과, 연 단위로 회비를 결제한 회원들은 결제 후 몇 달 동안 부지런히 헬스장을 다니다가 점차 방문 횟수가 줄어들었다. 그리고 6개월이나 분기 단위로 회비를 결제한 회원들 역시 비슷한 패턴을 보였다.

반면, 월 단위로 결제한 회원들은 좀 더 꾸준히 헬스장을 이용했다. 그들은 한 달에 한 번 회비를 내기 때문에 회비의 가치만큼 헬스장을 이용해야 한다는 생각을 정기적으로 떠올릴 수밖에 없었다. 이러한 점에서 구독 프로그램의 또 다른 장점은 고객들이 브랜드나 제품, 서비스 등을 정기적으로 떠올리게 한다는 점이다.

구독 프로그램을 설계하는 과정에서 우리는 매몰 비용에 관한 또 다른 편향을 활용할 수 있다. 그것은 바로 '발전하고 있다는 착각Illusion of Progress'이다. 우리가 쉽게 포기하지 못하는 것은 돈만이 아니다. 노력 또한 마찬가지다. "시작했으니 끝을 봐야지"라는 말에서도 이러한 편향을 엿볼 수 있다.

계속할수록 결과가 더 나빠지리라는 걸 알면서도, 사람들은 지금까지 들인 시간과 노력이 아까워서 쉽게 포기하지 못한다.

컬럼비아대학교 경영대학원 란 키베츠Ran Kivetz는 이러한 전략이 실제 비즈니스 환경에서도 효과가 있음을 연구를 통해 입증했다. 2006년 그는 한 카페의 고객들에게 적립 카드를 나눠줬다. 그중 일부에게는 빈칸이 10개인 카드를 나눠줬다. 모든 칸을 채우면 커피 한 잔을 무료로 마실 수 있다. 그리고 다른 일부에게는 빈칸이 12개인 카드를 나눠줬는데 맨앞 2개의 빈칸에는 이미 스탬프가 찍혀 있는 카드였다.

카드 모두 앞으로 10잔을 구매해야 한 잔을 무료로 마실 수 있다는 점에서 두 그룹의 조건은 똑같았음에도, 사람들의 행동은 달랐다. 10칸짜리 카드를 받은 사람들이 스탬프를 모두 채우기까지 평균 15.6일이 걸렸던 반면, 두 칸이 채워진 12칸짜리 카드를 받은 사람들은 평균 12.7일 만에 스탬프를 모두 채웠다. 즉, 19% 차이를 보였다. 또한 놀랍게도 무료 커피를 받을 시점이 다 가올수록 사람들이 커피를 구매하는 속도가 더 빨라졌다.

이러한 효과를 활용하려면, 고객이 브랜드와 교류하는 과정에서 이미 어느 정도 노력을 들였다는 사실을 상기시켜 주기만 하면 된다. 예를 들어, 500포인트를 모으면 5달러를 보상으로 제공하는 적립 프로그램을 시작한다고 가정해 보자. 여기서 키베츠의 연구 결과를 따른다면, 처음에 100포인트를 지급해 주고 총 600포인트를 달성할 때 5달러를 보상으로 주는 방식으로 바꿔야 한다.

예를 들어 신발을 판매하는 온라인 쇼핑몰을 떠올려 보자. 고객이 어떤 상품을 장바구니에 담으면, 네비게이션 바가 등장해서 앞으로 배송지 입력과 결제의 두 단계가 남았음을 알려준다고 하자. 여기서도 키베츠의 연구 결과를 적용한다면, 네비게이션 바의 시각적 형태를 바꿔야 한다. 다시 말해, 총 세 단계 중 첫 단계(상품 선택)는 이미 완료되었고, 두 단계(배송지 입력과 결제)가 남았다고 보여주는 것이다. 이러한 전략은 적은 비용으로 큰 효과를 낼 수 있다.

가격은
매력이다

매몰 비용 오류는 아마존이 비즈니스에 활용한 유일한 심리적 편향은 아니다. 그 밖에도 여러 가지 편향을 적용했는데, **매력적 가격 전략**Charm Pricing(심리적 가격 전략Psychological Pricing이라고도 하며, 가격을 실제보다 더 매력적으로 보이게끔 설정하여 구매를 유도하는 마케팅 전략-옮긴이)도 그중 하나다.

아마 아마존의 가격 정책만으로도 책 한 권은 너끈히 쓸 수 있을 것이다. 그래도 그들이 멤버십 요금과 관련해서 처음부터 꾸준히 이어온 기발한 전략이 있다. 그건 바로 가격을 항상 9로 끝나게 설정하는 방식이다. 이러한 가격 책정 방식은 아주 간단하면서도 실질적인 효과를 낸다.

이 책의 저자인 리처드는 매력적 가격 전략이 소비자의 가격 인식에 어떤 영향을 미치는지 알아보고자 직접 연구를 진행했다. 그는 영국 소비자 650명을 대상으로 99로 끝나는 가격(가령 5.99파운드), 혹은 0으로 끝나는 가격(가령 6파운드)으로 표기된 여러 상품을 보여줬다. 그리고 어떤 상품이 가격 대비 가치가 높아 보이는지 물었다. 그 결과, 참가자들은 매력적 가격 전략을 적용한 상품들이 그렇지 않은 상품들보다 9% 더 가치가 높아 보인다고 답했다. 사람들은 아주 작은 가격 차이를 훨씬 더 크게 인식했다.

다른 대규모 연구에서도 똑같은 결과가 나왔다. 그중 한 가지 사례로, 2023년에 캘리포니아대학교 버클리University of California, Berkeley의 아브너 슐레인Avner Shlain은 매력적 가격 전략의 효과를 확인하고자 연구를 진행했다. 여기서 그는 매장 스캐너로 수집한 수천 가지 상품의 데이터를 분석했다. 그 결과, 소비자들이 99로 끝나는 가격을 0으로 끝나는 가격보다 15~25센트 더 낮게 인식했다는 사실을 확인할 수 있었다. 실제 차이는 겨우 1센트였음에도 말이다. 다시 말해, 5.99달러를 5.75달러처럼 '느낀' 것이다.

아마존은 이러한 효과를 최대한 활용했다. 아마존이 프라임 멤버십을 처음 출시했을 때, 연회비는 79달러였다. 그러다 2016년에 월 단위 멤버십을 추가했을 때, 그 가격은 10.99달러였다. 또한 2022년에도 월 회비는 14.99달러, 연회비는 139달러였다. 이처럼 아마존 프라임 요금은 항상 매력적 가격 전략을 지키고 있다.

무료 배송이 서비스의 핵심인 아마존 프라임에 가입한 회원들은 물건을 사면서 항상 가성비가 좋다고 느낀다. 이에 대해 제프 베이조스는 이렇게 말했다.

그래도 10년 후 어떤 고객이 저를 찾아와 '제프, 전 아마존을 사랑합니다. 가격을 더 높여도 괜찮을 것 같아요'라고 말하는 일은 절대 없을 겁니다…. 불가능한 일이죠. 그래도 우리는 이러한 시스템이 잘 돌아가도록 모든 에너지를 쏟아붓고 있습니다. 그리고 이러한 노력은 10년 후에도 고객들에게 혜택으로 돌아가고 있을 겁니다.

아마존이야말로 사소해 보이는 행동과학 개념을 활용해서 엄청난 성공을 거둔 최고의 사례라 하겠다.

3가지 핵심 포인트

1 비용을 먼저 내게 만들자.

고객들에게 초기 투자를 유도하자. 지속적인 할인 혜택을 제공하는 멤버십 프로그램이 좋은 사례다. 그럴 때, 고객들은 매몰 비용 오류로 인해 객관적으로 더 나은 대안이 나와도 당신의 제품을 계속 구매할 것이다.

2 이미 들인 노력을 상기시키자.

구매의 진행 상황을 강조하자. 다소 과장된 방식이어도 좋다. 그럴 때, 구매 가능성은 높아진다. 이는 이미 들인 노력을 '낭비'하고 싶어하지 않는 인간의 심리를 활용하는 전략이다.

3 매력적 가격 전략을 활용하자.

이 전략을 당신의 제품에 꼭 적용해 보자. 0으로 끝나는 가격에서 1원만 낮춰도 가성비에 대한 소비자 인식을 크게 높일 수 있다.

APEROL
너도나도 사고 싶은
인기를 얻는 법
아페롤

APEROL

▼

무더운 여름에 아페롤 스프리츠Aperol Spritz를 마신 적이 있는가? 칵테일을 즐기는 사람이라면, 쓴맛이 싫어서 재구매는 하지 않았더라도 한 번쯤은 시도해 봤을 것이다.

그 이유는 뭘까? 여기서도 틀림없이 몇 가지 강력한 행동과학적 편향이 작용했을 것이다.

이탈리아
지중해의 유산

1919년, 아버지의 주류 회사를 물려받은 두 이탈리아 형제인 루이지 바비에리Luigi Barbieri와 실비오 바비에리Silvio Barbieri는 신제품 출시를 고민하고 있었다. 아마도 꽤 즐거웠을 7년간의 연구 끝에, 두 형제는 마침내 감귤과 향신료, 허브 에센스를 조합하여 그들만의 독특한 레시피를 완성했다. 그리고 프랑스어로 식전주를 의미하는 '아페로Apero'에서 따와 '아페롤Aperol'이라는 이름을 붙였다.

아페롤은 1919년 파두아 국제박람회Padua International Fair에서 첫선을 보이면서 사람들의 호평을 받았다. 이 제품은 당시 일반적으로 판매되던 식전주보다 알코올 도수가 살짝 낮았다. 그들은 이러한 특성을 초기 마케팅 포인트로 잡았다. 그리고 '여성 및 스포츠를 즐기는 사람'을 집중적으로 공략했다. 당시에도 운동을 좋아하는 사람들은 저녁에 술을 마시더라도 조금은 절제하고자 했기 때문이다.

아페롤의 레시피는 지금까지도 비밀로 남아있다. 쌉쌀한 끝맛과 다양한 풍미가 특징인 아페롤은 어떤 이들에게는 다소 부담스럽게 느껴질 수 있다. 그래서 등장한 것이 바로 아페롤 스프리츠Aperol Spritz다. 독일어로 탄산수를 섞은 가벼운 술을 뜻하는 '슈프리첸Spritzer'에서 영감을 받은 아페롤 스프리츠는 1950년대에 출시되었다. 스프리츠는 아페롤과 이탈리아 화이트 와인인 프로세코Prosecco를 2:3의 비율로 혼합하고, 여기에 탄산수를 넣어 만든다. 이후 아페롤 스프리츠는 이탈리아 전역에서 인기 높은 식전주로 자리 잡았다.

그러나 스프리츠가 미국과 영국에 널리 알려지기까지는 꽤 오랜 시간이 걸렸다.

눈부신
오렌지빛 성장

2003년 주류 기업 캄파리 그룹Campari Group이 아페롤을 인수하면서 광고에 투자하기 시작했다. 그들은 먼저 뉴욕을 중심으로 대대적인 마케팅을 벌였다. 특히 대표적인 뮤직 페스티벌 거버너스 볼Governors Ball이나 재즈 에이지 론 파티Jazz Age Lawn Party와 같은 여름 행사에 참여하여 아페롤 스프리츠를 대중에 선보였다. 그리고 프리미엄 버스인 햄프턴 지트니Hampton Jitney를 그들의 상징인 밝은 오렌지색으로 치장하여 거리를 돌아다니게 함으로써 부유한 주말 여행객들의 시선을 사로잡았다. 또한 소형 스쿠터를 이동식 아페롤 바Bar로 만들어서 햄프턴 지역을 돌아다니며 무료 스프리츠 시음 행사를 진행했다.

그렇게 미국과 영국 전역에 오렌지빛 물결이 흘러넘치면서 스프리츠의 인기도 조금씩 높아지기 시작했다. 구글 트랜드Google

Trends의 검색 횟수를 기준으로 볼 때, 2015년에 관심도가 증가하기 시작해서 2017년에는 모두의 입에 오르내리는 인기 있는 칵테일 브랜드가 되었다.

따라 할 수밖에 없는

아페롤에는 맛 말고도 특별한 뭔가가 있다. 그건 선명하고 생기 넘치는 오렌지 컬러다. 오렌지는 아페롤을 상징하는 색이다. 누가 아페롤을 마시고 있다면, 멀리서 봐도 한눈에 알아볼 수 있다. 특히 커다란 아페롤 전용 잔에 마시고 있다면 말이다. 이러한 시각적 특성은 아페롤의 성공을 이끈 핵심 요인이다. 이는 아주 강력한 행동 편향인 **사회적 증거**Social Proof를 활용한 사례다. 사회적 증거란 어떤 행동이 인기를 끌면 더 매력적으로 보이게 되고, 더 많은 사람이 그 행동을 따라 하는 현상을 말한다.

어떤 행동이 인기를 끌면 더 매력적으로 보이게 되고, 그래서 더 많은 사람이 그 행동을 따라 한다.

사회적 증거는 시간을 절약해 주는 실용적인 의사결정 방식이다. 사람들이 비명을 지르며 건물을 빠져나간다면, 당신은 이를 사회적 증거로 인식해서 재빨리 그들을 따라갈 것이다. 그게 합리적인 선택이다. 그리고 많은 손님으로 북적이는 술집에 들어섰을 때, 우리는 빨리 주문해야 한다는 압박감을 느끼게 된다. 그럴 때, 다른 사람들은 무얼 마시고 있는지 살펴봄으로써 쉽고 빠르게 결정을 내릴 수 있다.

사회적 증거에 대해 마케팅 및 심리학 교수이자 《설득의 심리학》의 저자인 로버트 치알디니 Robert Cialdini 는 이렇게 말했다.

많은 사람이 같은 행동을 하고 있다면, 그들은 틀림없이 우리가 모르는 뭔가를 알고 있을 것이다. 특히 확신이 없는 경우, 우리는 군중의 집단 지성에 의존하게 된다.

이러한 사회적 증거의 위력을 입증하는 연구 결과들이 있다. 그중 하나로, 영국 국세청 HMRC 의 실험이 있다. 2012년 영국 국세청은 다양한 유형의 메시지를 담은 우편물 14만 통을 발송했다. 여기서 그들은 어떤 유형의 메시지가 세금 납부율을 높이는지 확인해 보고자 했다. 메시지에 세금 납부에 대한 법적 의무와 미납

시 벌금에 관한 정보만을 담았을 때, 납부율은 68%였다. 그러나 "(이 지역의) 주민 10명 중 9명이 세금을 제때 납부하고 있습니다"와 같은 사회적 증거의 메시지를 추가했을 때, 납부율은 83%로 껑충 뛰었다. 다시 말해, 남들이 어떤 행동을 한다고 인식할 때, 사람들은 자신도 그렇게 행동하고자 한다.

광고사들은 이러한 효과를 종종 활용한다. 예를 들어, 100만 개나 팔린 오레오, 혹은 사람들이 제일 좋아하는 버드라이트 Bud Light 맥주와 같은 광고 문구를 떠올려 보자. 이들은 사회적 증거의 효과를 보여주는 실제 사례다. 마케팅에서 아직 이런 전략을 시도해 본 적이 없다면, 한번 도전해 보자. 연구 결과가 매출 상승을 말해주고 있으니 말이다.

그런데 아페롤은 조금 특이하게도 대중적 인기를 직접적으로 강조하지 않았다. 대신에 디자인을 독특하게 하는 방식으로 사람들의 소비 행동을 자연스럽게 눈에 띄게 했다. 사람들이 하나둘 아페롤을 마시기 시작하면서 매출은 점차적으로 성장했다. 그건 아페롤을 마시는 모습이 시각적으로 많은 이들의 주의를 사로잡았기 때문이었다. 만약 아페롤이 오렌지색이 아니라 투명한 술이었다면, 사람들은 그게 보드카인지, 진인지, 럼인지, 혹은 데킬라인지 구분하지 못했을 것이다.

이처럼 사회적 증거를 미묘한 형태로 활용하는 전략이 실제 환경에서 효과가 있을지 의문이 들 수 있다. 그러나 그 효과를 입증하는 연구 결과 또한 이미 있다. 2008년 네덜란드 흐로닝언대학교University of Groningen의 케이스 카이저Kees Keizer와 지그바르트 린덴베르크Siegwart Lindenberg는 '암묵적 사회적 증거Implied Social Proof'가 쓰레기 투기에 미치는 영향을 조사하는 실험을 진행했다.

연구팀은 자전거가 많이 주차된 골목 한 곳을 정해서 가상의 스포츠 매장 광고 전단을 제작해 자전거 핸들에 붙였다. 여기서 중요한 것은 주변에 쓰레기통이 하나도 없다는 점이었다. 그리고 나서 그들은 자전거 주인들이 그 전단지를 어떻게 처리하는지 몰래 관찰했다. 실험은 2가지 조건으로 진행되었다. 첫 번째는 사전에 주변 쓰레기를 모두 치워 골목을 깨끗하게 정돈해 놨다. 그리고 두 번째는 일부러 쓰레기들을 땅에 어질러 놓고 벽에는 낙서를 해놨다.

결과는 대조적으로 나타났다. 골목을 깨끗하게 정돈해서 대부분 쓰레기를 집으로 가져간다는 암묵적 사회 규범을 보여준 첫 번째 조건에서는 33%가 전단을 바닥에 버렸다. 반면, 골목을 지저분하게 어지럽혀서 쓰레기를 함부로 버리는 게 일반적인 행동임을 보여준 두 번째 조건에서는 69%가 그렇게 했다. 이 실험을 비롯하여 여러 연구 결과는 특정 행동이 표준이라는 사실을 암시하는 것만으로도 사람들이 그 행동을 따라 하게 만들 수 있다는 사실을 보여준다.

실제로 미묘하게 사회적 증거를 제시하는 방식이 직접적으로 인기를 강조하는 방식보다 더 강한 효과를 발휘할 때가 많다. 카이저의 실험 결과를 보자. 사회적 규범이 바뀌자 쓰레기를 아무렇게나 버리는 비중이 2배 넘게 늘었다. 영국 국세청 실험보다 더 강력한 효과를 보여주는 사례다.

그 이유는 브랜드가 자신의 인기를 직접 주장할 때, 사람들은 의심의 눈초리로 바라보기 때문이다. 브랜드의 인기를 청중에게 직접 강조할 때, 어느 정도 효과는 있을 것이다. 그러나 "다들 그런 식으로 말하지"라고 생각하는 사람도 많을 것이다. 그러나 소비자들 스스로 그 인기를 인정하게 만들 때, 그런 의심은 사라진다. 그건 사람들이 자신의 판단을 더 신뢰하기 때문이다.

그런데 아페롤의 사례처럼 독특한 색상을 활용할 수 없는 경우라면? 그렇다면 암묵적인 사회적 증거는 몇몇 브랜드에만 도움이 되는 전략일까? 그렇지 않다. 대신 창의적인 방식으로 활용하기만 하면 된다.

일부러 흘리는
행동의 흔적

이메일을 한번 생각해 보자. 예전에는 상대방이 어떤 기기로 이메일을 보냈는지 알 방법이 없었다. 그런데 애플은 아이폰으로 발송한 이메일 하단에 "아이폰에서 보냄Sent from my iPhone"이라는 문구를 추가하는 방식으로 변화를 줬다. 이러한 문구가 담긴 이메일을 받은 사람들은 많은 이들이 이미 아이폰을 사용하고 있다는 사실을 알게 된다. 그러나 모토로라나 삼성 스마트폰을 사용하는 사람은 드러나지 않는다. 이처럼 애플은 선순환을 통해 사회적 증거를 강화함으로써 시장의 리더가 되기 오래전부터 최고의 브랜드라는 이미지를 사람들에게 심어 줬다.

만약 당신의 제품을 구매하거나 사용하는 소비 행동이 대중의 눈에 잘 띄지 않는다면, 이를 부각시킬 수 있는 창의적인 방법을 찾아야 한다.

조너 버거Jonah Berger는 그의 탁월한 저서인《컨테이저스 전략적 입소문》에서 개인적인 소비 행동을 공개적인 행동으로 전환한 여러 브랜드의 사례를 소개했다. 또한 그가 말하는 '행동의 흔적Behavioral Residue'을 남겨야 할 필요성에 대해서도 설명한다. 버거는 많은 경우에 소비 행동이 순간적으로 끝나고 만다는 점을 지적한다. 그리고 이 문제를 해결하기 위해 브랜드는 소비 행동의 흔적을 남길 방법을 찾아야 한다고 말한다.

아페롤의 경우, 우리는 독특한 브랜드 전용 잔에서 행동의 흔적을 발견하게 된다. 아페롤 전용 잔은 특이하게도 병목을 뒤집어 놓은 모양이다. 그래서 아페롤 칵테일을 다 마시고 나서 그 잔을 테이블 위에 놓아둔다면, 사람들은 당신이 뭘 마셨는지 금방 알 수 있다.

우리는 이러한 행동의 흔적을 다양한 상황에서 쉽게 남길 수 있다. 예를 들어, 투표를 생각해 보자. 사회적 증거의 원리에 따를 때, 많은 이들이 이미 투표했다는 사실을 안다면 더 많은 사람이 투표할 것으로 생각해 볼 수 있다. 그런데 문제는 누가 이미 투표했는지 알 수가 없다는 사실이다. 여기서 투표를 마친 사람에게 작은 스티커를 붙이게 한다면, 투표를 한지 한참 시간이 흘러도 행동의 흔적은 남는다. 그리고 그 스티커가 거리에서 더 많이 눈에 띌수록, 더 많은 시민이 투표에 참여할 것이다.

자랑은 은근하게
인기는 확실하게

사회적 증거를 활용하여 인기를 암묵적으로 드러낼 수 있다는 사실을 깨닫게 되면, 수많은 기회가 널려 있다는 것을 알게 된다. 재고 관리도 그런 기회가 될 수 있다. 기업은 제품의 재고가 떨어지지 않도록 신경을 써야 한다. 그러나 실제로 재고가 떨어졌을 때, 오히려 유리한 방향으로 활용할 수 있다. 제품이 품절되었다는 소식은 소비자들이 그것을 너무나 좋아한다는 확실한 증거다. 이보다 더 뚜렷한 사회적 증거가 있을까?

2019년에 텍사스대학교의 로버트 피터슨Robert Peterson은 바로 이러한 재고 사례를 들여다봤다. 그는 1,117명의 실험 참가자에게 웹사이트에 올라와 있는 제품 페이지를 보여줬다. 그리고 그 제품 이미지 아래에는 '재고 없음Out of Stock'이나 '품절Sold Out', 혹은 '구매 불가Unavailable'라는 문구 중 하나를 표기했다. '품절'이라고 표기했을 때, 부정적인 반응이 훨씬 덜한 것으로 나타났다. '품절'에 대해 참가자들이 느낀 실망감은 '재고 없음'의 경우보다 8% 더 낮았다. 그리고 '구매 불가'보다는 15%나 더 낮았다.

이러한 차이의 이유는 뭘까? '구매 불가'라고 표기했을 때, 사

도표 6-1. '품절'은 효과적인 사회적 증거다

재고 상황	제품에 대한 실망감	웹사이트에 대한 실망감
구매 불가	3.48	2.83
재고 없음	3.61	2.72
품절	3.33	2.41

출처: Peterson(2019).

람들은 물류 시스템에 문제가 있다고 생각한다. 그러나 '품절'이라고 표기했을 때, 사람들은 제품의 인기가 아주 높다는 사회적 증거로 받아들인다. 이처럼 재고가 떨어졌을 때 적절한 표현을 활용한다면, 소비자가 느끼는 실망감을 낮추고, 또한 수요가 공급을 넘어서고 있다는 사회적 증거를 제시할 수 있다.

시선에 답이 있다

우리는 아주 다양한 방식으로 인기를 직접 주장하기보다 넌지

시 암시할 수 있다. 사회적 증거의 핵심은 사람들은 다른 이들의 행동을 따라 한다는 것이다. 예를 들어, 우리는 사람들의 시선을 따라간다. 행인들이 발걸음을 멈추고 뭔가를 함께 바라본다면 정확히 무엇을 바라보고 있는지 몰라도, 점점 더 많은 사람이 모여들어 같은 곳을 바라보기 시작한다.

그렇다. 사회적 증거가 미묘하게 보여주는 효과 중 하나는 우리의 시선이 다른 사람들의 시선을 따라간다는 것이다. 이러한 효과는 광고에서 종종 찾아볼 수 있다.

2014년 제임스 브리즈James Breeze는 정성적 연구Qualitative Research를 바탕으로 사회적 증거의 미묘한 효과를 입증했다. 그의 연구에서 그는 얼굴 이미지를 가지고 사람들의 시선을 유도해 봤다. 먼저 106명의 실험 참가자에게 인물의 이미지가 포함된 몇 가지 광고를 보여줬다. 일부 광고에서는 등장인물이 **다른 곳을 향한 시선**Averted Gaze, 즉 정면이 아닌 광고 문구를 바라보고 있었다. 그리고 다른 광고에서는 마주 보는 시선으로 참가자를 바라보고 있었다.

브리즈는 안구 추적 기술을 활용하여 실험 참가자들의 시선을 따라가 봤다. 다음의 그림에서 어둡게 표현된 부분은 사람들의 시선이 머문 곳이다. 그중에서 밝은색 띠로 둘러싸인 부분은 사람

그림 6-1. 마주 보는 시선은 사람들의 주의를 핵심 메시지에서 분산시킨다

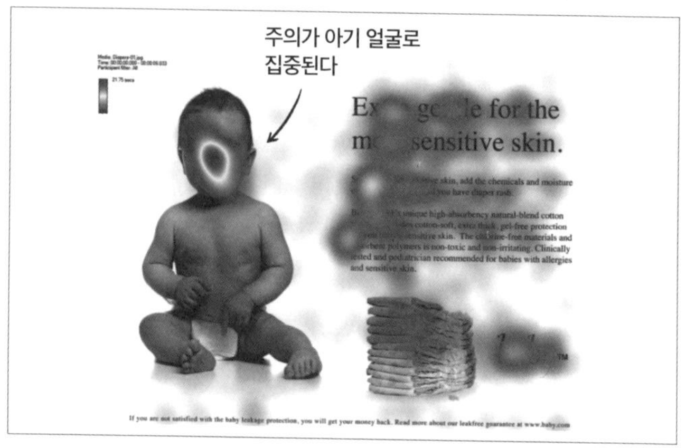

출처: Breeze(2014).

그림 6-2. 다른 곳을 향한 시선은 주의를 핵심 메시지로 집중시킨다

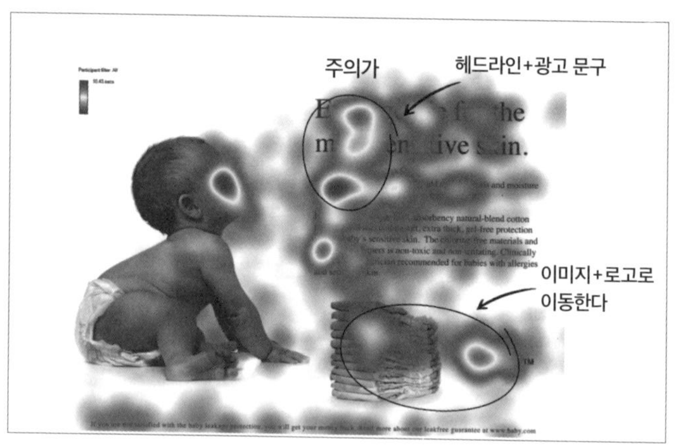

출처: Breeze(2014).

들의 시선이 가장 많이 집중된 곳이다. 예상대로 얼굴은 사람들의 시선을 강하게 끌어모았다. 특히 아기 얼굴은 더욱 강했다. 그런데 놀라운 사실은 아기가 광고 문구를 바라볼 때, 더 많은 이들이 그 문구로 시선을 향했다는 것이다.

이처럼 간단한 방식으로 소비자의 시선을 유도할 수 있다. 광고에 인물이 등장할 경우, 인물의 시선에 각별이 주의하자. 소비자의 시선을 특정 문구로 향하게 하고 싶다면, 등장인물이 그 문구를 바라보게 하자. 이처럼 얼마든지 미묘한 방식으로 사회적 증거를 활용할 수 있다.

3가지 핵심 포인트

1　**시각적으로 돋보이게 만들자.**

인간은 사회적 동물이다. 우리는 다른 사람들의 행동에 관심이 많다. 그러므로 사람들이 제품을 구매하거나 사용하는 모습을 최대한 눈에 띄게 만들어야 한다. 아페롤처럼 제품을 눈에 띄게 만들려면 어떻게 해야 할까?

2　**행동의 흔적을 남기자.**

당신의 기업이 경험을 판매한다면, 행동의 흔적에 대해 고민해보자. 사람들이 당신의 브랜드와 함께한 경험을 널리 알리도록 만드는 방법을 찾아보자. 복잡하지 않아도 된다. 가령 투표소에서 스티커를 나눠주는 것처럼 단순한 방식이어도 좋다.

3　**소비자의 시선을 유도하자.**

우리는 시선의 방향처럼 다른 이들의 사소한 행동에도 영향을 받는다. 광고를 만들 때, 소비자의 시선을 유도하려는 쪽으로 등장인물의 시선이 향하도록 하자.

HÄAGEN-DAZ

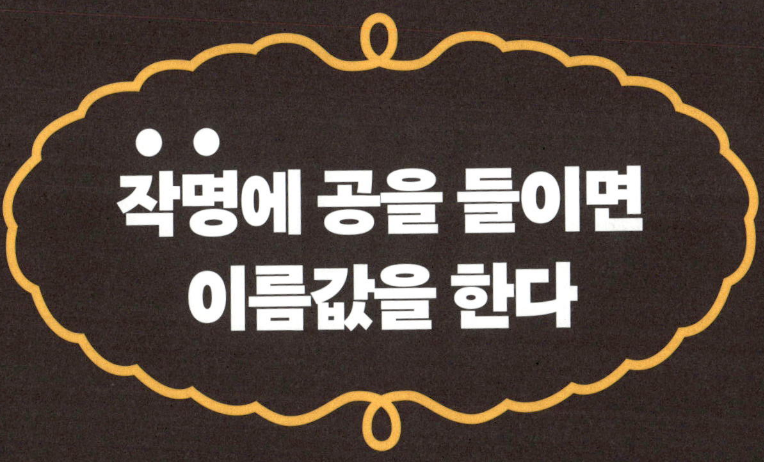

하겐다즈

HÄAGEN-DAZ

▼

하겐다즈Häagen-Daz는 어느 나라 기업일까? 아마도 깊이 생각해 본 적은 없을 것이다. 한번 맞춰보라고 한다면, 뭐라고 대답하겠는가? 네덜란드? 독일? 혹은 덴마크?

하지만 하겐다즈가 유럽과 아무 상관 없다는 이야기를 들으면, 아마도 놀랄 것이다. 실제로 하겐다즈의 고향은 미국 브롱크스다. 여기에도 행동과학적 이유가 숨어 있다.

위기를
기회로…

하겐다즈는 루벤 마투스Reuben Mattus라는 사람이 만들었다. 루벤은 1921년 아홉 살의 나이로 뉴욕에 왔다. 거기서 그는 친척이 운영하던 이탈리안 아이스크림 가게에서 레몬즙을 짜는 일을 했다. 장사는 잘되었지만, 1950년대로 접어들면서 아이스크림 시장은 점점 포화 상태에 이르렀다. 그래서 마투스와 그의 아내인 로즈는 뭔가 차별화된 제품을 개발하기로 마음을 먹었다. 그리고 고급스러움을 사랑하는 소비자를 겨냥하여 프리미엄 아이스크림을 내놨다. 1960년, 고급 재료를 사용하는 진하고 묵직한 프리미엄 아이스크림이 세상에 첫선을 보였다.

마투스는 좋은 제품만으로는 충분하지 않다는 사실을 잘 알았다. 그는 타고난 마케팅 감각으로 고급스러움을 반영하는 가격 정책을 시도했다. 일반 아이스크림 가격인 1파인트 당 52센트보다 무려 30%나 높은 75센트로 가격을 책정했다.[19] 그러나 그게 유일한 마케팅 전략은 아니었다. 1990년에 마투스는 조안 네이선 Joan Nathan 기자와의 인터뷰에서 이렇게 말했다.

물론 가장 중요한 건 맛입니다. 그러나 다음으로 중요한 것은 마케팅이죠. 전 마케팅 전문가로서 자부심이 있습니다. 똑같이 해서는 절대 이길 수 없죠. 그래서 수입품이라는 인상을 주는 브랜드 이름이 필요했던 겁니다.[20]

조작된
브랜드의 기원

루벤과 로즈는 낯선 이름이 브랜드 인지도를 높이는 데 도움이 될 것으로 봤다. 그들은 이국적이면서 호기심을 유발하는 그런 이름을 원했다. 그래서 그들은 1960년대 미국 사회에서 이미지가 좋은 나라들을 살펴봤다. 유럽 국가들이 그 후보였다. 고민 끝에 두 사람은 덴마크를 선택했다. 루벤의 설명에 따르면, '덴마크는 제2차 세계대전 동안 유대인을 구한 유일한 국가'였기 때문이었다.

이후 그들은 미국인의 귀에 덴마크어처럼 들릴 만한 수많은 단어를 가지고 브레인스토밍을 했다. 바로 그렇게 탄생한 이름이 하겐다즈다. 사람들이 브랜드를 스칸디나비아에서 온 것으로 믿도록 하기 위해 'a' 위에다가 움라우트(ä)를 씌우고, 포장지에는 덴마크 지도까지 넣었다. 그러나 그 움라우트는 덴마크어가 아니라 스웨덴어에서 찾아볼 수 있는 언어 기호다. 게다가 'zs'로 끝나는 어미도 헝가리어에서나 볼 수 있다. 그럼에도 그들의 선택은 꽤 훌륭한 것으로 드러났다. 나중에 루벤은 당시를 이렇게 떠올렸다. "말도 안 되는 덴마크 이름을 만들어 등록했던 거죠."

전략은 성공적이었다. 하겐다즈는 입소문을 타고 빠르게 퍼져 나갔다. 1973년에는 미국 전역에서 판매되었고, 나중에는 하겐다즈 전문 매장인 '스쿱 숍Scoop Shop'까지 열었다. 큰 성공을 거둔 하겐다즈는 1983년 식품 대기업 필스버리Pillsbury에 7천만 달러(오늘날 가치로 2억 2,100만 달러, 한화 약 3,200억 원에 달한다)로 매각되었다. [21] 이후 여러 차례 주인이 바뀐 끝에 지금은 제너럴 밀스General Mills의 소유로 있으며, 여전히 세계에서 가장 유명한 아이스크림 브랜드 중 하나로 판매되고 있다.

하겐다즈 사례에서 뭘 배워야 할까?

하겐다즈 스토리에서 가장 눈에 띄는 부분은 해외 브랜드 이름을 선택했다는 점이다. 하겐다즈는 미국 소비자들의 마음속에 고급스러우면서 도덕적인 국가로 자리 잡고 있는 덴마크의 이미지를 브랜드에 연결했다.

연구 결과에 따르면, 원산지에 따른 연상 작용은 소비자의 접근 가능성을 높일 뿐 아니라, 놀랍게도 제품에 대한 만족감까지 높여주는 것으로 밝혀졌다. 한 가지 사례로, 와인실험을 꼽을 수 있다. 2007년에 코넬대학교Cornell University 교수인 브라이언 완싱크 Brian Wansink와 콜린 페인Collin Payne 그리고 일리노이대학교 University of Illinois 질 노스Jill North 부교수는 원산지가 와인에 대한 평가에 어떤 영향을 미치는지 들여다봤다.[22] 그들은 실험 참가자들에게 똑같은 카베르네 소비뇽Cabernet Sauvignon 와인을 맛보게 했다. 그런데 원산지를 어떤 병에는 노스다코타로, 다른 병에는 캘리포니아로 표기했다(캘리포니아는 우수한 품질의 와인생산지로 유명하다-옮긴이). 그 결과, '캘리포니아산' 와인을 마신 참가자들은 '노스다코타산'을 마신 이들보다 41%나 더 높은 점수를 줬다.

1장 크래프트 맥앤치즈 사례에서도 살펴봤듯이, 우리의 경험은 기대에 큰 영향을 받는다. 제품에 긍정적인 기대를 조성할 때, 구매 가능성을 높일 뿐 아니라, 실질적인 만족감까지 끌어올릴 수 있다. 이러한 결과는 다른 실험에서도 똑같이 확인할 수 있다. 2014년에 펜실베이니아주립대학교Pennsylvania State University의 알리 카라Ali Kara는 터키의 17개 도시에 있는 쇼핑몰을 찾은 3,373명의 소비자를 대상으로 한 가지 실험을 했다. 그들은 실험 참가자들에게 두 유명 브랜드의 인쇄물 광고를 보여줬다. 하나는 독일 브랜드인 아디다스Adidas의 운동화나 지갑이었고, 다른 하나는 네덜란드 브랜드인 필립스Philips의 TV나 주전자였다.

여기서 일부 광고에는 제품 원산지를 중국산으로, 다른 광고에는 독일/네덜란드산으로 표기했다. 그 결과, 참가자들은 브랜드 신뢰도와 품질에 대한 인식 그리고 구매 의사에서 뚜렷한 차이를 드러냈다. 카라는 원산지를 중국산으로 표기했을 때, 위 3가지 항목(브랜드 신뢰도, 품질, 구매 의사)에서 소비자 인식이 네덜란드나 독일로 표기했을 때보다 모두 낮았다는 사실을 확인했다.

또한 하겐다즈에 대한 연구도 있다. 2017년 이탈리아 파도바 대학교University of Padova 마케팅 부교수인 토마스 아이히너Thomas Aichner는 '하겐다즈 효과Häagen-Dazs effect'의 실체를 파헤쳐 봤다. 그는 독일의 한 슈퍼마켓을 찾은 소비자들에게 하겐다즈가 사실은 덴마크산이 아니라 뉴욕 브롱크스에서 생산된 제품이라는 정보를 알려줬다. 그 결과는 어땠을까? 하겐다즈 제품에 대한 구매 의사가 68%나 떨어진 것으로 나타났다.

이처럼 브랜드명을 외국 이름으로 짓는 전략은 실제로 효과가 있다. 그러나 이를 위해서는 기업이 전하려는 가치를 잘 반영할 수 있는 나라를 선택해서 브랜드와 연결하는 작업이 선행되어야 한다.

해외 브랜딩과
이국적 브랜드 기법

이국적 브랜드 기법 Foreign Branding 은 해외 브랜딩과 좀 다른 개념이다. 해외 브랜딩은 실제로 해외에서 생산되어 브랜딩한 제품으로, 사례로는 스웨덴 아웃도어 브랜드인 피엘라벤 Fjällräven을 꼽을 수 있다. 스웨덴어로 '북극여우'를 뜻하는 단어에서 따온 이름인 피엘라벤은 세계적으로 큰 성공을 거뒀다. 그러나 이국적 브랜드 기법은 좀 더 흔히 찾아볼 수 있는 마케팅 전략이다. 가령 패션 브랜드인 슈퍼드라이 Superdry는 일본 브랜드일까? 아니다. 영국 첼트넘에서 생산된다. 조금만 자세히 들여다봐도 이국적 브랜드 기법은 아주 흔한 마케팅 전략이라는 사실을 쉽게 알 수 있다.● 몇 가지 사례를 살펴보자.

아케이드 게임 및 가정용 게임기를 만드는 비디오 게임회사 '아타리 Atari'는 1980년대와 1990년대에 큰 인기를 누렸다. 일본

● 영국 왕실도 이 전략을 활용했다. 그들은 제1차 세계대전이 한창이던 1917년에 왕실의 이름을 바꿨다. 당시 영국 왕실의 명칭은 '작센코부르크고타 Saxe-Coburg-Gotha 왕가'였지만, 영국 내 반독 정서가 높아지면서 영국적인 느낌을 주는 '윈저 왕가 House of Windsor'로 변경했다.

어로 '적중'을 뜻하는 '아타리'라는 단어는 첨단 전자제품의 이미지를 떠올리게 한다. 그런데 아는가? 아타리라는 브랜드의 고향은 미국 캘리포니아의 서니베일이다.

'버그하우스Berghaus'는 그 이름만으로 최고의 품질을 의미하는 고급 아웃도어 브랜드다. 그 어감 때문에 독일 브랜드라는 느낌이 들지만, 사실은 그렇지 않다. 이 브랜드를 만든 이는 영국 북동부 출신인 피터 로키Peter Lockey와 고든 데비슨Gordon Davison 이다. 등산 애호가인 두 사람은 원래 LD 마운틴 센터Lokey Davison Mountain Centre라는 간판으로 아웃도어 매장을 운영했다. 이후 등산 장비 브랜드를 만들면서, 브랜드의 이름을 독일어로 '산 속에 있는 집'을 의미하는 버그하우스로 지었다. 당시 독일의 기술력은 곧 신뢰와 성능을 의미했기에, 그들의 작명은 다분히 전략적인 것이었다.

긍정적인 연상 작용을 활용하기 위해 브랜드 이름을 꼭 외국어로 지을 필요는 없다. 스타벅스의 경우를 떠올려 보자. 여기서 이국적인 느낌을 주는 것은 브랜드 이름이 아니라 메뉴들의 이름이다. 에스프레소와 마키아토, 아메리카노 등 스타벅스의 메뉴 대부분은 이탈리아어다. 사실 스타벅스 외에도 많은 브랜드가 이러한 전략을 활용했다. 스타벅스 CEO 하워드 슐츠는 이탈리아 여행에서 돌아온 뒤 이 전략을 다른 분야로 확장했다. 예를 들어, 음료의 용량에도 벤티나 그란데, 트렌타와 같은 용어를 사용하기 시작했다. [23] 카렌 블루멘탈Karen Blumenthal은 자신의 저서,《그란데 익그펙테이션Grande Expectations》에서 이렇게 설명했다. "슐츠는 한 잔의 커피를 넘어 이국적인 느낌을 전달하고자 했다. 동시에 이탈리아 커피 바를 컨셉으로 매장을 설계했기 때문에, 색다른 이름이 필요했다."

속임수를
용인해 줄까?

그런데 이러한 접근방식에 윤리적인 의문이 들 수도 있다. 1950년대 미국 브롱크스의 한 작은 기업이 하겐다즈라는 브랜드를 들고나왔을 때, 사람들은 그 정도는 괜찮다고 생각했을 것이다. 매력적이라고 느낀 사람도 있었을 것이다. 그런데 지금도 사람들은 이런 속임수를 그렇게 받아들일까? 다른 문화의 긍정적인 이미지를 이용하고 대중을 고의로 속이는 가짜 외국 브랜드라고 비난하지는 않을까? 물론 그럴 위험도 있다. 앞서 소개한 아이히너 실험에서처럼 소비자가 진실을 알게 되었을 때 불쾌함을 느낄 수 있다. 장기적으로 이러한 마키아벨리식 전술(목표 달성을 위해 수단과 방법을 가리지 않는 접근방식-옮긴이)의 정체가 밝혀지면, 브랜드는 치명상을 입을 수 있다.

우리는 마케터들도 높은 도덕적 기준을 따라야 한다고 생각한다. 또한 마케터 입장에서 볼 때, 소비자 행동에 영향을 미칠 수 있다고 해서 꼭 그 전략을 택해야 하는 건 아니다. 노골적인 속임수로 소비자의 심리를 이용한다면, 단기적으로는 매출이 오를지 몰라도 장기적으로는 브랜드 이미지에 도움이 되지 않을 것이다.

그래도 우리는 하겐다즈 사례에서 많은 걸 배울 수 있다. 무엇보다 연구 결과를 실제로 적용하고자 할 때, 미묘한 측면을 신중하게 고려해야 한다. 전반적인 상황이 중요하다. 예를 들어, 우리가 스타벅스의 용어 체계를 자연스럽게 받아들일 수 있었던 것은 커피 시장에서는 이탈리아 용어를 오래전부터 자주 사용해 왔기 때문이다.

그렇다면 '가짜' 브랜딩이 어디까지 허용될지 어떻게 판단할 수 있을까? 여기서 우리는 한 가지 타당한 기준으로, 철학자 존 롤스John Rawls가 주창하고 리처드 탈러Richard Thaler가 《넛지》(도서명이기도 한 넛지는 사람들이 특정한 선택을 내리도록 유도하는 행동과학적 개입 방식을 뜻한다-옮긴이)에서 소개한 '공개성 원칙Publicity

Principle'을 들 수 있다. 간단하게 말해서, 공개성 원칙이란 조직은 공개적으로 지지할 수 없는 정책을 세워서는 안 된다는 것이다. 이 원칙은 브랜드에도 똑같이 해당된다. 다시 말해, 기업은 공개적으로 떳떳하게 내세울 수 없는 전략을 실행에 옮겨서는 안 된다.

칼보다
더 강한 것

이국적 브랜드 기법이 당신의 브랜드에는 해당되지 않는다면, 어떤 다른 방법이 있을까?

이국적 브랜드 기법은 **언어를 도구로 활용**Descriptive Language하여 소비자의 해석 방식에 영향을 미치는 여러 가지 방법 중 하나일 뿐이다. 중요한 것은 용어의 선택이다. 1974년 워싱턴대학교University of Washington의 엘리자베스 로프터스Elizabeth Loftus와 존 팔머John Palmer가 수행한 고전적인 연구에서 이 점을 분명히 알 수 있다.

이 연구를 살펴보기에 앞서, 가능하다면 유튜브에서 '로프터스와 팔머의 자동차 충돌 재현 영상Loftus and Palmer Replication Crash Footage'을 검색해 보자. 그러면 두 연구원이 실험 참가자들에게 보여준 자동차 충돌 영상을 볼 수 있다. 그들은 참가자들에게 영상을 보여주고 나서 사고 순간에 자동차의 속도가 얼마인지 예상해 보도록 했다.

그런데 여기서 두 사람은 질문에 사용된 동사를 조금씩 변형했다. 구체적으로 말해서, 다음과 같은 동사들을 써서 물었다. "두 자동차가 서로 '강하게 충돌했을smashed/충돌했을collided/부딪혔을bumped/가볍게 부딪혔을hit/접촉했을contacted' 때, 속도는 얼마였을까요?"

그 결과, 동사의 선택이 속도 추측에 상당한 영향을 미친 것으로 나타났다. '강하게 충돌했다smashed'는 표현을 사용한 질문을 받은 참가자들은 '접촉했다contacted'는 표현의 질문을 받은 참가자들보다 자동차 속도를 27%나 더 높게 추정했던 것이다. 그들은 이 실험을 총 5번 반복했고, 동사를 바꿀 때마다 속도 예측도 뚜렷하게 달라지는 것을 확인할 수 있었다. 전체 실험 결과는 다음의 표에서 확인할 수 있다.

로프터스와 팔머의 실험 결과가 보여준 것은 사람들은 사건을 중립적으로 해석하지 않는다는 점이다. 이는 두 연구원이 이 실험을 설계한 이유였다. 그들은 경찰이 목격자를 심문하는 과정에서 사용하는 용어가 증언에 중대한 영향을 미칠 수 있다는 사

도표 7-1. 사건을 설명하는 용어가 인식에 미치는 영향

동사	추정 속도mph
강하게 충돌했을 때Smashed	40.5
충돌했을 때Collided	39.3
부딪혔을 때Bumped	38.1
가볍게 부딪혔을 때Hit	34.0
접촉했을 때Contacted	31.8

+25%

출처: Loftus & Palmer(1974)에서 발췌 및 편집.

실을 보여주고자 했다.

실험 결과는 언어가 마치 렌즈처럼 작용해서 사람들이 세상을 바라보는 방식을 바꾼다는 사실을 분명히 보여줬다. 그렇다면 마케터의 과제는 가장 긍정적인 관점을 유도하는 용어를 선택하는 일일 것이다.

이름이 바뀌면
물고기도 달라진다

칠레산 농어 이야기는 이름의 힘을 보여주는 최고의 사례다.

1970년대 후반에 미국의 생선 수입업자인 리 랜츠Lee Lantz는 레스토랑들이 새로운 생선으로 만든 요리를 추가하도록 설득하고자 했다. 그런데 그 생선의 이름이 파타고니아이빨고기Patagonian Toothfish였다.

사실 그 물고기가 들어간 요리는 맛은 훌륭했음에도 별로 인기를 끌지 못했다. 랜츠는 혹시 레스토랑 주인들이 그 이름 때문에 꺼리는 건 아닐까 의문이 들었다. 이후 로프터스의 연구에서 영감을 얻은 랜츠는 그 생선의 이름을 칠레산 농어Chilean Sea Bass로 바꿨다. 그러자 갑자기 판매량이 크게 뛰었다. 1990년대에 판매량은 무려 30배나 늘었다.[24] 그 인기는 지금도 그대로 이어지고 있다. 사실 인기가 너무 높아서 각국 정부들이 남획을 제한해야할 정도다.

그 밖에도 생선 작명 사례들은 마케터들에게 언어의 중요성을 일깨워 주는 최고의 사례다. 당신이라면 돌고래 생선이라는 메뉴를 주문하겠는가? 아마도 아닐 것이다. 그건 많은 이들이 사랑하는 돌고래 캐릭터인 플리퍼Flipper의 모습을 떠올리게 하기 때문이다. 대신에 그 이름을 '마히마히mahi-mahi(주로 열대 해역에 서식하는 대형 식용 어류-옮긴이)'로 바꾸면 더 나을 것이다. 아니면 진흙벌레 링귀니 Mudbug Linguine는 어떤가? 역시 도전하고픈 마음이 들지 않을 것이다. 대신에 그 이름을 '가재Crawfish'로 바꾸면, 갑자기 맛있는 요리가 된다! 이런 사례는 그 밖에도 많다. 이들 사례는 단지 특수한 경우로 보일 수 있다. 그러나 우리는 제품의 작명이 소비자 인식에 큰 영향을 미친다는 아이디어를 광범위한 분야에 활용할 수 있다.

제품의 작명이 소비자 인식에 큰 영향을 미친다

예를 들어, 정치인이 상속세를 인상하기 위해 주민들을 설득하려 한다고 가정해 보자. 그렇다면 우선 논리적인 근거에 주목할 것이다. 그러나 근거보다 작명이 더 중요할 수 있다. 상속세를 '유산세Estate Tax'로 부른다면, 주민들의 동의를 수월하게 끌어낼 수 있을 것이다. 반면 '사망세Death Tax'라고 이름을 붙인다면, 지지를 얻기 힘들 것이다. 그건 각각의 용어가 불러일으키는 이미지가 서로 다르기 때문이다. '유산세'라고 하면, 부자들에게만 해당

되는 세금이라는 생각이 든다. 그러나 '사망세'라고 하면, 누군가 세상을 떠난 비통한 순간에 거둬들이는 가혹한 세금이라는 느낌이 든다.

이러한 생각은 단지 추측이 아니다. 여론조사 전문가인 프랭크 런츠Frank Luntz 의 설명에 따르면, 상속세의 명칭을 '유산세'로 했을 때 세금의 인상을 68%가 반대했던 반면, '사망세'로 했을 때는 78%로 뛰었다.

이제 정치 세상에서 비즈니스 세상으로 넘어가, 당신이 지금 예약 수수료를 부과하는 여행 사이트를 운영한다고 해보자. 로프터스와 팔머의 연구 결과에서 알 수 있듯이, 용어만 바꿔도 소비자의 지불 의사를 높일 수 있다. 여기서는 '예약 수수료Booking Fee'라는 용어를 '서비스 비용Service Cost'으로 바꿔볼 수 있겠다. '서비스'라는 표현으로 고객을 위해 들인 노력을 강조할 수 있다. 또한 '수수료'가 기업의 이윤이라는 느낌을 주는 반면, '비용'은 좀 더 중립적인 느낌을 준다.

마지막 사례로, 당신이 레스토랑을 운영하고 있다고 해보자. 채식 메뉴를 출시하려 할 때, '육류를 제거한Meat-Free'이라는 표현보다 '밭에서 재배한Field-Grown'이라는 표현을 사용하는 편이 더 낫다. '밭에서 재배한'이라는 표현은 식재료의 출처를 바탕으로 메뉴의 장점을 강조하는 반면, '육류를 제거한'이라는 표현은 들어 있지 않은 식재료에 주목함으로써 뭔가 빠졌다는 느낌을 준다.

품질만 우수하면 정당한 평가를 받을 수 있다고 낙관한다면, 언젠가 뼈아픈 현실에 직면하게 될지 모른다. 그러니 품질을 개선하는 데 들인 시간만큼 표현을 선택하는 과제에도 많은 시간을 투자하자.

3가지 핵심 포인트

1   기대가 경험을 만든다.

기대는 경험에 큰 영향을 미친다. 제품에 대한 긍정적인 평가를 극대화하고 싶다면, 우수한 품질만으로는 충분치 않다. 긍정적인 기대감을 형성하려면, 적절한 표현도 함께 활용해야 한다.

2   넛지를 윤리적으로 활용하자.

어떤 심리적 편향이 존재한다고 해서 꼭 그걸 활용해야 하는 건 아니다. 혹시 비도덕적인 방식은 아닌지 스스로 판단해야 한다. 그 방식을 공식적으로 지지할 수 없다면, 선택하지 말자.

3   용어를 신중하게 고민하자.

용어 선택에 주의하자. 때로 예상치 못한 결과가 나타날 수 있다. 예를 들어, 브랜드를 특정 국가와 연결할 때, 소비자는 그 나라에 대한 인식을 제품에 투영할 것이다.

음료수 회사가 F1에 참여하는 이유

Red Bull

레드불

RED BULL

▼

1970년대에 태국의 트럭 운전자들 사이에서 한 카페인 음료가 유행했다. 그런데 어떻게 그 음료가 오늘날 세계적으로 유명한 에너지 음료가 되었을까? 여기서도 우리는 몇 가지 행동 편향과 맞닥뜨리게 된다.

바퀴에서
날개로

1975년경 태국 노동자들 사이에서는 카페인과 설탕, 타우린, 비타민B를 혼합한 비탄산 음료인 *끄라팅댕*Krating Daeng이라는 음료가 큰 인기를 끌었다. 이 음료는 이들에게 고된 근무 시간을 버틸 수 있게 해주는 에너지 공급원이었다. 그런데 이 음료는 디트리히 마테시츠Dietrich Mateschitz라는 오스트리아인 덕분에 전 세계로 뻗어나가게 되었다. 1982년에 태국 여행을 떠난 마테시츠는 시차 적응으로 어려움을 겪었다. 그때 누군가의 추천으로 그 음료를 마셨고, 놀라운 효과를 즉각 확인했다.

당시 마테시츠는 독일 치약 회사의 직원이었지만, 사실 타고난 사업가였다. 나중에 그는 한 소형 제약회사 사장을 통해 찰레오 유비디야Chaleo Yoovidhya라는 인물을 만나게 되었는데, 그는 다름 아닌 태국에서 자신에게 활력을 선사했던 그 놀라운 음료를 만든 장본인이었다. 그 순간, 비즈니스 기회가 떠올랐다. 그는 유비디야에게 이렇게 제안했다. "그 음료를 세계 시장에 맞게 바꿔보면 어떨까요?"

유비디야는 그의 아이디어를 그 자리에서 받아들였다. 이후 두 사람은 3년 동안 제조법을 사람들의 입맛에 맞게 살짝 바꿨고, 여기에 '레드불Red Bull'이라는 이름을 붙였다. 그렇게 완전히 새로운 유형의 음료가 탄생했다. 레드불은 오스트리아에서 첫선을 보였다. 이후 "레드불, 날개를 펼쳐줘요"라는 카피와 함께 온 세상에 알려지게 되었다. 1987년에 출시된 이후로 레드불은 171개 이상의 국가에 판매되었다. 그리고 2023년 한 해에만 120억 개가 넘는 캔이 팔려나갔다.[25] 오늘날 레드불은 세계에서 가장 많이 팔리는 대표적인 에너지 음료다.

비교를
거부한 캔

레드불은 에너지를 주는 기능뿐 아니라, 캔의 모양에서도 차별화를 시도했다. 레드불을 출시하던 무렵에 탄산음료 캔은 일반적으로 355ml 용량에 높이 12cm, 지름 6cm 형태였다. 그러나 마테시츠는 기존 표준을 바꿔서 좀 더 길고 날씬한 모양으로 만들어 보기로 했다. 그렇게 레드불은 250ml 용량에 높이 14cm, 지름 4cm의 형태로 출시되었다. 그런 모양의 캔은 레드불이 처음이었다. 그렇게 완전히 새로운 모양으로 출시함으로써, 레드불은 처음부터 일반적인 탄산음료와는 다르다는 점을 분명히 선언했다. 그리고 덕분에 더 자유롭게 가격을 책정할 수 있었다.

제품의 모양을 차별화하자 비교 대상이 사라졌다. 비교는 대단히 중요하다. 그건 우리가 다른 제품과의 비교를 통해 가격이 적절한지 평가하기 때문이다. 이러한 심리를 일컬어 **가격 상대성** Price Relativity이라고 한다. 뒤집어 말해서 비교 대상이 없다면, 소비자는 특정 제품의 가격이 좋은지 나쁜지 판단하는 데 애를 먹게 된다는 뜻이다.

실제로 이러한 생각을 뒷받침하는 실증적인 연구 결과가 나와 있다. 2022년에 우리 두 사람, 리처드와 마이클아론은 404명의 쇼핑객을 대상으로 직접 연구를 진행했다. 우리는 사람들에게 440ml 용량의 벤앤제리스**Ben & Jerry's** 아이스크림 한 통 가격이 3.99달러(한화 약 5,800원)라고 알려주고는 아이스크림 가격이 적절한지 물었다.

그런데 이 실험의 핵심은 실험 참가자 절반에게 같은 용량의 월마트 자체 브랜드 아이스크림이 1.99달러(한화 약 2,900원)라는 정보를 제공했다는 대목에 있다. 이 정보를 받은 그룹의 경우, 벤앤제리스 아이스크림의 가성비가 좋다고 응답한 사람들은 27%에 불과했다.

다음으로 다른 절반에게도 똑같은 용량과 가격의 벤앤제리스 아이스크림을 보여줬다. 그러나 이번에는 용량은 같지만 좀 더 비싼 4.99달러(한화 약 7,200원)짜리 헤일로탑**Halo Top** 아이스크림과 함께 보여줬다. 이 경우, 훨씬 더 높은 41%가 벤앤제리스의 가성비를 긍정적으로 평가했다. 즉, 가성비가 좋다고 평가한 사람이 52%나 더 증가한 것이다.

이 실험 결과는 우리가 가격을 절대적인 기준이 아니라 상대적인 기준으로 평가한다는 사실을 말해준다. 그래서 똑같은 가격이라도 어느 대상과 비교하느냐에 따라 가성비에 대한 판단은

도표 8-1. 우리는 절대적 기준이 아닌 상대적 기준으로 가치를 평가한다

벤앤제리스 가격	비교 제품 가격	가성비가 좋다고 평가한 기준
3.99달러	1.99달러(월마트 자체 브랜드)	27%
3.99달러	4.99달러(헤일로탑)	41%

출처: Shotton and Flicker(2022).

얼마든지 달라질 수 있다.

레드불이 처음 매장에 모습을 드러냈을 때, 소비자들은 생소한 형태의 캔 모양 때문에 기존 탄산음료와 가격을 비교할 생각을 하지 못했다. 비교 대상이 사라지자, 소비자들은 당황했다. 덕분에 레드불은 좀 더 여유 있게 가격을 책정할 수 있었다. 그래서 레드불 한 캔의 가격은 지금도 2.50달러를 유지하고 있다. 코카콜라의 1달러보다 훨씬 높다.

사이즈를
조작하다

용량이나 형태를 미묘하게 바꿔서 소비자들의 판단에 실질적인 영향을 미칠 수 있다는 생각은 어쩌면 좀 과장된 주장처럼 보일 수 있다. 바로 이러한 의문을 품었던 (이 책의 저자인) 리처드 쇼튼은 맥주를 가지고 검증해 보기로 했다.

영국에서 판매되는 도수 높은 맥주인 킹 코브라King Cobra의 병은 일반적인 맥주보다 훨씬 큰 750ml 용량으로 와인과 비슷하다. 쇼튼은 킹 코브라를 실험 참가자들*에게 몇몇 다른 주류 제품과 함께 보여주고는 대형마트에서 이 맥주를 산다면 얼마까지 지불할 의향이 있는지 물었다.

우선 첫 번째 그룹에게는 킹 코브라를 다른 병맥주 제품과 함께 보여줬다. 여기서 실험 참가자들은 평균 3.75파운드(한화 약 7,200원)까지 지불할 의사가 있다고 답했다. 다음으로 두 번째 그룹은 몇몇 와인 제품과 함께 보여줬다. 그 결과, 참가자들이 제시

----

* 여기서 실험 참가자는 영국 인구를 대표하는 표본으로 보기 어려우므로 연구 결과는 전반적인 경향을 나타내는 것으로 받아들이길 권한다.

한 금액은 4.80파운드(한화 약 12,100원)였다. 지불할 수 있는 금액이 28% 높아진 것이다. 결론적으로 비교 대상이 무엇인가에 따라 실험 참가자들의 지불 의향에 실질적인 영향을 미쳤다. 여기서는 함께 제시한 주류 제품이 비교 기준으로 작용했다. 다시 말해, 몇몇 맥주 제품이 저렴한 가격 기준을 제시했다면, 와인은 더 높은 가격 기준을 제시한 것이다.

이 연구 결과는 기존 탄산음료와 비교를 거부했던 레드불 전략의 타당성을 뒷받침한다. 만약 레드불 캔의 크기와 모양이 기존 탄산음료와 같았더라면, 소비자들은 이들 제품과 가격을 직접적으로 비교했을 것이다. 그래서 레드불 가격이 지나치게 비싸다고 느꼈을 것이다.

영국 오길비Ogilvy의 부회장이자 작가인 로리 서덜랜드Rory Sutherland는 자신의 책,《잘 팔리는 마법은 어떻게 일어날까?》에서 이렇게 설명했다.

코카콜라가 고작 50펜스인데 레드불이 1.5파운드나 받을 수 있는 비결은 뭘까? 아이러니하게도 캔을 더 작게 만들었기 때문이다. 사람들은 레드불을 전혀 다른 카테고리로 인식해서 다른 가격 기준을 적용했다. 만약 똑같은 크기로 캔을 만들었다면, 아마도 1.5파운드를 받지 못했을 것이다. 이러한 심리는 논리나 시장조사로는 설명할 수 없다. 그 이유는 시장조사에 참여한 사람들은 언제나 자신이 효용 극대화를 추구하는 절대적 합리주의자인 척 가장하기 때문이다.

세계 시장으로
나아가다

행동과학에 비판적인 사람들은 심리학 연구 결과를 일반적으로 실험이 이뤄지는 서구 세상 밖에서도 과연 똑같이 적용할 수 있을지 의문을 종종 제기한다. 물론 타당한 지적이다. 연구 결과에 따른 재검증과 재현 작업은 활발하게 이뤄져야 한다. 실제로 많은 후속 연구가 새로운 환경에서 진행되고 있다. 그리고 가격 상대성과 같은 몇몇 심리적 편향의 존재는 이미 여러 나라에서 보고되고 있다.

리처드 역시 인도에서 가격 상대성을 입증하기 위한 실험을 진행했다. 그는 실험 참가자들에게 483루피(한화 약 8,000원)짜리 타타 티 Tata Tea 100그램짜리 한 상자와 함께 같은 용량의 292루피

도표 8-2. 가격 상대성 편향은 실험 밖에서도 똑같이 나타난다

타타 티 가격	비교 제품 가격	티타 티를 가성비 높게 평가한 기준
483루피	292루피(브룩 본드)	65%
483루피	966루피(립톤)	80%

출처: Shotton(2020).

(한화 약 4,800원)짜리 브룩 본드Brooke Bond 티 한 상자를 보여줬다. 그러고는 타타 티 제품의 가성비를 어떻게 생각하는지 물었다. 그 결과, 실험 참가자 중 65%가 가성비를 높게 평가했다.

다음으로 두 번째 그룹에게는 타타 티와 함께 좀 더 비싼 966루피(한화 약 1만 6,000원)짜리 립톤Lipton 100그램 한 상자를 보여주면서 가성비를 물었다. 그 결과, 80%가 가성비를 높게 평가했다. 브룩 본드를 보여줬던 첫 번째 그룹보다 23%나 더 많은 사람이 가성비를 높게 평가한 것이다. 실험 결과는 위 도표에서 확인할 수 있다.

이 연구 결과는 레드불 같은 글로벌 브랜드에게 큰 의미가 있다. 전 세계 소비자들이 비교군을 기준으로 구매를 결정한다는 점에서, 캔 형태를 차별화하는 전략은 여러 시장에서 그 힘을 발휘할 수 있다. 실제로 이러한 사실은 레드불의 글로벌 성공을 뒷받침하는 이유 중 하나이기도 하다.

오늘날 많은 브랜드가 이 전략을 효과적으로 활용하고 있다. 한 가지 좋은 예로 자전거 헬멧 브랜드인 벨Bell을 들 수 있다. 그들은 한 광고에서 부모들을 대상으로 생명을 지켜주는 헬멧의 가격을 운동화와 비교하게끔 유도했다. 그 광고는 이렇게 물었다. "자녀의 발은 100달러인데 머리는 고작 10달러인가요?"

벨이 출시한 헬멧은 고급 사양으로 다른 자전거 헬멧에 비해 상당히 비싼 편이었다. 그들이 운동화를 비교 대상으로 제시하지 않았다면, 부모들은 당연하게도 저렴한 다른 헬멧들과 가격을 비교했을 것이다. 그러나 운동화라는 새로운 비교 기준이 등장하자 상황은 바뀌었다. 최신 운동화와 비교했을 때, 헬멧 가격은 오히려 싸게 느껴졌다. 게다가 부모라면 당연히 운동화 패션보다 자녀의 생명을 훨씬 더 중요하게 생각하지 않겠는가?

또 다른 기발한 사례로 독일 철도 기업인 도이체반Deutsche Bahn이 있다. 그들은 해외여행을 선호하는 사람들이 국내 여행을 선택하도록 만들고 싶었다. 2019년 도이체반은 페이스북 데이터 분석을 통해 해외여행을 검색하는 사람들을 대상으로 그들이 찾는 지역의 관광 명소 이미지를 보여줬다. 예를 들어, 애리조나 여행을 검색하는 페이스북 사용자들에게는 콜로라도강의 말굽 협곡 사진과 함께 1,100유로(한화 약 190만 원)에 달하는 항공권 이미지를 보여줬다.

다음으로 그들은 게티이미지Getty Images 데이터베이스를 기반으로 독일 내 유사한 명소를 찾았다. 즉, 페이스북 사용자들이 검색하는 해외 관광지와 대단히 비슷한 독일 내 지역을 찾아냈다. 애리조나의 경우에는 독일 브렘 지역의 모젤 벤드Moselle Bend가 바로 그런 곳이었다. 그들은 그 지역의 사진과 함께 19유로(한화 약 32,300원)밖에 하지 않는 기차표 이미지를 보여줬다. 이 사례에서 도이체반은 가격 상대성 편향을 기발하게 적용했다.

반면 대부분의 마케터라면 어떻게 했을지 생각해 보자. 아마도 국내 여행을 유도하고자 독일 내 아름다운 관광지 사진과 함께 기차 요금 정보를 제시했을 것이다. 그러나 이러한 방식에서는 비교 대상이 명확하지 않다. 그리고 비교 대상이 구체적으로 떠오르지 않을 때, 사람들은 아마도 기차 요금을 자동차 유류비와 비교하게 될 것이다. 그럴 때, 19유로는 그리 매력적인 가격으로 보이지 않을 것이다.

반면 대서양을 가로지르는 항공권을 비교 대상으로 제시할 때, 갑작스럽게도 19유로는 반올림 오차에 해당하는 아주 사소한 금액처럼 보이게 된다. 이처럼 똑같은 가격이라도 무엇과 비교하느냐에 따라 가치의 매력은 달라 보인다.

가격은 품질을
말해 준다

레드불은 기존 음료들과의 비교를 거부함으로써 자유롭게 가격을 책정할 수 있는 여지를 확보했다. 그리고 의도적으로 높은 가격대를 설정함으로써 또 하나의 본능적인 심리적 지름길을 택했다. 그건 바로 **가격은 품질을 말해 준다**Price As a Badge of Quality는 생각을 뜻한다. 1장의 기대 동화를 기억하는가?

사람들은 기대한 만큼 경험한다.

여기서 가격은 경험에 대한 기대치를 형성해서 실제 만족감에 큰 영향을 미친다. 이러한 개념의 타당성을 검증하기 위해, 2008년에 캘리포니아공과대학교California Institute of Technology의 힐케 플라스만Hilke Plassmann과 스탠퍼드대학교의 바바 시브Baba Shiv는 가격이 와인 시음에 미치는 영향을 살펴봤다.

두 사람은 실험 참가자들에게 두 종류의 와인을 시음한 뒤 선호도를 1~6점으로(1점은 전혀 마음에 들지 않는다, 6점은 아주 마음에 든다) 평가하도록 했다. 그런데 참가자들이 몰랐던 점은 두 와인이 실제로 똑같은 제품이며, 라벨에 표시된 가격만 45달러와 5달러로 달랐다는 사실이었다. 그 결과, 사람들은 둘 다 똑같은 와인이었음에도 비싼 와인에 15%나 더 높은 점수를 줬다.

이 연구 결과는 가격이 우리의 인식에 얼마나 강하게 영향을 미치는지 잘 보여준다. 우리는 이러한 효과를 와인 실험 외에 다양한 사례에서 확인할 수 있다. 코넬대학교 행동경제학자 데이비드 저스트David Just는 피자를 가지고 유사한 실험을 했다. 그리고 리처드는 향수 제품을 가지고도 똑같은 실험을 진행했다. 또한 바바 시브는 이 장의 주제와 잘 어울리게도 에너지 음료로 실험을 했다. 이들 실험 모두 일관적인 결과를 보여줬다. 다시 말해, 가격이 높을수록 선호도도 함께 상승한 것으로 나타났다.

그래서 레드불은 의도적인 고가 정책으로 사람들이 그들의 음료를 더 좋아하게 만들었던 것이다. 그렇게 우리는 레드불을 더 많이 원하게 되었다.

광고비에서 드러나는
자신감

마지막으로 레드불이 주목한 심리적 편향은 **비용 신호**Costly Sig-naling라는 개념으로, 이 역시 돈과 밀접한 관련이 있다. 비용 신호란 일반적으로 사람들은 대규모 광고비 지출을 자기 확신의 신호로 인식한다는 의미다. 이 편향은 아마도 생물학적 기원에서 비롯된 것으로 보인다. 예를 들어, 공작의 암컷은 화려한 깃털처럼 엄청난 비용을 들여야 하는 외형적 과시를 감당할 여력이 있는 수컷을 짝으로 선택한다는 말이다.

이러한 편향의 존재를 입증하는 초창기 연구로, 듀크대학교 Duke University의 암나 키르마니Amna Kirmani와 스탠퍼드대학교의 피터 라이트Peter Wright가 진행한 실험이 있다. 1989년 두 사람은 대규모 광고비 지출이 비용 신호로서 어떤 역할을 하는지 들여다봤다.

그들은 214명의 실험 참가자에게 새로운 운동화 출시 소식을 다룬 잡지 기사를 보여줬다. 그리고 그 내용에는 해당 기업이 지출한 광고비에 관한 정보도 포함되어 있었다. 여기서 그들은 광고비를 200만 달러(한화 약 29억 원)와 1,000만 달러(한화 약 145억

도표 8-3. 높은 광고비에 대한 인식은 높은 품질에 대한 기대로 이어진다

제시된 광고비	품질 평가
200만 달러(한화 약 29억 원)	5.39
1,000만 달러(한화 약 145억 원)	5.67
2,000만 달러(한화 약 290억 원)	6.16
4,000만 달러(한화 약 580억 원)	5.71

출처: Kirmani and Wright(1989)에서 발췌 및 편집.

원), 2,000만 달러(한화 약 290억 원), 4,000만 달러(한화 약 580억 원) 중 하나를 선택하여 총 4가지 기사를 작성했다. 그리고 나이키나 뉴발란스 같은 유명 글로벌 운동화 브랜드들은 일반적으로 신제품 출시에 1,000만 달러(한화 약 145억 원) 정도를 광고비로 지출한다는 정보도 함께 실었다.

다음으로 실험 참가자들에게 그 운동화의 품질을 9점 만점으로 평가하도록 했다(1점은 평균에 한참 못 미침, 9점은 평균보다 아주 높음). 그 결과, 네 그룹의 평가 점수는 위 도표와 같이 나타났다.

도표에서 볼 수 있듯이 광고비가 증가할수록 품질 평가도 좋아졌다. 광고비로 2,000만 달러를 썼을 때, 사람들은 200만 달러보다 14%나 더 높은 점수를 줬다.

심리학자들은 대규모 광고비 지출이 일종의 선별 기제Screening Mechanism로 작용한다고 말한다. 다시 말해, 대규모 광고 투자는 장기적인 차원에서만 의미가 있으므로 사람들은 해당 기업이 그렇게 투자할 만큼 제품에 대해 강한 확신이 있을 것으로 추측한다는 뜻이다.

그러나 매번 그런 결과가 나온 것은 아니었다. 4,000만 달러처럼 광고비 지출이 지나치게 높다고 인식할 경우, 품질 평가는 가장 낮은 경우보다 조금 더 높은 수준에 그쳤다. 이처럼 극단적인 경우에 사람들은 과도한 광고비가 기업의 절박한 상황을 드러낸다고 우려한 것으로 보인다. 그런데 키르마니 실험에서는 참가자들에게 광고비를 구체적으로 제시했다. 그러나 이러한 상황은 현실에서는 찾아보기 힘들다.

바로 이런 의문으로 영국의 TV 광고 홍보사인 씽크박스Think-box는 미묘한 방식으로도 비용 신호 효과를 볼 수 있을지 알아보기로 했다. 특히 광고 매체의 선택이 브랜드 이미지에 영향을 미치는지에 주목했다.[26] 어쨌든 광고 매체로 TV를 선택할 것인지, 아니면 소셜미디어를 선택할 것인지에 따라 광고비는 천차만별이니 말이다.

　씽크박스는 3,600명을 대상으로 TIXE라는 가상의 브랜드를 소개했다. 그리고 이를 온라인 유통이나 세제, 이동통신, 주택 보험 분야 중 하나로 소개했다. 다음으로 그 브랜드의 런칭 광고에 관해 간략하게 설명했다. 여기서 광고 매체만 제외하고 모든 정보는 똑같았다. 즉, 실험 참가자들에게 TV와 신문, 잡지, 라디오, 소셜미디어, 동영상 공유 사이트 중 하나의 매체를 통해서 똑같은 내용의 광고를 보여줬다. 그러고는 암묵적인 질문과 구체적인 질문을 통해 사람들이 품질과 재무 안정성, 인기, 성공, 신뢰 등을 기준으로 브랜드를 평가하도록 했다.

　실험 결과, TV 광고를 본 그룹이 브랜드 평가에서 가장 높은 점수를 준 것으로 나타났다. TV로 광고를 접한 그룹은 43%가 브랜드 품질을 긍정적으로 평가했다. 반면 소셜미디어로 접한 이들은 19%만이 그렇게 평가했다. 평균 평가 점수로 보면, TV 그룹이 47점, 소셜미디어 그룹이 28점이었으며, 신문과 잡지, 라디오가 각각 37점, 38점, 39점으로 중간을 차지했다.

　결론적으로 말해서, TV로 광고를 본 사람들이 품질과 신뢰의 측면에서 브랜드를 가장 높이 평가했다. 그런데 그 이유는 뭘까? 한 가지 설명으로, 사람들이 TV 광고가 가장 돈이 많이 든다고 생각했기 때문이라는 것이다. 이는 대규모 광고 투자가 소비자

인식에 긍정적인 영향을 미친다는 사실을 다시 한번 말해준다.

레드불 마케팅의 핵심은 사치다. 사실 그들은 체험 마케팅의 대가다. 2002년 〈이코노미스트The Economist〉와의 인터뷰에서 마테시츠는 이렇게 말했다. "우리는 사람들에게 제품을 들이밀지 않습니다. 대신 사람들이 다가오게 만듭니다."[27]

레드불은 아마추어 비행 대회인 플루그탁Flugtag 행사를 통해서도 세계적인 이목을 끌었다. 이후로 축구팀을 후원했다. 그리고 지금은 레드불 F1이 있다. 이러한 마케팅 활동에는 어마어마한 비용이 들지만, 이를 통해 사람들에게 그들의 확신을 전한다.

그중에서 가장 대담한 시도로, 레드불 스트라토스Red Bull Stratos 우주 점프를 꼽을 수 있다. 이 행사에서 스카이다이버인 펠릭스 바움가르트너Felix Baumgartner는 헬륨 기구를 타고 성층권 39km까지 올라간 뒤 지구로 자유낙하를 시도했다. 낙하는 약 10분간 이어졌고, 음속을 돌파하면서 스카이다이빙 세계 기록을 세웠다. 그의 낙하 속도는 상상하기도 힘든 시속 1,358km에 달했다.[28] 놀랍게도 펠릭스는 두 발로 사뿐히 착지했다.

이 행사가 생중계되면서 950만 명이 넘는 사람들이 시청했다.[29] 물론 이 놀라운 시도에 들어간 돈은 만만치 않았다. 수백 명의 인력과 함께 하늘 끝 극한의 환경을 버텨내기 위해 개발된

최첨단 장비가 투입되었다. 한 추산에 따르면, 스트라토스 행사에 3,000만 달러(한화 약 435억 원)가 들었다고 한다.[30] 펠릭스의 헬멧과 슈트 그리고 그가 뛰어내린 캡슐에 화려하게 장식된 레드불 로고를 본 사람이라면, 이 기업이 여기에 엄청난 돈을 쏟아부었다는 사실을 쉽게 짐작했을 것이다.

레드불은 이를 통해 브랜드로서 강한 확신을 보여줬고, 이는 다시 소비자 확신으로 이어졌다. 이후 매출은 크게 뛰었다. 5억 달러(한화 약 7,250억 원)나 성장했다는 보도도 있었다.[31] 어쨌든 모든 측면에서 완벽한 성공이었다. 레드불은 특유의 대담함으로 브랜드의 절대적인 자기 확신을 전했다. 그리고 비싸기는 하지만 용인할 수 있는 가격 정책을 통해 대단히 성공적인 프리미엄 에너지 음료로 자리 잡았다.

3가지 핵심 포인트

1 비교군을 바꾸자.

제품에 대한 심리적 비교군을 의도적으로 선택함으로써 소비자의 지불 의향을 끌어올릴 수 있다. 그건 우리가 가격을 절대적 기준이 아니라, 상대적 기준으로 평가하기 때문이다. 같은 가격이라도 무엇과 비교하느냐에 따라 가성비가 좋을 수도, 혹은 나쁠 수도 있다. 마케터라면 꼭 잡아야 할 소중한 기회다.

2 가격으로 품질을 전하자.

가격으로 품질에 대한 기대를 설정할 수 있다. 사람들은 비쌀수록 품질이 더 좋을 거라고 기대하며, 이러한 기대는 실제 만족감에도 영향을 미친다. 그러므로 할인 행사에는 신중을 기하자. 자칫 품질이 낮다는 인식을 심어줄 수 있다.

3 값비싼 광고로 신뢰를 높일 수 있다.

회의적인 소비자를 설득하기 위해 대규모 광고 지출도 고려해보자. 기업이 광고에 많은 투자를 한다고 인식할 때, 사람들은 그 기업의 메시지를 더 잘 받아들이는 경향이 있다. 어쨌든 제품에 강한 확신이 있기 때문에 돈을 쓴다고 생각하기 때문이다.

제품도 솔직함의
매력을 가질 수 있다

GUINNESS

기네스

GUINNESS

▼

기네스는 260년이 넘는 긴 역사를 자랑하는 기업이지만, 광고를 시작한 지는 90년밖에 되지 않았다.

기네스의 광고가 나오기까지 170년 동안 기다린 만큼 사람들은 그 맥주의 품질에도 높은 기대를 갖고 있었다. 좋은 것은 기다리는 자에게 돌아간다는 말도 있지 않은가? 사실 기다림은 기네스라는 브랜드의 핵심을 차지하는 가치다.

최고의 품질을 위하여

1759년에 아서 기네스Arthur Guinness는 아일랜드 더블린에 있는 세인트 제임스 게이트 양조장St James' Gate brewery을 무려 9,000년 동안 임대하는 조건으로 빌렸다. 그만큼 그는 미래의 성공을 확신하고 있었다. 그리고 그의 확신은 옳았다. 그로부터 10년 후, 기네스는 영국으로 수출하기 시작했고, 지금은 전 세계 150개국에서 판매되고 있다. [32]

기네스의 성공은 최고를 향한 강한 집착에 뿌리를 두고 있다. 그들은 어디서 생산하거나 유통하든지 상관 없이 판매하는 모든 병과 잔, 캔에 엄격한 잣대를 적용하고 있다. 실제로 기네스에서 출고되는 모든 맥주 통Barrel은 23번에 걸친 테스팅은 물론, 400회에 달하는 품질 검사를 거치는 것으로 알려져 있다. [33] 품질에 대한 기네스의 고집은 광고로도 그대로 이어졌다. 1929년까지도 그들은 광고를 전혀 하지 않았다. 기네스 가문은 제품이 스스로 말하도록 그냥 내버려 뒀다. 그러다가 광고도 흑맥주만큼이나 높은 품질로 제작할 수 있겠다는 생각에 마음을 바꿨다.

기네스의 광고는 처음부터 인상적이었다. 첫 번째 광고에는 "기네스는 몸에 좋다 Guinness is good for you"라는 문장이 실렸는데(광고 후에 널리 알려졌다), 이는 소설가이자 타고난 카피라이터인 도로시 L. 세이어즈Dorothy L. Sayers의 작품이었다. 그리고 고전적인 형태의 일러스트 작업은 존 길로이John Gilroy가 맡았다.

기네스의 광고에 대한 반응은 뜨거웠다. 그리고 그들은 더 나은 광고를 향한 노력을 통해 성공을 계속 이어 나갔다. 그렇게 그들은 광고에서 주목할 만한 성공을 거뒀다. 그리고 1997년에는 광고대행사들을 대상으로 입찰 경쟁을 벌였다. 기네스 입장에서는 당연한 선택이기도 했다. 당시 기네스는 입찰 과정에서 한 가지 흥미로운 조건을 내걸었다. 그건 광고에 천천히 따라야 하는 기네스 흑맥주의 특징과 관련된 것들을 절대 언급해서는 안 된다는 점이었다. 그건 라거 맥주 소비자를 끌어들이기 위한 것이었다. 그들은 맥주를 따르는 데 시간이 오래 걸리면 사람들이 지루해할 수도 있다고 우려했다.

역시나
기대가 전부다

입찰 경쟁에 뛰어든 광고대행사들 중에는 AMV BBDO(에이엠브이 비비디오)라는 업체도 있었다.

그런데 어쩌면 다행스럽게도 AMV BBDO의 크리에이티브인 월터 캠벨Walter Campbell은 규칙을 그리 잘 따르지 않는 스타일이었다. 캠벨은 자기 상사이자 전설적인 카피라이터 데이비드 애벗David Abbott과 함께 입찰에 일주일이나 늦게 참여하면서 일정이 너무 바빠 이번 프로젝트는 따내지 못할 거라고 예상했다. 그러던 어느 날 밤, 캠벨의 머리에 몇 가지 기발한 아이디어가 떠올랐다. 가령 초창기 광고에서 이어져 내려온 '몸에 좋은 특성(기네스는 몸에 좋다)'을 다시 강조하거나, 혹은 기다리는 시간을 다른 관점으로 바라보는 것이었다. 그는 기네스가 제시했던 조건을 다시 살펴보고는 그 규칙을 조심스레 무시하기로 했다.

왜 그랬을까? 캠벨은 친구들이 술을 마시는 모습을 지켜보면서 뭔가 제대로 만든 맥주를 마시고 싶어 한다는 사실을 발견했다. 그리고 기다리는 시간이 오히려 친구들의 그런 욕구를 충족시켜 줄 수 있다고 생각했다. 잔을 따르는 데 걸리는 시간이 사람들을 단지 지루하게 만드는 게 아니라, 브랜드의 특별한 매력으로 작용할 수 있다고 판단했던 것이다. 즉, 기다림을 사람들의 기대를 높이는 요소로 활용할 수 있다고 봤다.

캠벨은 기대감이라고 하는 요소를 몸에 좋은 특성과 결합해서 이런 광고 문구를 만들어 냈다. "좋은 것은 기다리는 자에게 돌아간다Good things come to those who wait." 그리고 결국 AMV BBDO는 이 카피로 입찰을 따냈다. 그렇게 캠벨의 '스윔블랙Swim Black' 광고가 모습을 드러냈다. 그 광고에서 핵심은 기네스를 따르는 데 걸리는 오랜 시간이었다. 그들은 완벽한 한 잔을 위해 119.5초의 기

다림이 필요하다는 사실을 보여줌으로써 시청자들에게 높은 품질과 신뢰성을 전했다.•

다음으로 1999년에 그 유명한 '서퍼Surfer' 광고가 나왔다. 이 광고에는 한 서퍼가 나와서 바다를 주의 깊고 끈질기게 바라본다. 그러다 마침내 기다리던 파도를 발견하고는 그대로 뛰어든다. 이 광고는 1998년 광고와 마찬가지로 "좋은 것은 기다리는 자에게 돌아간다"라는 카피와 함께 "기다림을 위하여Here's to wait-ing"이라고 말하는 내레이션으로 끝난다.•• 그 결과는 인상적이었다. 캠벨에 따르면, 이 광고가 나간 이후로 기네스 매출은 12%나 뛰었다.[34]

이 아이디어는 이후 2020년 슈퍼볼 TV 광고에 다시 한번 모습을 드러냈다. 그 영상에는 미식축구의 전설적인 쿼터백인 조 몬태나Joe Montana가 등장해서 팬들이 숨죽이며 기다렸던 터치다운을 성공시킨다.•••

• 유튜브에 'Guinness Swim Black'을 검색하면 볼 수 있다.
•• 이 광고 역시 유튜브에 'Guinness Surfer'를 검색하면 볼 수 있다.
••• 유튜브에 'Guinness Joe Montana'를 검색해 보자.

전부 완벽할
필요는 없다

기네스 한 잔을 따르려면 꽤 오랜 시간이 걸린다. 광고에서처럼 따른다면, 약 2분이 필요하다. 술집에서 친구들과 함께 맥주를 주문했는데, 친구들은 이미 신나게 마시는 동안 자신은 맥주가 나오길 기다리고 있다면, 그 기다림은 단점이 될 수 있다.

그렇다면 이 단점을 광고에서 그대로 드러내는 것은 우리의 상식에 반하는 것으로 보인다. 그러나 기네스는 그렇게 했다. 여기서 그들이 노린 것은 유명하지만 잘 활용되지 않는 심리적 편향인 **엉덩방아 효과**Pratfall Effect라는 것이다.

간단하게 말해서, 엉덩방아 효과란 엉덩방아를 찧은 것처럼 실수를 보였을 때 호감이 높아지는 현상을 뜻한다. 이를 입증하는 과학적인 증거로 하버드 심리학자 엘리엇 애런슨Elliot Aronson의 고전적 실험이 있다.

실수를 인정할 때 매력도가 높아진다

1966년 애런슨은 연구를 통해 사소한 실수가 매력도에 어떤 영향을 미치는지 들여다보고자 했다. 그는 한 배우가 여러 퀴즈에 답하는 장면을 녹음했다. 여기서 그는 배우에게 일부 정답을 미리 알려줘서 정답률이 92%가 되도록 했다. 그리고 퀴즈 풀이가 끝난 후, 배우가 일부러 커피를 자기 옷에 쏟는 실수(사소한 실수)를 저지르도록 했다. 다음으로 애런슨은 그 녹음을 실험 참가자들에게 들려주고는 대화 속 사람에 대한 호감도를 평가하도록 했다.

이 실험에서 애런슨은 참가자들을 두 그룹으로 나눴다. 그리고 한 그룹에게는 커피를 쏟는 상황까지 포함한 전체 녹음을 들려줬고, 다른 그룹에게는 실수 상황을 제거한 일부 녹음만 들려줬다. 그 결과, 전체 녹음을 들었던 참가자들이 더 높은 호감도를 보고했다. 등장인물이 사소한 실수를 저지른 상황을 녹음으로 확인한 이들은 45%나 더 높은 호감도를 보였다.

그렇다면 스스로 단점을 인정했을 때, 브랜드에 대한 호감도도 더 높아질 것으로 추측해 볼 수 있다. 그리고 실제로 기네스는 그런 추측을 광고에 그대로 적용했다. 맥주를 따르는 데 오랜 시간이 걸린다는 단점을 있는 그대로 인정하는 방식으로 엉덩방아 효과를 노렸다. AMV BBDO 캠벨은 이를 이렇게 설명했다. "불완전함 속에는 어떤 아름다움이 숨어 있으니까요."

이러한 아이디어를 활용한 브랜드는 기네스만이 아니다. 역사적으로 유명한 광고들을 살펴보면, 엉덩방아 효과를 종종 활용했다는 사실에 놀라게 된다.

폭스바겐VW의 옛날 광고 문구들을 떠올려 보자. '못생김은 그저 겉모습일 뿐Ugly is only skin-deep', '레몬Lemon(고장이 낮은 자동차를 뜻하는 속어)', 혹은 '미국에서 가장 느린 패스트백America's slowest fastback'이 그렇다. 에이비스Avis는 어떤가? '2등일 때, 더 열심히 노력합니다When you're only No. 2, you try harder' 리스테린Listerine도 광고에서 이렇게 말했다. '사람들이 싫어하는 맛. 하루 단 2번The taste people hate. Twice a day' 사우스웨스트 항공Southwest Airlines도 마찬가지다. '우리는 화려하지 않습니다We're Not Fancy' 이처럼 최고의 브랜드들은 결함을 계속 인정하는 과정에서 매력도를 높인다.

하지만 이 아이디어를 곧바로 활용하기에 앞서 유의해야 할 점이 있다. 애런슨은 엉덩방아 효과가 나타나려면 유능함도 어느 정도 필요하다는 사실을 보여줬다. 그는 두 번째 실험에서 등장인물이 32%밖에 정답을 맞히지 못한 상황을 녹음으로 들려줬다. 그리고 원래 마찬가지로, 한 그룹에게는 커피를 쏟는 상황이 포함된 전체 녹음을 그리고 다른 그룹에게는 사소한 실수를 제거한 일부 녹음을 들려줬다.

도표 9-1. 유능한 사람이 사소한 실수를 할 때 매력도는 증가한다

	매력도 점수	
	실수하지 않을 때	실수할 때
뛰어난 능력	20.8　+45%→	30.2
평범한 능력	17.8　-114%→	-2.5

출처: Aronson(1966)에서 발췌 및 편집.

그런데 이번에는 아주 다른 결과가 나타났다. 정답을 잘 맞추지 못한 등장인물이 커피를 쏟았을 때, 실험 참가자들은 실수를 하지 않은 경우보다 더 낮은 호감도를 보고했다. 이 실험 결과는 대상 인물에 대한 신뢰가 어느 정도 깔려 있을 때만 엉덩방아 효과가 나타난다는 사실을 말해준다. 만약 그런 조건이 충족되지 않았다면, 오히려 역효과가 일어날 수 있다. 이 실험의 전체 결과는 위 도표에서 확인할 수 있다.

그러므로 단점을 인정하기에 앞서, 소비자들이 브랜드의 핵심 가치를 충분히 신뢰하는지 먼저 점검하자.

부정적인 인식을
완화하기

"좋은 것은 기다리는 자에게 돌아간다"라는 광고 카피가 큰 성공을 거둔 데에는 엉덩방아 효과 외에 다른 요소도 함께 작용했다. 그건 바로 신뢰의 틈을 메우는 것이었다.

소비자는 바보가 아니다. 그들은 본능적으로 의심한다. 그리고 모든 기업에게는 사실을 왜곡해서 말할 경제적 동기가 충분하다는 사실을 잘 안다. 그래서 기업이 무슨 말을 하면, 소비자들은 일단 의심부터 한다.

이는 생소한 모습이 아니다. 고대 로마 시대에도 올리브 오일을 구매하려는 사람은 상인의 말을 곧이곧대로 믿지 않았을 것이다. 날카로운 구매자라면 품질이 좋다는 상인의 주장을 재고를 처분하려는 의도로 받아들였을 것이다.

그렇다면 단점을 인정하는 방식이 이러한 문제 해결에 도움이 되는 이유는 뭘까? 기업은 중요한 결함을 인정함으로써 소비자들에게 정직하다는 이미지를 심어줄 수 있다. 그럴 때, 소비자는 기업이 하는 모든 말을 더 신뢰하게 된다. 즉, 브랜드 신뢰도가 높아지는 것이다.

광고 제작자들은 이러한 사실을 오래전부터 잘 알고 있었다. 폭스바겐과 에이비스의 광고를 맡았던 DDB(디디비)를 설립한 유명 광고 디렉터인 빌 번벅 Bill Bernbach 은 이렇게 말했다. "작은 인정이 큰 신뢰를 가져다준다."

기업은 중요한 결함을 인정함으로써 소비자들에게 정직하다는 이미지를 심어줄 수 있다. 그럴 때, 소비자는 기업이 하는 모든 말을 더 신뢰하게 된다.

이 장의 주인공인 기네스와 관련해서, AMV BBDO 설립자 데이비드 애벗은 이렇게 말했다. "솔직한 고백은 영혼에도 그리고 광고 카피에도 도움이 된다." 이러한 광고 디렉터들의 통찰력은 과학적인 연구에서도 입증되고 있다.

1993년 톨레도대학교 University of Toledo 의 키플링 윌리엄스 Kipling Williams 는 동료 연구원들과 함께 소위 '번개 훔치기 기법 Stolen Thunder Technique'이라는 아이디어를 법률 분야에서 확인하기 위한 연구를 진행했다. 그들이 말하는 번개 훔치기 기법이란 법정에서 검찰이 제기하기 '전에' 피고 측이 먼저 문제를 인정하는 전략을 말한다.

도표 9-2. 문제를 미리 인정할 때 더 좋은 결과를 얻는다

3가지 버전	피고에 대한 유죄 판단
번개 있음(검찰이 증거 제시)	6.61
번개 훔치기(피고측이 먼저 인정)	5.83 -12%
번개 없음(불리한 증거 없음)	5.04

출처: Williams(1993)에서 발췌 및 편집.

이 실험에서 윌리엄스는 257명의 실험 참가자들에게 폭행 사건을 다룬 재판을 3가지 버전으로 읽도록 했다. 그 3가지 버전에서 차이점은 한 가지 구체적인 상황이었다. 첫 번째 버전에서는 피고에게 불리한 증거가 하나도 없었고(번개 없음), 두 번째에서는 검찰이 그 증거를 제시했으며(번개 있음), 세 번째에서는 피고측이 먼저 인정했다(번개 훔치기).

다음으로 참가자들에게 피고의 유죄 여부를 11점 만점으로 (1점은 완전 무죄, 11점은 완전 유죄) 평가하도록 했다. 그 결과는 위 도표에서 확인할 수 있다.

검찰이 아닌 피고측이 먼저 불리한 증거를 인정했을 때, 참가자들은 12%나 더 많이 무죄로 평가했다. 변호사가 불리한 증거를 반박하기 위해 아무런 노력을 하지 않았을 때도 결과는 마찬가지였다.

물론 쉽게 예상할 수 있듯이, 불리한 증거가 없을 때 결과는 가장 좋았다. 불리한 증거가 없을 때(번개 없음), 실험 참가자들은 피고인의 유죄 여부를 5.04점으로 평가했다.

하지만 불리한 증거가 있고 검찰이 그 증거를 제기할 가능성이 크다면, 먼저 인정하는 편이 훨씬 유리하다. 그럴 때, 부정적 증거에 따른 충격은 줄이고 신뢰성은 높일 수 있다.

기네스는 바로 이러한 전략을 활용했다. 기네스 한 잔을 마시려면 오래 기다려야 한다. 소비자들 모두 그 사실을 알고 있다. 그렇다면 스스로 인정하고 이를 마케팅 포인트로 전환하는 방식이 당연히 더 낫지 않겠는가?

긍정적인 네거티브

기네스 광고의 진정한 가치는 그대로 드러내기로 결정한 단점에 있다. 기네스의 단점인 오랜 기다림은 곧 품질을 의미한다. 우리는 뭔가를 만들어 내는 데 걸리는 오랜 시간과 높은 품질을 아주 자연스럽게 연결 짓는다.

기네스는 평범함을 허락하지 않는다. 특유의 묵직하고 부드러운 질감을 위해 질소와 이산화탄소가 잘 섞이도록 하기 위해서는 일반 맥주보다 더 오랜 안정화 시간이 필요하다.

맥주를 아주 천천히 따르는 행위는 기네스의 품질을 말해주는 상징적인 신호다. 이런 점에서 그 단점을 강조하는 광고 전략은 전적으로 타당하다.

기네스처럼 인식의 틀을 새롭게 구성해 단점을 강력한 장점으로 바꾼 또 다른 사례로, 스텔라 아르투아Stella Artois 맥주도 있다. 이들의 광고 카피는 '안심할 만큼 비싼Reassuringly Expensive'이다. 이 광고를 시청한 사람들은 비싼 가격과 높은 품질을 연결 짓게 된다. 또한 캐나다 기침약 브랜드인 버클리스Buckley's의 광고 카피인 '맛은 없지만 효과는 만점It tastes awful. And it works'도 같은 사례다. 버클리스의 광고를 본 사람들은 쓴맛과 치료 효과를 자연스럽게 연결한다.

이처럼 부정적인 특성을 인정해서 핵심적인 장점을 강조하는 전략이 실제로 효과가 있다는 사실을 입증하는 연구 결과가 나와 있다. 2003년 독일 빌레펠트대학교Bielefeld University의 게르트 보너 **Gerd Bohner**와 그의 연구 동료들은 엉덩방아 효과가 레스토랑에 대한 호감도에 미치는 영향을 확인하고자 실험을 진행했다. 연구팀은 실험 참가자 131명을 세 그룹으로 나누고, 가상의 이탈리아 식당인 '프레스코 프란체스코'에 대한 서로 다른 광고들을 보여줬다.

- 첫 번째 광고는 식당의 아늑한 분위기와 같은 긍정적인 측면에 관해서만 이야기했다.
- 두 번째 광고는 아늑한 분위기와 같은 긍정적인 측면과 함께, 전용 주차장이 없는 것과 같은 비교적 중요하지 않은 부정적인 측면에 관해서도 이야기했다.
- 세 번째 광고는 아늑한 분위기 같은 긍정적인 측면과 함께, 4인 이상 단체 손님은 받지 못한다는 것과 같은 중요한 부정적인 측면에 관해서도 이야기했다.

그러고 나서 연구팀은 실험 참가자들에게 레스토랑에 대한 호감도를 1~9점으로 평가하도록 했다(1점은 아주 나쁨, 9점은 아주 좋음). 그 결과, 흥미롭게도 긍정적인 측면만 언급했던 첫 번째 광고에서 평가 점수가 가장 낮은 것으로 나타났다(4.29점). 다음으로 비교적 중요하지 않은 부정적인 측면을 언급한 두 번째 광고에서는 평가 점수가 살짝 올랐다(4.51점). 그리고 마지막으로 중요한 부정적인 측면을 언급한 세 번째 광고에서 평가 점수는 5.62점으로 최고치를 기록했다. 이는 첫 번째 광고보다 31%나 더 높은 수치다.

많은 문화권에서 장점과 단점은 동전의 양면과도 같다. 소비자들은 모두를 만족시키는 제품은 없다는 사실을 오랜 경험으로 잘 알고 있다. 품질이 높으면, 가격도 높다. 맛있는 버거는 칼로리도 높다. 그리고 아늑한 분위기가 특징인 레스토랑이라면, 아마도 사내에서 열리는 크리스마스 파티처럼 많은 인원을 수용하지는 못할 것이다.

이처럼 먼저 브랜드의 핵심 장점을 파악하고 난 뒤, 그 장점을 돋보이게 만들어 줄 적절한 단점을 제시해야 한다. 물론 그 단점이 브랜드의 치명적인 결함이어서는 곤란하다. 예를 들어, 감기약 광고에서는 맛이 쓰다고 인정해도 좋지만, 맥주 광고에서는 그럴 수 없다. 그리고 저가 항공사의 경우, 기내 서비스가 없다는 사실은 인정해도 좋지만, 안전 기록이 좋지 않다는 점을 드러내서는 안 된다.

엉덩방아 효과는 모든 광고에 활용할 수 있는 심리적 편향은 아니다. 그래도 장점을 더 돋보이게 만들어 줄 사소한 약점을 발견했다면, 강력한 광고 전략으로 활용할 수 있다.

3가지 핵심 포인트

1 단점을 장점으로 전환하자.

엉덩방아 효과가 보여주듯이 단점을 인정하면 매력도를 높일 수 있다. 창의적인 마케팅에서 이러한 전략을 적극적으로 활용하자. 그러나 이를 위해서는 먼저 브랜드 신뢰도가 어느 정도 갖춰져 있어야 한다는 점에 유의하자.

2 솔직함으로 신뢰를 구축하자.

단점을 먼저 인정함으로써 소비자들에게 신뢰를 주자. 일반적으로 사람들은 광고의 메시지를 비판적인 시각으로 바라본다. 단점을 진정성 있게 인정한다면, 소비자와의 간극을 좁힐 수 있다. 이러한 접근방식은 솔직함의 증거로 작용해서 향후 메시지에 대한 신뢰성을 더 높여준다.

3 적절한 단점을 선택하자.

긍정적인 측면을 더 부각시켜줄 단점을 찾아야 한다. 예를 들어, 사람들은 비싼 가격을 높은 품질로 인식한다. 먼저 핵심 장점을 파악하고, 그 장점을 더 돋보이게 만들어 줄 적절한 단점이 있는지 살펴보자.

괴상함은 어떻게

개성으로 변할까

리퀴드 데스

LIQUID DEATH

▼

물은 생명의 물질이다. 그런데 사람들이 갈증을 느낄 때 '리퀴드 데스Liquid Death'라는 브랜드의 물을 선택하는 이유는 뭘까? 드러난 바에 따르면, 거기에는 많은 이유가 있다.

재미를 더하다

2009년에 15주년을 맞이한 미국 록 페스티벌인 반스 워프드 투어Vans Warped Tour가 열렸다. 콜로라도 덴버의 행사장에는 펑크 록과 익스트림 스포츠 팬들이 모여 뜨거운 열기를 만끽하고 있었다. 그날 군중 속에는 26세의 그래픽 디자이너인 마이크 세사리오Mike Cessario도 있었다.

세사리오는 무대에 오른 밴드 멤버들이 손에 들고 있는 음료

캔에서 에너지 음료인 몬스터 Monster 의 로고를 봤다. 몬스터는 그 행사의 주 후원사였으니 당연한 일이기도 했다. 그런데 무대를 내려온 뮤지션들과 이야기를 나누다 보니, 사실 그들은 카페인을 너무 많이 섭취하지 않도록 몬스터 캔에 물을 넣어 마시고 있다는 사실을 알게 되었다. 무대에 선 뮤지션들은 카페인 음료보다 물을 더 원했지만, 주최측은 행사 분위기에 어울리는 생수 브랜드를 찾을 수 없었다. 그 순간 세사리오는 '몸에 안 좋은' 브랜드들만이 재미있고 신나는 마케팅을 벌이고 있다는 사실을 깨달았다. 왜 생수 회사들은 그런 마케팅을 하지 않는 걸까?

2014년 세사리오는 당이 높은 에너지 음료가 건강에 해롭다는 사실을 알리는 홍보 프로젝트를 맡게 되었다. 그는 에너지 음료 브랜드들이 주로 활용하는 특이하고 유머러스한 마케팅 전략을 똑같이 활용해 보자고 클라이언트에 제안했다. 그러나 아쉽게도 그의 아이디어는 선택받지 못했다.

그래도 세사리오는 그 아이디어에 확신이 있었다. 이후 몇 년간 시간이 날 때마다 디자인 작업을 이어 나갔고, 마침내 2017년에 새로운 브랜드를 만들어 상표로 등록했다. 그는 광고할 제품도 아직 없는 상태에서 사람들의 입에 오르내릴 만한 광고를 먼저 만들어 보기로 했다. 그리고 1,500달러(한화 약 217만 원)의 광고 예산[35]과 리퀴드 데스Liquid Death라는 이름의 캔 모형만 가지고서 도발적인 메시지를 담은 독특한 광고를 제작했다. 그 광고의 카피는 이랬다. "마케팅 헛소리에 넘어가지 말라. 물은 요가가 아니다. Don't fall for the marketing bullsh*t, water is not yoga."

반응은 좋았다. 그의 광고는 몇 달 만에 소셜미디어에서 300만 조회수를 기록했다.[36] 많은 이들이 그 음료를 사고 싶어 했다. 결국 세사리오는 광고의 놀라운 반응 덕분에 아이디어를 현실로 바꿔줄 충분한 투자를 확보하게 되었다.

브랜드 핵심 가치에 충실하고자, 그는 리퀴드 데스를 일반 음료 시장에 앞서 술집과 타투샵, 주류 매장에 먼저 출시했다. 이후 폭발적인 성장이 이어졌다. 2019년에 280만 달러(한화 약 40억 6천만 원) 매출을 기록했다.[37] 그리고 2024년에는 매출 2억 5천만 달러(한화 약 3,625억 원)를 돌파하면서 기업 가치는 14억 달러(한화 약 2조 300억 원)를 넘어섰다.[38]

세사리오의 설명에 따르면, 리퀴드 데스는 비알코올 음료 시장에서 역대급으로 빠르게 성장한 제품이다.

가장 바보 같은
이름

사람들은 리퀴드 데스가 다른 일반적인 생수 브랜드와는 다르다는 사실을 분명히 인식했다. 그리고 이러한 차별화는 성공의 첫 번째 비결이었다.

해골이 녹아내리는 모습의 데스펑스 스타일, "갈증을 죽여라Murder your thirst"라는 도발적인 카피, 공격적이고 무시무시한 브랜드 감성은 다른 생수 브랜드들의 마케팅과 정반대편에 서 있었다. 당시 생수 시장의 표준은 맑음과 순수함, 샘물의 신선한 느낌처럼 몸에 좋은 특성을 강조하는 것이었다. 그러나 세사리오는 이렇게 말했다. "왜 건강식품은 모두 조용하고 점잖아야 할까요? 왜 재미와 폭발적인 즐거움은 몸에 안 좋은 제품에만 허락되는 걸까요?"

그래서 그는 안전하고 건강한 생수 브랜드에 가장 바보 같은 이름인 리퀴드 데스Liquid Death를 붙였다. 여기에 결코 지나칠 수 없는 독특한 포장 디자인 그리고 미국 MTV의 리얼리티 코미디 프로그램인 〈잭애스Jackass〉(멍청이를 뜻하는 속어. 기상천외하고 무모한 도전을 벌이는 리얼리티쇼—옮긴이)를 능가하는 코믹한 광고가지 더해졌다.

한 광고 영상에서는 〈잭애스〉 진행자인 스티브 오**Steve-O**가 등장해서 리퀴드 데스 생수로 'LIQUID DEATH' 문신을 새긴다. 그러곤 이렇게 말한다. "똑같이 아프지만, 금방 사라진다." 다른 광고에는 '소장용 관장 키트'(드러머 트래비스 바커**Travis Barker**와의 협업으로 'Enema of the State' 앨범을 패러디한 한정판 마케팅 굿즈-옮긴이)가 등장한다. 그리고 또 다른 광고에는 유명 기업가이자 방송인인 마사 스튜어트**Martha Stewart**가 나와서 열성 팬들의 손을 잘라 핼러윈 양초를 만든다(이 양초 또한 굿즈로 판매되었다).

눈길을 사로잡는
독특함

그렇다면 리퀴드 데스의 성공에는 어떤 편향이 숨어 있을까?

• 세 광고 모두 리퀴드 데스 공식 유튜브 채널에서 확인할 수 있다. 'Steve-O Gets A Liquid Death Water Tattoo On His Neck', 'Liquid Death x Travis Barker: Enema of the State Collectible Enema Kit', 'Liquid Death x Martha Stewart Candle Commercial'.

리퀴드 데스는 시장 표준을 거부함으로써 강력한 행동 편향을 활용했다. 그것은 사람들이 독특한 것을 잘 기억한다는 사실이다. 이 편향은 1933년에 그 존재를 처음으로 입증한 독일 심리학자의 이름을 따서, **폰 레스토프 효과**Von Restorff Effect라고 불린다.

폰 레스토프는 초기 연구에서 실험 참가자들에게 하나의 범주(가령 동물)에 속하는 9가지 단어와 다른 하나의 범주(가령 옷)에 속하는 한 가지 단어를 보여줬다. 그 결과, 사람들은 옷 범주의 단어를 더 잘 기억한 것으로 나타났다. 그러나 반대로 옷 범주에 해당하는 9개 단어와 동물 범주에 해당하는 하나의 단어를 제시했을 때, 사람들은 동물 범주 단어를 더 잘 기억했다.

이 연구는 90년 전에 이뤄졌지만, 그 결과는 지금도 의미가 있다. 리처드와 마이클아론은 연구 결과를 재현하고자 직접 실험을 해봤다. 리처드는 연구 동료인 로라 웨스턴Laura Weston과 함께 200명의 실험 참가자에게 여러 가지 브랜드 이름을 보여줬다. 그 목록에는 자동차 브랜드 10개와 패스트푸드 브랜드 하나가 포함되어 있었다. 그리고 잠시 후 사람들에게 기억나는 대로 브랜드 이름을 말해보도록 했다. 그 결과, 실험 참가자들은 자동차 브랜드보다 패스트푸드 브랜드를 4배나 더 많이 언급했다.

이렇듯 독특한 광고가 기억에 오래 남는다는 아이디어는 실제로 시장에서 입증되었다. 시장조사 기관인 자피Zappi는 미국 광고 2,300편을 분석해서 특이성이 광고 효과를 높여준다는 사실을 확인했다. 그들이 분석한 모든 광고의 특이성 점수는 5점 만점에 평균 3.81점이었다(점수가 높을수록 더 특이하다). 그런데 광고 효과를 기준으로 데이터를 분류했을 때, 뚜렷한 점수 차이를 확인할 수 있었다. 광고 효과에서 상위 20%에 해당하는 광고들의 특이성 점수의 평균은 4.03점이었고, 상위 1%는 4.15점이었다. 반면 효과가 낮은(하위 5%) 광고들의 특이성 점수는 평균 3.6점에 그쳤다.

독특함은 그저 있으면 좋은 그런 게 아니다. 성공적인 커뮤니케이션의 핵심 요소다.

이제 리퀴드 데스의 독특함이 어떻게 진열대에서 경쟁력으로 작용하는지 쉽게 이해할 수 있다. 매장 생수 코너를 떠올려 보자. 광활한 산맥 풍경과 파스텔 컬러를 앞세운 투명한 생수병들이 길게 늘어서 있다. 그런데 그 가운데 검은 고딕체 로고와 녹아내리는 해골 이미지, 황금빛 테두리에 둘러싸인 리퀴드 데스 캔이 눈에 띈다. 그 캔을 본 사람들은 맥주를 생수 코너에 잘못 가져다

놓은 게 아닐까 의심하게 된다. 그러나 바로 여기에 핵심이 있다. 사람들은 눈길을 사로 잡은 리퀴드 데스를 좀 더 자세히 살펴보고자 가까이 다가가게 된다.

이것이 바로 리퀴드 데스가 의도적으로 활용한 성공적인 마케팅 기술이다. 세사리오는 이렇게 말한다. "일단 제품을 집어 들었다면, 이긴 거나 다름없습니다." 어떤 제품을 손으로 집어 드는 순간, 소비자는 그것을 자동으로 구매 후보에 올린다. 그만큼 눈에 띄는 것이 중요하다.

이처럼 소비자들이 제품을 후보 목록에 집어넣도록 만드는 마케팅 전략은 다양한 매체에서 성공을 거두고 있다. 비록 그 관심이 100% 긍정적인 것이 아니라고 해도 말이다. 이러한 사례는 슈퍼볼 광고에서도 찾아볼 수 있다. 리퀴드 데스의 크레에이티브 디렉터인 앤디 피어슨Andy Pearson은 이렇게 설명했다.

슈퍼볼 광고가 나가자마자 분노의 트윗들이 마구 쏟아졌습니다. '누가 감히 다시 물을 팔려고 덤비는가?' 그러나 그게 핵심입니다. 사람들이 우리 제품을 다시 떠올리도록 만들었기 때문이죠. 중요한 것은 사람들이 비딱하게 바라보도록 자극했다는 겁니다. 다시 말해, 생수 카테고리 전반을 새로운 눈으로 바라보게 유도한 거죠.

남들과 맞서는
강한 자신감

리퀴드 데스 사례에서는 또 다른 편향도 작용했다. 생수 브랜드를 맥주처럼 보이게 만들겠다는 그들의 두둑한 배짱을 떠올려 보자. 이렇게 용감한 브랜드는 찾아보기 어렵다. 그러나 그렇게 용감할 필요는 분명히 있다. 무리 속에서 과감하게 존재감을 드러냄으로써 사람들의 시선을 이끌 수 있을 뿐 아니라, 존중까지 얻을 수 있다는 점을 보여주는 연구 결과가 이미 나와 있기 때문이다. 이러한 심리적 편향은 **빨간 운동화 효과**Red Sneakers Effect라는 이름으로 알려져 있다.

빨간 운동화 효과란 규범을 따르지 않음으로써 사회적 지위를 드러낸다는 말이다. 실제로 사회적 영향력이 높은 인물만이 규범을 무시하고 맞설 수 있다. 그건 사회적 위험을 감수할 만큼 '존중의 잔고Respect in the Bank'가 충분하기 때문이다. 직장 생활을 생각해 보자. 인턴 직원이 복장 규정을 무시한다면, 해고될지 모른다. 그러나 CEO가 그런다면? 별문제 없을 것이다.

빨간 운동화 효과가 실제 비즈니스 세상에서도 나타나는지 알아보고자, 2020년 리처드는 영국의 언론사인 뉴스 UK News UK의

그림 10-1. AAAB 구성의 첫 번째 시음. B는 독특한 디자인

출처: Shotton, Willett and Kaul(2020)에서 발췌 및 편집.

던컨 월릿Duncan Willett, 숨란 카울Sumran Kaul과 함께 다음과 같은 연구를 진행했다.

그들은 실험 참가자들에게 알록달록한 라벨이 붙은 4가지 병맥주를 보여줬다. 여기서 세 라벨은 일반적인 모양(A 스타일)이었고, 하나는 확연히 다른 모양(B 스타일)이었다. 가령 AAAB와 같은 식으로 네 병을 보여줬다. 당연히 B가 눈에 띈다. 그러고는 참가자들에게 4가지 맥주의 품질을 평가하도록 했다.

다음으로 리처드 연구팀은 또 다른 실험 참가자들에게 마찬가

그림 10 - 2. BABB 구성의 두 번째 시음. B는 평범한 디자인

* 첫 번째 시음에서 사용한 B 스타일 맥주병이 포함됨

출처: Shotton, Willett and Kaul(2020)에서 발췌 및 편집.

지로 4가지 병맥주를 보여줬다. 여기서 그들은 첫 번째 실험에서 사용한 독특한 디자인(B 스타일)과 평범한 디자인(A 스타일)의 병맥주를 다시 포함시켰다. 그리고 여기에 B와 비슷한 스타일의 라벨을 부착한 또 다른 병맥주 2병을 추가했다. 가령 BABB 배열로 구성했다. 당연히 A 스타일이 눈에 띈다.

이렇게 실험을 설계한 목적은 똑같은 B 스타일 맥주에 대한 평가가 시장 표준을 무시했을 때(첫 번째 시음)와 표준을 따랐을 때(두 번째 시음), 어떻게 달라지는지 알아보기 위한 것이다. 빨간 운동화 효과가 말해주듯이, B 스타일 맥주에 대한 평가는 시장 표준을 따르지 않은 첫 번째 시음에서 더 긍정적인 것으로 나타났다.

실험 결과, B 스타일 맥주에 대한 평가 점수는 시장 표준을 따르지 않은 첫 번째 시음에서 5% 더 높게 나왔다. 비록 차이는 크지 않았지만, 그건 아마도 규범을 파괴한 정도가 비교적 사소했기 때문인 것으로 보인다. 이 실험에서 비교 대상은 다른 3개의 맥주병이었다. 즉, 광범위한 사회적 규범을 어긴 게 아니었다. 만약 일탈의 정도가 더 컸다면, 효과도 더 크게 나타났을 것이다.

그런데 리퀴드 데스가 바로 그 일을 해냈다. 그들은 시장 표준을 따르지 않는 방식으로(그러나 그 방식에 전적으로 의존하지는 않으면서) 독보적인 개성을 창조했다. 다시 말해, 카테고리 표준을 무시함으로써 존재감을 높이고 세련된 이미지를 드러냈다. 하지만 독특함은 리퀴드 데스가 전략적으로 활용했던 유일한 무기는 아니었다. 분명히 핵심 요소이기는 하나, 그들이 추구한 마케팅 전략의 전부는 아니었다.

우리는 익숙한 것을
더 좋아한다

앞서 기존 경계를 넘어서는 전략으로 성공할 수 있다는 사실을 살펴봤다. 그렇다면 구체적으로 어떻게 실행에 옮겨야 할까? 무엇보다 브랜드의 일탈적인 모습이 무지에 따른 실수가 아니라 의도적인 시도라는 인식을 소비자에게 전해야 한다. 여기서 중요한 요소가 바로 일관성이다. 만약 리퀴드 데스의 차별화된 디자인이 우연에 불과하고, 그밖에 마케팅 전략은 눈 덮인 산꼭대기 이미지를 내세우는 것처럼 업계의 일반적인 브랜딩에서 벗어나지 못했다면, 사람들은 진정성을 느끼지 못했을 것이다.

리퀴드 데스는 단지 시장 표준을 거부하는 데서 멈추지 않았다. 그들은 그 작업을 일관적으로 수행했다. 기본적으로 맥주 시장의 공격적인 특성을 그대로 가져와서 생수라는 새로운 카테고리에 똑같이 적용했다. 그리고 그 전략을 브랜딩의 근간으로 삼았다. 그들은 다른 카테고리의 표준을 채용해서 일관적으로 밀고 나갔다. 그리고 이를 통해 마케팅 메시지를 체계적이고 반복적으로 전달할 수 있는 통로를 열었다.

리퀴드 데스의 크리에이티브 디렉터인 앤디 피어슨은 리퀴드 데스라는 브랜드를 하나의 캐릭터로 바라보면서 일관성을 지켜나간다고 말한다.

새로운 방법으로 브랜드를 드러내고자 이런 질문을 던집니다. '리퀴드 데스라면 여기서 어떻게 할까?' 그러면 거의 매번 올바른 답을 발견하게 되죠. 아주 간단합니다. 전략에 대한 고민도 필요 없죠. 우리는 그렇게 많은 아이디어를 얻습니다.

이처럼 일관성을 고수할 때, 브랜드는 또 다른 심리적 편향도 이용할 수 있다. 그건 바로 **단순 노출 효과**Mere Exposure Effect라는 것으로, 모든 광고대행사가 중요하게 여기는 개념이다. 리퀴드 데스의 광고 스타일을 좋아하든 아니든, 연구 결과는 우리가 익숙한 대상을 더 좋아한다는 사실을 말해준다. 다시 말해, 리퀴드 데스가 일관적인 메시지를 계속 반복해서 전달할 때, 사람들은 그 브랜드를 점점 더 좋아하게 된다는 뜻이다.

일관적인 메시지를 계속 반복해서 전달할 때, 사람들은 그 브랜드를 점점 더 좋아하게 된다.

이러한 단순 노출 효과를 입증한 최초의 연구는 1968년 미시간대학교-앤아버University of Michigan-Ann Arbor 심리학자 로버트 자이언스Robert Zajonc에 의해 이뤄졌다. 그는 실험 참가자들에게 얼굴 사진들을 보여주고는 호감도를 평가하도록 했다. 여기서 참가자 일부는 그 사진을 이전에 본 적이 있었고, 나머지는 그렇지 않았다. 그리고 사진을 본 참가자 중 일부는 몇 번 정도 봤고, 나머지 일부는 25번 정도로 많이 봤다.

그 결과는 분명했다. 노출 횟수가 많을수록 호감도도 높은 것으로 나타났다. 이후 자이언스는 이 실험을 2가지 버전으로 다시 진행했다. 하나는 실험 참가자들에게 말이 안 되는 단어의 조합(무의미한 단어)을 보여주는 것이었고, 다른 하나는 한자를 보여주는 것이었다. 결과는 둘 다 노출 빈도가 늘어날수록 호감도가 높아지는 것으로 동일했다(다음 도표에서 확인할 수 있다).

우리는 뭔가를 자주 보기만 해도 더 좋아하게 된다. 그건 추가적인 정보가 주어지지 않아도 마찬가지다. 이러한 현상에 대한 한 가지 설명은 특정 자극에 더 많이 노출될수록 그 정보를 더 쉽게 처리할 수 있기 때문이라는 것이다. 그리고 더 쉽게 처리할 수 있을 때, 사람들은 그러한 편리함을 호감으로 해석한다.

이러한 아이디어는 광고 효과의 핵심이며, 또한 마케팅에서

도표 10 -1. 노출이 많을수록 호감도는 상승한다

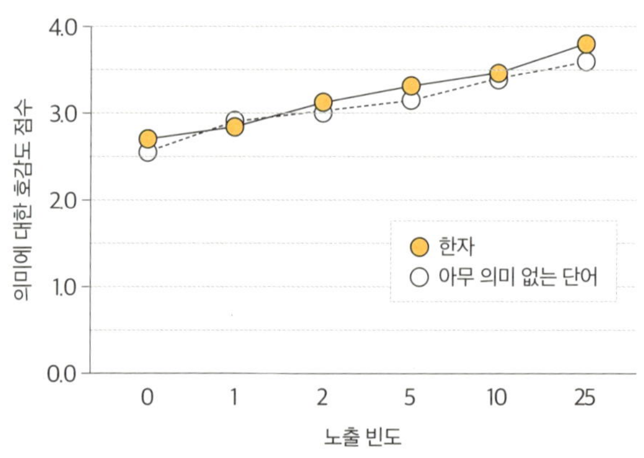

출처: Zajonc(1968)에서 발췌 및 편집.

일관성이 중요하다는 주장의 주요 근거다. 리퀴드 데스는 이러한 접근방식을 마케팅 전략으로 온전히 받아들였다. 그들의 독특함이 성공을 거둔 것은 일관적이었기 때문이었다. 그들은 의도적으로, 지속적으로 전략을 실행에 옮겼다. 여기서 우리가 얻어야 할 교훈이 있다면, 광고에서 핵심을 차지하는 아이디어를 장기적으로 유지하라는 것이다.

그러나 브랜드들 대부분 마케팅 전략을 지나치게 자주 바꾸거나 중단하는 경향이 있다. 사실 이러한 모습은 마케팅 분야의 고

유한 특성이기도 하다. 많은 마케터가 새로움을 지나치게 사랑
한다. 그리고 기존 마케팅 방식에 쉽게 싫증을 느낀다. 그건 종일
브랜드 생각만 하기 때문이다. 그러나 소비자는 특정 브랜드 생
각을 자주 하지 않는다.

그 이유가 무엇이든 마케터는 광고 전략을 수정할 때 거기에
따르는 위험을 인식해야 한다. 광고 메시지의 매력은 반복될수
록 높아진다. 그러므로 기존 메시지를 포기할 때, 소비자의 호감
도 함께 잃어버리게 된다.

왜 시장 표준에
도전하지 않을까?

카테고리 규범을 따르지 말아야 한다는 주장은 충분히 설득력
있게 들린다. 그런데 왜 많은 브랜드가 그런 도전을 하지 않는 걸
까? 그건 지금까지 표준을 지켜온 브랜드의 입장에서 볼 때, 물살
을 거슬러 헤엄치는 것은 아주 위험하게 보이기 때문이다. 그러
나 이에 대해 피어슨은 이렇게 말했다.

제일 위험한 건 위험을 회피하는 겁니다. 위험에 도전하는 유일한 방법은 우리의 직관과는 반대로 바라보는 거죠. 사람들은 생수를 캔에 담아 파는 게 미친 짓이라고 말합니다. 하지만 저는 그렇게 하지 않는 것이야말로 미친 짓이라고 생각합니다.

브랜드 대부분 다른 관점으로 시도하는 것을 본능적으로 두려워한다. 그건 무리의 움직임을 그대로 따르려는 충동이 너무나 강하기 때문이다. 우리는 다른 이들의 행동을 관찰해서 자신의 행동이 사회적으로 용인될 수 있을지 판단한다. 바로 이러한 점에서 기존 관행을 따르려는 본능적인 충동을 사회적 증거라고 부른다. 그리고 이러한 사회적 증거는 브랜드로서 외면하기 너무 힘들다. 사회적 증거의 강한 위력에 관한 내용은 아페롤 사례를 다룬 6장에서 자세히 살펴봤다. 거기서는 사회적 증거가 소비자에게 미치는 영향에 주목했다. 그러나 여기서 알 수 있듯이 전문가들도 예외가 아니다.

물론 정부도 다르지 않다. 호주 정부는 의사들이 항생제 처방을 줄였으면 했다. 그래서 2018년 호주 정부는 수천 명의 의사들에게 공문을 발송했다. 여기서 일부 공문은 항생제 과다 처방의 위험성을 강조하는 메시지를 담았다. 그 결과, 대조군과 비교하

도표 10 -2. 전문가들도 사회적 증거의 영향을 받는다

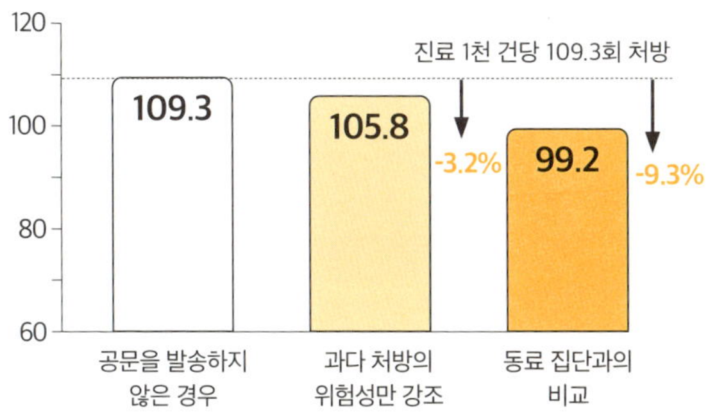

출처: Australian Government(2018)에서 발췌 및 편집.

여 항생제 처방률이 3.2% 감소한 걸로 나왔다.

다음으로 다른 공문에는 사회적 증거를 담았다. 여기서는 공문을 받은 의사가 동료 의사들보다 항생제를 더 많이 처방하고 있다는 정보를 전했다. 그 결과는 더 성공적인 것으로 나타났다. 항생제 처방률이 대조군 대비 9.3%나 떨어진 것이다.

연구 결과는 전문가들 역시 동료 집단으로부터 영향을 크게 받는다는 사실을 보여준다. 이처럼 과학적인 증거를 기반으로 의사결정을 내리는 데 자부심이 강한 의사들조차 동료들로부터 크게 영향을 받는다면, 마케터들도 분명 그럴 것이다. 사회적 증거의 힘이 그만큼 강력하기 때문에, 시장에서 오랜 검증을 거친 기존 방식을 과감하게 버리기가 그토록 힘든 것이다.

그런데 카테고리 내 광고들이 서로 점점 비슷해지는 흐름에는 또 다른 이유가 있다. 광고대행사 BBH(비비에이치)의 전 회장 짐 캐럴Jim Carroll은 '풍동 효과Wind Tunnel Effect'라는 개념으로 이러한 현상을 설명한다. 그는 1980년대에 걸쳐 자동차의 디자인들이 서로 비슷해진 흐름을 지적했다. 당시 놀랍게도 서로 다른 기업의 자동차들이 모두 비슷한 모양으로 닮아갔다. 그 이유는 자동차 기업들이 똑같은 형태의 풍동Wind Tunnel(공기 흐름의 영향을 테스트하기 위한 터널형 장치-옮긴이)을 활용하여 공기역학적 기능을 개선하는 방향으로 차체 설계를 수정했기 때문이었다.

자동차 업계의 경우와 마찬가지로, 마케팅 분야도 소비자들의 선호도를 조사해서 광고의 형태를 바꿔나갔다. 광고대행사들은 소비자들에게 광고를 보여주고는 구매 욕구를 느끼는지 직접적으로 물었다. 그러고는 그 대답을 바탕으로 광고를 수정했다.

그러나 사람들은 자신이 대답한 대로 구매하지 않는다. 우리는 자신이 미래에 어떻게 행동할지 예측하는 과제에 대단히 서툴다는 사실을 잘 알고 있다. 그런데 왜 이러한 질문을 통해 광고의 방향성을 잡으려는 걸까? 이러한 방식으로 제작된 광고들은 점점 더 비슷해질 수밖에 없다. 차별화가 사라지는 것이다.

그렇다면 이제 브랜드는 소비자에게 무엇을 원하는지 묻는 일을 그만두고, 단순한 형태의 대조군 실험에 주목해야 한다. 모든 브랜드가 광고에 적용할 수 있는 몇 가지 좋은 아이디어가 있다. 그 자세한 논의는 다음 장에서 이어보겠다.

3가지 핵심 포인트

1 독특함을 추구하자.

폰 레스토프 효과는 우리가 독특함에 주의를 기울이도록 만들어진 존재라는 점을 보여준다. 사람들의 관심을 끌고 싶다면, 카테고리 표준을 확인해서 무엇을 깨트릴 수 있을지 살펴보자.

2 일관성을 유지하자.

독특함을 이용해서 한번 모이게 하는 것만으로는 부족하다. 대신에 일관적인 노력이 필요하다. 그럴 때, 단순 노출 효과를 활용할 수 있다. 이는 우리가 익숙한 대상을 더 좋아한다는 사실을 말해준다.

3 무리에서 벗어나자.

군중을 따르려는 본능을 경계하자. 직원들이 자신 있게 표준에 도전하는 조직 문화를 구축하려면 어떻게 해야 할까?

▼

1994년 다이슨이 DC 01 진공청소기를 시장에 내놨을 때, 사람들은 말 그대로 '돌아Spin'버렸다. 청소기가 돌아가면서 먼지가 빨려 들어가는 광경을 지켜보던 사람들의 눈에 만족감이 가득했다.

제임스 다이슨James Dyson은 최종 디자인 단계에서 여러 자문의 만류를 뿌리치고 먼지통을 투명하게 만들기로 결정했다. 그건 소비자 심리에 관해 뭔가 알고 있었기 때문이었다. 덕분에 그의 재산은 150억 달러(한화 약 21조 7,320억 원)로 성장할 수 있었다.[39] 그렇다면 자문들은 몰랐던 그만의 비밀은 무엇이었을까?

5천 번의
실패를 지나고

다이슨은 학창 시절부터 집안일에 진심이었다. 그런데 뭔가 중요한 문제가 있었다. 그건 당시 그가 사용하던 후버**Hoover** 진공 청소기의 흡입력이 사용할수록 점점 약해진다는 사실이었다. 문제의 원인을 찾고자 그는 진공청소기 먼지통을 뜯었다. 그리고 먼지를 모으는 주머니 입구가 먼지로 가득 막혀 있다는 사실을 발견했다. 그 때문에 청소기가 공기가 제대로 빨아들이지 못했던 것이다. 다이슨은 이 문제를 언젠가 해결하기로 다짐했다.

그로부터 몇 년 후, 다이슨은 목재소를 방문했다가 거대한 사이클론**Cyclone**(강력한 공기 회전으로 먼지를 분리하는 장치-옮긴이) 기계가 공기 중 톱밥을 빨아들이는 장면을 목격했다. 그때 이 기술을 소형화하면 집 청소에도 도움이 되지 않을까 생각이 들었다. 그러고는 골판지로 사이클론을 만들어 집에 있던 진공청소기에 부착해 봤다. 결과는 성공이었다.

이 새로운 기술로 청소기를 완전히 새롭게 만들 수 있다고 확신한 다이슨은 설계와 실험을 반복하는 작업을 시작했다. 그 과정은 끝없이 반복되었다. 그는 투자를 받아가면서 작업을 계속 이어 나갔다. 무려 15년 동안 말이다. 그렇게 5,127개의 시제품을 만들고 나서야 비로소 먼지 주머니가 사라진 최초의 진공청소기, 다이슨 DC 01이 탄생했다.

다이슨은 진공청소기의 문제점을 해결하기 위해 수천 번 시도하고 실패했다. 이러한 모습에서 우리는 그가 실패를 두려워하지 않고 받아들였다는 사실을 알 수 있다. 실제로 그는 이렇게 말했다. "아이디어를 떠올리고 구현하려면 시간과 인내가 필요합니다. 우리는 매일 실패합니다. 실패는 최고의 약입니다. 거기서 뭔가를 배울 수 있다면 말이죠."[40] 시제품을 끊임없이 만들어 내는 다이슨의 도전 정신은 오늘날 기업 문화로 자리 잡았다. 그는 이렇게 설명한다. "기술을 끊임없이 개선해 나갑니다. 작은 변화를 시도하고 최대한 완벽에 가까워질 때까지 시제품을 계속 만들어 내는 거죠."

다이슨은 반복해서 시도하고, 그 과정에서 나타나는 실패를 당연한 것으로 받아들이는 접근방식으로 끝내 성공을 거뒀다. 그리고 제품의 완성도를 높이기 위해 엄청난 노력을 쏟아붓는 기업으로 명성을 얻었다. 그런데 이러한 노력은 다른 경쟁사도 마찬가지로 하는 것이다. 그렇다면 다이슨의 차별점은 무엇이란 말인가?

그 핵심은 소비자들이 다이슨의 완벽주의 접근방식을 잘 알고 있고, 그 가치를 높이 평가한다는 사실에 있다.

확고한 승리를
거머쥐다

다이슨은 일하는 방식을 투명하게 공개하기로 결정했다. 특히 DC 01 모델의 마케팅에서는 청소기 개발 단계의 오랜 재설계 과정을 강조했다. 그는 자서전 서두에서 5,127개 시제품을 언급하면서 끊임없는 테스트가 제품 설명의 핵심이라고 말했다. 실제로 다이슨 홈페이지에는 '포기를 모르는 엔지니어링Relentless Engineering'이라는 섹션이 따로 마련되어 있을 정도다. 다이슨은 이러한 아이디어를 주요 광고에서 주제로 활용했다. 그들의 광고 문구를 살펴보자.

다른 청소기 회사들이 높이 조절 어댑터나 새로운 부속품과 같은 걸로 고민할 때, 제임스 다이슨은 진공청소기의 진짜 문제에 주목했습니다. 그건 바로 흡입력 저하였습니다. 5천 개가 넘는 시제품을 테스트한 끝에, 그는 마침내 흡입력이 줄어들지 않는 최초의 진공청소기를 개발해 냈습니다. 그리고 그 청소기가 드디어 미국에 상륙했습니다. 지금 다이슨을 만나세요. 혁신적인 청소기를 확인하세요.

그동안 얼마만큼
노력했는가?

이러한 메시지는 아마도 신기술을 채용한 제품에 더 큰 의미가 있을 것이다. 그 이유는 5천 개가 넘는 시제품을 통해 최종적으로 완성된 제품이라는 사실을 전할 때, 혹시 괴짜 과학자가 즉흥적으로 개발한 이 발명품이 폭발해서 주방을 날려먹을지 모른다는 불안감을 덜어줄 수 있기 때문이다.

그러나 개발 과정의 노력을 강조하는 전략에는 소비자를 안심시키는 것 말고도 또 다른 중요한 장점이 있다. 그것은 사람들이 노력과 가치를 동일하게 여긴다는 사실이다. 이러한 심리는 **노력의 환상**Illusion of Effort 이라고 하는 편향 때문이다.

사람들은 노력과 가치를 동일하게 여긴다.

이 편향을 입증한 대표적인 연구로, 2004년 일리노이대학 어바나-샴페인 캠퍼스의 저스틴 크루거Justin Kruger가 연구 동료들과 함께 수행한 실험을 꼽을 수 있다. 크루거 연구팀은 138명의 실험 참가자를 두 그룹으로 나눴다. 그리고 마이클 반 월러건Michael

도표 11-1. 노력은 품질의 기준이다

	적은 노력		많은 노력
품질 평가	5.84점	+10% →	6.43점
가치 평가	50달러	+90% →	95달러

출처: Kruger(2004)에서 발췌 및 편집.

Van Walleghen의 시, 〈오더Order〉를 읽도록 했다. 여기서 그들은 첫 번째 그룹에게 월러건이 그 시를 쓰는 데 4시간이 걸렸다고 알려 줬고, 두 번째 그룹에게는 18시간이 걸렸다고 알려줬다. 다음으로 참가자들에게 그 시를 1~11점으로 평가하도록 했다(1점은 아주 싫다, 11점은 아주 좋다). 그리고 그 시를 잡지에 기고하면, 시인이 얼마를 받을 수 있을지 추정해 보도록 했다.

그 결과, 시를 쓰는 데 4시간(적은 노력)이 걸렸다고 들은 첫 번째 그룹은 그 시에 평균 5.84점을 줬다. 반면 18시간(많은 노력)이 걸렸다고 들은 두 번째 그룹은 6.43점을 줬다. 10% 더 높은 점수를 준 것이다. 그리고 첫 번째 그룹은 시의 가격을 50달러(한화 약 7만 원)로 예상한 반면, 두 번째 그룹은 95달러(한화 약 14만 원)로 예상했다. 금액은 90%나 올랐다.

그림 11-1. 블랙쉽 보드카 디자인

출처: Barnes(2015).

이 실험 결과의 핵심은 똑같은 작품이어도 더 많은 노력이 투입되었다고 들었을 때, 사람들은 품질을 더 높이 평가하고 가치를 더 높게 매긴다는 사실이다. 그런데 크루거의 실험 환경은 일반적인 비즈니스 환경과는 거리가 멀다. 즉, 그 실험 결과를 비즈니스 분야에 그대로 적용해도 좋을지 의문이 든다.

우리도 이러한 생각에 직접 실험에 착수했다. 리처드와 마이클아론의 연구팀은 미국인 실험 참가자 278명을 대상으로 가상의 브랜드인 블랙쉽Black Sheep 보드카의 이미지를 보여줬다. 그리고 그중 절반에게는 총 143개 디자인을 검토한 후 최종적으로 이 디자인으로 결정했다는 이야기를 들려줬다(많은 노력). 그리고 다른 절반에게는 그런 정보를 주지 않았다(적은 노력). 다음으로 우리는 참가자들에게 보드카 디자인에 대한 호감도를 물었다.

그 결과, 적은 노력 그룹은 17%가 그 디자인을 좋아하거나 아주 좋아한다고 답했다. 반면 많은 노력 그룹은 23%가 그렇다고 답했다. 두 번째 그룹에서 35%나 더 많은 사람이 긍정적으로 평가한 것이다.

이렇게 평가 점수가 달라진 것은 디자인의 품질을 판단하기가 어렵기 때문이다. 이와 관련해서 대니얼 카너먼은 이렇게 설명했다. "까다로운 질문에 직면할 때, 우리는 종종 이를 더 쉬운 질문으로 바꿔서 대답한다. 자신이 그렇게 했다는 사실을 모른 채 말이다." 이 실험에서 더 쉬운 질문은 이렇다. "디자이너들이 얼마나 많은 노력을 했을까?" 다시 말해, 노력을 품질의 기준으로 삼은 것이다. 실제로 많은 비즈니스 환경에서 이러한 심리적 기제가 일어난다.

그러므로 여기서 모든 브랜드가 주목해야 할 핵심은 제품 개발에 얼마나 많은 공을 들였는지 투명하게 밝혀야 한다는 것이다. 많은 노력을 들인 것만으로는 충분치 않다. 그 사실을 소비자에게 적극적으로 알려야 하는 것이다.

그런데 제품을 만드는 과정에 많은 노력을 들였다고 주장할 수 없는 경우라면 어떻게 해야 할까? 예를 들어, 음식을 재빨리 손님에게 내놔야 하는 패스트푸트 매장이라면? 아시아 요리 테이크아웃 전문점인 잇슈Itsu가 그 좋은 사례다. 그들은 미소된장국이나 덮밥과 같은 메뉴를 아주 빨리 제공하는 것이 장점이기 때문에 주방에서 오래 공을 들여 만들었다고 주장할 수 없다. 그래서 잇슈는 노력의 환상 효과를 좀 다른 방식으로 활용하여 이 문제를 우회했다. 그들은 잇슈의 요리사들이 미소된장국 대가가 되기까지 걸린 시간을 강조했다. 실제로 잇슈 매장 앞 입간판에는 이렇게 적혀있다.

744,600시간

명백하게도, 어떤 기술을 완벽하게 익히려면 10,000시간은 필요합니다. 그러나 우리의 미소 마스터 요시히로는 그렇게 생각하지 않습니다. 요시히로 가문은 일본에서 85년(744,600시간) 동안 미소된장국을 만들어왔고 지금도 계속 발전하고 있습니다.

이러한 접근방식은 협상 과정에도 적용해 볼 수 있다. 예를 들어, 디자이너인 폴라 셰어Paula Scher와 150만 달러(한화 약 21억 7천만 원)짜리 냅킨 이야기가 그렇다.[41] 셰어가 소속된 디자인회사인 펜타그램Pentagram은 새롭게 설립된 씨티은행Citibank으로부터 브랜드 디자인 의뢰를 받았다. 당시 셰어는 그 고객과의 점심 식사 자리에서 냅킨에다가 로고를 즉석으로 그려 보였다. 그리고 그렇게 탄생한 스케치는 결국 시티뱅크 브랜드의 핵심이 되었다. 그 고객은 어쩌면 당황했을지 모른다. 순식간에 만든 디자인에 150만 달러는 너무 많아 보였을 것이다.

그러나 폴라 셰어는 유명하게도 이렇게 말했다. "그걸 그리는 데 몇 초밖에 걸리지 않았지만, 그렇게 그리는 법을 터득할 때까지 34년의 세월이 걸렸습니다." 다행히 씨티은행은 그 말을 이해했고, 그렇게 금융 분야의 유명 로고가 탄생했다.

이 사례에서 우리는 서비스를 신속하게 제공하는 경우라면, 그러한 경지에 이르기까지 걸린 시간을 소비자들이 인식하도록 만들어야 한다는 사실을 깨닫게 된다. 그렇지 못할 때, 서비스의 품질을 제대로 인정받기는 어려울 것이다. 이 교훈은 AI 기술을 활용하는 분야에서도 명심할 필요가 있다. AI 활용에 따른 빠른 속도와 높은 효율성 때문에 노력에 대한 환상이 종종 발생한다. 이는 과도한 추측으로 보일 수 있다. 그러나 네덜란드 암스테르

담자유대학교Vrije Universiteit Amsterdam의 코베 밀릿Kobe Millet과 그의 동료들은 연구를 통해 이 효과를 입증했다.

AI 활용에 따른 빠른 속도와 높은 효율성 때문에 노력에 대한 환상이 종종 발생한다.

2023년 밀릿 연구팀은 온라인으로 800명의 실험 참가자를 모집해서 거의 비슷한 해골 그림 두 장을 보여줬다. 두 그림 모두 사람이 그린 것이었다. 그러나 어떤 참가자에게는 AI가 그렸다고 하고 다른 참가자에게는 사람이 그렸다고 무작위로 소개했다. 그리고 참가자 모두에게 창의성과 구매 의향을 기준으로 그림을 1~7점으로 평가하도록 했다(1점은 못 그림, 7점은 잘 그림).

우선 창의성 항목에서 실험 참가자들은 사람이 그렸다고 소개한 그림에 평균 5.30점을 그리고 AI가 그렸다고 소개한 그림에는 2.75점을 줬다. 무려 48% 차이를 보였다. 그런데 더 놀랍게도, 연구팀은 구매 의향 항목에서도 똑같은 패턴을 발견했다. 사람이 그렸다고 소개한 그림은 4.85점을 받았고, AI로 소개한 그림은 3.02점을 받았다. 즉, 사람이 그린 그림에 38%나 더 높은 가격을 지불하고자 했던 것이다.

도표 11-2. AI 작품은 노력이 적게 들어갔다고 생각해 낮은 평가를 받았다

	사람이 그렸다고 설명	AI가 그렸다고 설명
창의성	5.30 —-48%→	2.75
구매 의향	4.85 —-38%→	3.02

출처: Millet(2023)에서 발췌 및 편집.

사람들은 AI가 만든 결과물에 노력이 적게 들어갔다고 가정한다. 어쨌든 챗GPT가 블로그 게시글을 몇 초만에 뚝딱 만들어 준다는 사실을 알기 때문이다. 그래서 AI 작품을 인간이 노력을 들여 완성한 작품만큼 높이 평가하지 않는다.

그러므로 AI를 활용했다는 사실을 고객이나 대중에게 밝혀야 한다면, 최종 결과물을 완성하거나 그것을 검토하는 과정에 많은 노력을 들였다는 사실을 강조해야 한다. 예를 들어, 치밀한 프롬프트를 개발하는 과정에 몇 년이 걸렸는가? AI가 생성한 결과물의 적합성을 판단하는 데 어떤 전문성이 요구되는가?

모든 단계를
투명하게

지금까지 많은 노력을 투자했다는 사실을 소비자들이 '인식'하도록 만드는 과제에 대해 살펴봤다. 그렇다면 여기서 한 걸음 더 나아가, 노력을 투입하는 과정 전반을 사람들이 '볼 수 있도록' 공개하는 방식은 어떨까?

다이슨은 개발 과정의 이면을 최대한 공개하겠다는 생각을 항상 품고 있었다. 그리고 이 아이디어를 2가지 방식으로 구현했다. 가장 먼저, 그는 DC 01 개발에 얼마나 많은 노력이 들어갔는지 적극적으로 알렸다. 그리고 다음으로 청소기 먼지통을 투명하게 설계했다. 개발팀 일부는 이러한 방식에 불편함을 느꼈다. 그들은 이렇게 반박했다. 빨아들인 지저분한 먼지를 누가 보고 싶겠어요? 그러나 다이슨은 그 방식을 고수했고, 결국 투명 먼지통은 다이슨 제품의 상징이 되었다.

다이슨의 투명 먼지통은 제품이 작동하는 방식을 그대로 보여주는 훌륭한 사례다. 그리고 다이슨이 처음 출시한 진공청소기를 성공하게 만든 가장 중요한 특성이었다. 그는 언제나 기계 내부를 기꺼이 보여주고자 했다. 그만큼 기술에 자신이 있었던 것이다. 그리고 다른 것들도 그런 관점에서 평가하곤 했다. 예전에 다이슨은 이런 말을 했다. "브루넬 다리는 우리에게 영감을 줍니다. 거기에 담긴 수학과 과학을 눈으로 볼 수 있기 때문이죠. 모든 아치와 나사, 대들보가 각자의 이야기를 들려줍니다. 디자인은 내면을 드러내는 데 망설임이 없어야 합니다."

이처럼 작업 과정을 그대로 드러내는 방식은 다른 분야에서도 찾아볼 수 있다. 레스토랑은 그 좋은 사례다. 어떤 레스토랑은 주방을 완전히 공개해서 손님들이 요리사의 움직임을 모두 볼 수 있게 만들었다.

그렇다면 더 많은 브랜드가 이 접근방식을 활용해야 할까? 연구 결과는 그렇다고 말한다. 2015년 하버드대학교 경영대학원 **Harvard Business School**의 라이언 뷰엘**Ryan Buell**과 타미 킴**Tami Kim**은 작업 투명성 효과를 현실 환경에서 확인해 보기로 했다. 연구팀은 한 카페테리아를 찾은 299명을 대상으로 요리에 대한 만족도를 1~7점으로 평가하도록 했다(1점은 매우 불만족, 7점은 매우 만족). 여기서 일부 손님에게는 음식을 준비하는 과정을 그대로 볼 수 있게 했다(마찬가지로 주방 직원도 손님을 볼 수 있게). 그리고 다른 손님들의 경우에는 서로 볼 수 없도록 했다.

그 결과, 주방을 볼 수 없었던 손님들은 평균 4.57점을 줬다.

반면 요리사들의 움직임을 직접 봤던 사람들은 5.49점으로 만족도를 평가했다. 주방을 보지 못한 경우보다 20%나 높게 요리를 평가한 것이다.

물론 이러한 유형의 투명성이 모든 제품이나 서비스에 적용될 수 있는 것은 아니다. 그러나 다행스럽게도 대안적인 접근방식 역시 비슷한 효과를 드러낸다는 사실을 보여주는 연구 결과가 나와 있다.

2011년 라이언 뷰엘은 마이클 노턴Michael Norton과 함께 노력의 환상을 주제로 또 다른 연구를 진행했다. 두 사람은 266명의 실험 참가자들에게 여행 비교 사이트를 통해 휴가 상품을 검색해보도록 했다. 그리고 검색 결과가 나오기까지 0~60초를 기다리는 동안에 일부 참가자는 아무런 정보 없이 진행 상태만 나타내는 단순한 형태의 표시줄만 보도록 했고(불투명함 버전), 다른 일부는 검색 중인 사이트 목록이 계속 바뀌는 과정을 지켜볼 수 있도록 했다(투명함 버전). 그러고 나서 실험 참가자들에게 비교 사이트의 서비스 품질을 1~7점으로 평가하도록 했다(1점은 매우 낮음, 7점은 매우 높음).

그 결과, 진행 표시줄만 볼 수 있었던 참가자들은 평균 4.96점을 줬다. 반면 검색 목록이 계속 바뀌는 화면을 봤던 사람들은

5.36점을 줬다. 투명함 버전이 8%나 더 높은 평가 점수를 받은 것이다.

이처럼 작업 과정을 투명하게 공개하는 방식은 서비스에 대한 품질 평가에 긍정적인 영향을 미친다. 이 방식은 창의성을 요구하는 다양한 분야에 활용할 수 있다. 뷰엘과 노턴의 연구 사례에서처럼 사용자 경험User Experience, UX(사용자가 어떤 시스템, 제품 혹은 서비스를 직간접적으로 이용하면서 느끼고 생각하게 되는 총체적 경험-옮긴이)도 그중 하나다. 마케터라면 제품이나 서비스와 관련해서 그 개발 과정을 투명하게 공개하는 방식을 하나의 전략으로 고려해 봐야 할 것이다.

진실에 다가서다

다이슨이 행동과학의 연구 성과를 활용한 분야는 또 있다. 그건 바로 시장조사다. 사실 시장조사에 회의적이었던 다이슨은 한 인터뷰에서 이렇게 밝혔다. "시장조사를 하기는 하지만, 거기에 휘둘리지 않도록 주의합니다. 포커스 그룹Focused Group(특정 제품에 대해 소수의 그룹을 대상으로 진행하는 인터뷰로, 심층적 토론을 유도하면서 시장의 수요를 충족시키는 제품의 아이디어를 구상하고 대안을 모색하는 방법-옮긴이) 결과는 대부분 틀립니다. 사람들에게 무엇을 원하는지 물어보고, 그대로 제품을 만들어서는 안 됩니다."[42] 그리고 또 다른 인터뷰에서는 이렇게 언급했다. "시장조사는 신중을 기해야 합니다. 사람들이 원하는 걸 내놓는 것만으로는 충분하지 않으니까요." 그보다 다이슨은 개발자의 전문성, 끝없는 시제품 제작을 통한 수많은 실험과 실패의 가치를 더 신뢰한다. 그는 이렇게 강조했다. "먼지 주머지가 없는 진공청소기를 요구한 건 소비자나 포커스 그룹이 아니었습니다. 그들은 그걸 상상조차 하지 못했거든요." 바로 이 말에 마케터에 대한 경고가 담겨 있다. 그건 소비자들 의견에 의존해서는 안 된다는 거다. 소비자는 말과 행동이 다를 때가 많아서 **설문 조사의 함정**Danger of Claimed Data에 빠질 수 있기 때문이다.

행동과학이 주목하는 다양한 현상 중 하나는 사람들이 말하는 동기부여 요인과 그들의 행동을 실질적으로 촉발하는 요인이 서로 다르다는 사실이다. 이 책에서 소개하는 대부분의 연구 사례에서도 연구원들은 사람들에게 직접적으로 물어보지 않는다. 대신에 2가지 서로 다른 시나리오를 마련해 놓고, 각각의 상황에서 사람들이 어떻게 반응하는지를 관찰한다.

우리는 시장조사 과정에서 이와 같은 형태의 실험을 활용할 수 있다. 즉, 실험 참가자들을 여러 그룹으로 무작위로 나누고, 각 그룹이 여러 다른 시나리오 중 하나를 경험하게 한다. 예를 들어, 이미지나 단어, 혹은 광고 지면에서 제품의 위치 등 특정 요소만 서로 다르게 구성한다. 그리고 나서 각 그룹이 어떻게 반응하는지 살펴본다. 혹은 평가를 요청할 수도 있다. 그리고 그렇게 시나리오들 사이에서 드러난 차이는 바로 특정 요소가 미친 영향이다.

이러한 단일 조건 실험의 좋은 사례로, 노력의 환상과 관련하여 앞서 소개했던 가상의 보드카 브랜드인 블랙쉽 보드카 실험을 꼽을 수 있다. 여기서 연구팀은 모든 실험 참가자에게 똑같은 광고를 보여줬다. 다만 그 차이점은 한 그룹에게는 광고 디자인이 143번 수정을 거쳐 완성되었다는 이야기를 들려줬고(많은 노력), 다른 그룹에게는 그런 정보를 주지 않았다는 것뿐이었다(적은 노력). 그 결과, 많은 노력에 해당하는 그룹이 디자인의 가치를 더 높게 평가했다.

그러나 모든 참가자에게 2장의 사진을 차례로 보여줬다면, 선호도 차이는 나타나지 않았을 것이다. 그건 두 사진 사이에서 차이점을 발견할 수 없기 때문이다. 그리고 그중 하나가 오랜 수정을 거쳐 완성된 작품이라는 정보를 추가로 제공한다고 해도, 마찬가지였을 것이다.

그러므로 소비자들에게 무엇을 좋아하는지 직접적으로 묻지 말고, 그들이 자연스러운 상황에서 행동하도록 해놓고 그 모습을 관찰하는 시도가 필요하다. 그 이유는 실험 참가자들이 의도적으로 거짓말을 하기 때문이 아니다. 그건 무의식적 편향이 개인의 선택과 평가에 영향을 미친다는 사실을 이해하지 못하기 때문이다.

3가지 핵심 포인트

1 많은 노력을 들였다는 사실을 알리자.

소비자들은 제품이나 서비스에 더 많은 시간과 기술이 들어갔다고 생각할수록 그 가치를 높이 평가한다. 그러므로 노력의 과정을 적극적으로 전하자.

2 장막을 걷어라.

단지 노력을 들였다고 말하기보다 실제로 그 과정을 투명하게 보여주자. 이를 위해 제품 설계나 소비자 경험을 수정하는 방안을 고려하자.

3 사람들의 말이 아니라 행동에 주목하자.

시장조사를 할 때, 소비자들에게 직접 묻는 것이 아니라, 실험 상황을 설정하고 그들이 실제로 어떻게 행동하는지 관찰하자.

facebook

보상은 불확실하게,
손실은 확실하게

페이스북

FACEBOOK

▼

최근 페이스북으로 가족과 소식을 나눈 적이 있는가? 혹은 휴가 사진을 올린 적은? 자기 사진을 직접 올리지는 않았더라도 다른 누군가의 사진은 아마도 봤을 것이다. 그건 전 세계 절반에 가까운 사람들이 페이스북을 사용하기 때문이다.

페이스북의 엄청난 성공 뒤에는 수많은 요인이 숨어 있다. 그중 몇 가지 심리적 편향이 중요한 역할을 했고, 많은 이들이 계속해서 돌아오도록 만들고 있다.

초창기
네트워크

사람들을 연결하는 일은 언제나 마크 저커버그Mark Zuckerberg의 주 관심사였다. 그는 어릴 적부터 그런 일을 했는데, 시작은 아버지가 집에서 운영하던 치과 비즈니스를 돕기 위해서였다. 그는 가족들이 컴퓨터로 진료실에 있는 아버지와 메시지를 주고받을 수 있는 프로그램을 개발했다. 말하자면, 초기 형태의 문자 메시지 네트워크였다. 가족들은 그 프로그램을 저크넷ZuckNet이라고 불렀다.

흥미롭게도 저커버그는 하버드에서 심리학을 공부하면서 컴퓨터 공학도 병행했다. 재학 시절에 그는 악명 높은 페이스매시FaceMash라는 프로그램을 만들어 캠퍼스를 발칵 뒤집어 놨다. 그가 '장난으로 만든 웹사이트'라고 소개한 페이스매시는 학우들의 사진을 올려놓고 사용자들이 매력도를 평가하게 하는 그런 사이트였다. 저커버그는 그 사이트를 곧장 폐쇄했지만, 하버드 행정위원회가 이미 그 존재를 알아차린 뒤였다.[43]

다행스럽게도 퇴학 처분은 면한 저커버그는 나중에 페이스북이 될 초창기 네트워크 개발에 착수했다. 그 아이디어의 핵심은 학적 기록을 열람할 수 있는 더 페이스북The Facebook이라는 디지털 사이트를 구축해서, 하버드의 서류 기반 학적부를 대체하는 것이었다.

결국 저커버그는 thefacebook.com 사이트를 만들어 하버드 기숙사 학생들에게 공개했다. 그리고 이를 시작으로 빠르게 퍼져나갔다. 공개 후 24시간 만에 1,500명에 가까운 학생들이 가입했다.[44] 처음에는 하버드 학생만 가입할 수 있었지만, 곧 다른 대학들로도 확장되었다. 그리고 2005년, 일반 대중에 공개되었다. 2005년 12월에 활동적인 사용자 수는 600만 명에 달했다.[45] 그리고 오늘날 그 규모는 30억 명을 넘어섰다.[46]

가치 있는 연결

처음에 페이스북은 같이 수업을 듣거나 같은 동아리에 있는 친구를 찾는 사이트로 시작했다. 그러나 곧 그 이상의 공간이 되었다. 페이스북 사용자는 개인의 '벽 Wall'에 사진을 올리고 관련 정보를 공유할 수 있었다. 그러나 이후로 사진에 사용자 자신과 친구를 '태그 Tag'할 수 있는 기능이 등장하면서, 사용자들은 다른 이들이 올린 사진을 검색할 수 있게 되었다. 그 플랫폼은 사용자가 늘면서 빠르게 성장했고, 마케터들도 기업의 목표 고객층과 전례 없는 규모로 직접 소통할 수 있다는 생각에 그 유행에 동참했다.

그러나 게임의 판도를 완전히 뒤바꾼 기능은 2009년이 되어서야 등장했다. 그것은 페이스북 개발자들이 추가한 '좋아요' 버튼이었다. 사용자가 개인의 호감을 공개적으로 드러낼 수 있도록 한 이 버튼은 예전에 어떤 플랫폼에서도 찾아볼 수 없는 기능이었다. 이제 사용자는 댓글을 달지 않고서도 자신의 호감을 쉽게 표현할 수 있게 되었다. 이후로 좋아요 기능은 포스트의 인기 지표가 되었고, 지금은 소셜미디어의 핵심 기능으로 자리 잡았다.

2012년 5월 기준으로, 페이스북의 기업 가치는 1,040억 달러(한화 약 150조 8천억 원)로 추산되었다.[47] 이것만으로도 믿기 힘든 성공이었지만, 페이스북 사용자 규모는 이후로도 계속 증가하면서 2025년에 시가 총액은 1조 2,800억 달러(한화 약 1,856조 원)를 기록했다.[48]

사랑을
보여주다

사람들은 페이스북을 진심으로 사랑한다. 2018년 한 연구에서 케니언칼리지Kenyon College의 제이 코리건Jay Corrigan과 그의 연구 동료들은 사용자들이 페이스북을 1년간 중단하는 대가로 얼마의 보상을 요구하는지 알아보는 실험을 했다.

연구팀은 931명의 실험 참가자를 대상으로 온라인 경매에 참여하도록 했다. 여기서 참가자는 일 년간 페이스북을 사용하지 않는 대가로 특정 금액을 요구할 수 있었다. 그리고 연구팀은 그 돈을 받은 참가자가 실제로 계정을 비활성화했는지, 일 년간 다시 활성화하지 않는지 확인할 수 있었다.

그런데 놀랍게도 145명이라는 많은 사람이 입찰 참여 자체를 거부했다. 그건 자신의 페이스북 계정을 너무나 사랑했기 때문이었다. 그리고 입찰에 참여한 사람들이 제시한 평균 금액은 1,921달러(한화 약 278만 원)였다. 꽤 많은 돈을 요구했던 것이다.

이처럼 사용자들이 보여주는 페이스북에 대한 지속적인 애착은 마크 저커버그의 자산이 어떻게 2천억 달러에 이르렀는지 잘 설명해 준다.[49] 그런데 페이스북은 어떻게 사람들의 삶에 꼭 필요한 존재가 될 수 있었던 걸까? 왜 사람들은 페이스북을 끊지 못하는 걸까? 이제 이러한 질문에 대한 대답을 들려줄 몇 가지 심리적 편향을 살펴보도록 하자.

불확실성이 주는
보상

우리는 친구와 가족이 살아가는 모습을 보기 위해 그리고 관심 있는 그룹이나 브랜드를 팔로우하려고 페이스북을 사용한다. 그러나 페이스북의 진정한 마법은 우리가 포스트를 올릴 때 벌어진다. 새로운 포스트를 올리고 나면, 기대감에 흥분 상태로 접어들면서 두뇌의 도파민 시스템이 활성화된다. 페이스북에 뭔가를 올릴 때마다, 우리는 어느 정도 그런 흥분 상태에 놓이게 된다. 과연 얼마나 많은 이들이 내 포스트에 좋아요를 누르고 댓글을 달 것인가?

바로 이러한 **불확실한 보상**Uncertain Reward 이야말로 페이스북의 중독성을 높이는 핵심 요인이다. 우리는 보상이 불확실할 때, 더 강한 욕구를 느낀다. 이런 충동은 동물에게도 똑같이 있다. 이러한 사실을 입증하는 초기 연구로, 1972년 마이클 자일러Michael Zeiler의 실험이 있다. 당시 에모리대학교Emory University 소속의 자일러는 행동에 동기를 부여하는 실질적인 방식을 확인하고자 비둘기 3마리로 실험을 설계했다. 그는 비둘기가 버튼을 부리로 쪼면 맛있는 먹이가 나오는 장치를 만들었다. 그리고 먼저 확실한 조건으로 실험을 시작했다. 즉, 버튼을 쫄 때마다 먹이가 나오도록 했다. 그는 이 조건을 100% 그룹이라고 불렀다. 그리고 이 조건에서 비둘기들이 얼마나 자주 버튼을 쪼는지 관찰했다.

다음으로 방식을 수정했다. 즉, 매번 먹이가 나오는 게 아니라 무작위로 나오도록 했다. 이제 비둘기가 버튼을 쪼더라도 먹이가 나올 수도, 나오지 않을 수도 있다. 그리고 그 확률을 다양하게 설정하여 90%, 70%, 50%, 30%, 10% 확률로 먹이가 나오도록 했다. 자일러는 각각의 조건에서 비둘기들이 얼마나 자주 버튼을 쪼는지 관찰했다.

결과는 흥미롭고 놀라웠다. 보상 확률을 100%에서 90%, 70%, 50%로 떨어트리자 비둘기들이 버튼을 쪼는 횟수가 오히려 더 '증가'했던 것이다. 이처럼 보상을 예측 불가능한 방식으로 제공했을 때, 비둘기들이 버튼을 쪼는 횟수는 2배 가까이 늘었다. 이러한 결과는 동물들의 반응이 불확실한 상황에 긴밀하게 얽혀 있다는 사실을 말해준다.

하지만 반응의 증가에는 한계가 있었다. 보상 확률을 30%나 10%로 낮췄을 때, 비둘기들은 흥미를 잃고 버튼을 덜 쪼았다. 즉, 동기가 떨어지자 반응도 줄었다.

자일러는 비둘기에게서 이러한 현상을 분명히 확인했다. 그런데 이 이야기는 사람에게도 적용되는 것일까? 그렇다. 이와 유사한 현상을 인간에게서도 똑같이 발견할 수 있다. 실제로 많은 연구가 이를 뒷받침한다. 2017년 토론토대학교University of Toronto의 니나 마자르Nina Mazar와 그의 연구 동료들은 불확실한 보상의 영향을 현실 세상에서 확인하고자 실험을 계획했다.

마자르 연구팀은 학생회관에 자판기를 한 대 설치했다. 그 자판기에는 10가지 버튼이 있었고, 그중 2개는 사탕을 구매할 수 있는 버튼이었다. 사탕 가격은 개당 75센트였다.

연구팀은 2주 동안 자판기로 사탕 할인 행사를 했다. 둘 중 하나의 버튼을 누르면, 사탕을 할인된 가격인 50센트로 살 수 있었다(확실한 보상). 그리고 다른 버튼은 정상 가격인 75센트를 내야 하지만, 3번에 한 번꼴로 무료로 사탕을 받을 수 있었다(불확실한 보상). 그러고는 학생들이 두 버튼을 얼마나 자주 누르는지 관찰했다.

그 결과, 학생들은 확정된 할인가보다 불확실한 무료 쪽을 더 선호한 것으로 나타났다. 수학적인 관점에서 두 버튼은 똑같은 가치를 제공했음에도 말이다. 고정된 할인가 버튼으로는 84개 사탕이 판매되었고, 불확실한 무료 버튼으로는 120개가 판매되었다. 학생들은 불확실한 버튼을 43%나 더 많이 눌렀던 것이다.

우리는 논리보다 도박에 더 끌린다.

‘엄청난’ 뭔가를 얻을지 모른다는 기대가 있다면, 그저 ‘좋은’ 것보다 ‘도박’을 선택한다.

이러한 성향은 우리가 페이스북으로 계속 돌아오는 이유를 설명해 준다. 페이스북에 새로운 게시물을 올릴 때, 우리는 다른 이들이 그걸 볼 거라는 사실을 안다. 그러나 반응이 어떨지는 모른다. 얼마나 많은 사람이 좋아요를 누를지, 몇 개의 하트와 웃음 이모티콘이 달릴지 알 수 없다. 어쩌면 자신감을 크게 높여줄 뜻밖의 폭발적인 반응이 나올지도 모른다. 그래서 우리는 페이스북 화면을 계속 들여다보게 된다.

그러나 비둘기 실험에서 확인했듯이, 보상이 너무 적으면 동기도 사라진다. 만약 자신이 올린 게시물에 아무 반응도 달리지 않는다면, 다음번 게시물을 올릴 때 좀 망설이게 될 것이다.

이 원리는 값싼 자판기 제품만이 아니라 모든 비즈니스 분야에 적용된다. 그러므로 소비자에게 보상을 제공하거나 할인 행사를 할 때, 이 점에 유의할 필요가 있다. 마자르는 같은 논문에서 10달러(한화 약 1만 4,500원)짜리 펜과 4.50달러(한화 약 6,500원)짜리

DVD 대여 서비스를 대상으로 불확실한 보상과 확실한 할인 혜택을 비교한 실험도 함께 소개했다. 그리고 여기서도 사람들은 불확실한 보상을 더 선호한다는 사실을 확인할 수 있었다.

그런데 이처럼 객관적인 연구 결과가 나와 있는데도, 이러한 유형의 프로모션을 시도하는 브랜드는 찾아보기 힘들다. 모든 제품을 10% 할인하는 행사와 고객 10명 중 1명에게 무료로 제공하는 행사는 기업 입장에서 똑같은 비용이 든다. 그러나 고객 입장에서는 후자 쪽이 더 솔깃하다. 그래서 매출 상승에 도움이 된다. 재무적인 관점에서 본다면, 후자의 비용이 '더 크게 느껴질' 수 있다. 그러나 바로 그렇기 때문에 이 방식이 의미 있는 것이다.

혹은 도박이나 복권을 행사로 고려해 보는 건 어떨까? 2007년 미국 슈퍼볼과 월드시리즈 기간에 뉴잉글랜드의 몇몇 매장 기업은 뉴잉글랜드 패트리어츠나 보스턴 레드삭스가 우승할 경우, 추첨을 통해 구매 금액을 전부 돌려주는 행사를 진행했다. 그 결과는 대단히 성공적이었다. 가구회사 조던스 퍼니처**Jordan's Furniture**의 경우, 6주 행사 기간에 무려 3만 건의 주문이 쏟아졌다.[50] 그 행사를 통해 집 안 인테리어를 완전히 바꿨던 한 고객은 레드삭스가 우승하면서 4만 달러(한화 약 5,800만 원)를 돌려받는 행운을 거머쥐었다.[51]

그러나 이처럼 전국적인 규모의 행사를 추진할 여력이 안 된다면, 영국의 한 레스토랑처럼 소규모 복권 행사를 진행하는 방법도 있다. 가령 인도 음식점 체인인 디슘Dishoom은 불확실한 보상의 위력을 창조적인 방식으로 활용한 사례다. 손님들은 이 레스토랑에서 요청만 하면 '비밀' 키링을 받을 수 있다. 그리고 다음에 다시 방문해서 결제 시 키링을 보여주면, 주사위 행사에 참여할 수 있다. 만약 여기서 6이 나오면, 음료를 비롯한 식사 전체가 무료다. 그래서 사람들은 비록 확률은 낮더라도 자신의 행운을 시험해 보기 위해 계속 디슘을 찾는다.

사람들은 후회를 끔찍이 싫어한다

효과적인 프로모션을 위한 또 다른 방법으로, '후회 복권Regret Lottery'이라는 게 있다. 간단하게 말해서, 이는 도박 스타일의 마케팅 전략이다. 후회 복권에서는 응모 기회가 모두에게 주어지며, 당첨자는 무작위로 선정된다. 그런데 당첨이 되었더라도 그 상을 받으려면 (가령 상품 구매 같은) 특정 기준을 충족해야 한다.

조건을 충족하지 못하면, 당첨이 되어도 상을 받을 수 없다.

후회 복권은 이득보다 손해를 보지 않으려고 하는 강력한 동기를 활용한다. 일반적으로 똑같은 금액을 얻을 때 느끼는 만족감보다 그것을 잃을 때 느끼는 상실감이 더 크다. 그래서 손실이 발생할 수 있다는 두려움은 우리의 행동에 아주 강력한 영향을 미친다.

캘리포니아대학교 샌디에이고 캠퍼스 심리학자 유리 그니지Uri Gneezy는 바로 이러한 심리를 들여다보고자 일일 교육 프로그램을 운영하는 한 대기업을 대상으로 한 가지 실험을 했다. 실험 목적은 후회 복권으로 자동차 사용을 줄이는 것이었다. 그니지는 일주일 동안 교육 프로그램 참가자들에게 교통 체증과 환경 오염을 줄이기 위해 자동차 사용을 자제해 달라고 당부했다. 그리고 참가자들을 다음과 같이 네 그룹으로 나누었다.

1. 대조군: 아무런 인센티브도 제공하지 않음

2. 5달러의 확실한 보상: 차를 집에 두고 출근할 때마다 5달러 지급

3. 500달러 복권: 차를 집에 두고 출근할 때마다 500달러 복권 지급

4. 500달러 후회 복권: 참가자 모두에게 복권을 지급하지만, 당첨이 되어도 그날 차를 두고 온 사람만 500달러를 받을 수 있음

그 결과, 인센티브를 제공한 모든 그룹이 대조군보다 더 좋은 성과를 보였다. 5달러 그룹의 경우, 자동차로 출근한 사람의 수는 대조군에 비해 10% 줄었다. 그리고 500달러 복권 그룹은 18% 줄었다. 그런데 500달러 후회 복권 그룹은 대조군 대비 26%나 줄면서 최고의 성과를 보였다.

일반 복권의 경우, 받을 수 있었던 당첨금을 날릴 위험은 없다. 반면 후회 복권의 경우, 당첨이 되었는데도 그날 자동차로 출근했다면 당첨금을 날려버리게 된다. 즉, 조건을 충족시키지 못해서 받을 수 있었던 돈을 잃어버리게 되는 것이다. 이는 단지 이익이 사라지는 게 아니다. 손실이 발생한 것이다.

이 원리를 잘 보여주는 현실 속 사례로 '네덜란드 우편번호 복권Dutch Postcode Lottery'이 있다. 정기적으로 추첨이 이뤄지는 이 복권에 당첨될 경우, 특정 우편번호에 해당하는 지역에 거주하는 주민 모두가 당첨금을 받을 수 있다. 하지만 여기서도 우편번호 복권을 산 주민만이 당첨금을 실제로 수령할 수 있다. 자신의 지역이 복권에 당첨이 되었다고 해도, 그 복권을 사지 않은 사람은 돈을 받을 수 없다. 그저 복권을 산 이웃이 당첨금으로 얼마를 받았는지 알게 될 뿐이다. 그건 너무나 배 아픈 일이 될 것이다.

실제로 이러한 경험이 얼마나 고통스러운지 잘 보여주는 연구 결과가 있다. 2004년에 틸뷔르흐대학교 Tilburg University 의 마르셀 젤렌베르그 Marcel Zeelenberg 는 200명을 대상으로 우편번호 복권(후회 복권), 혹은 국가 복권(일반 복권)을 사지 않은 것에 대해 얼마나 후회하는 마음이 들 것인지 물었다. 그 결과, 우편번호 복권을 사지 않은 것에 대한 후회가 55%나 더 높은 것으로 나타났다.

그리고 이웃들이 당첨금을 받았다고 상상해 보도록 했을 때, 실험 참가자들은 우편번호 복권을 사지 않은 것에 대한 후회가 국가 복권보다 85%나 더 높을 것으로 답했다. 그건 아마도 복권을 사기만 했더라면 당첨금을 받을 수 있었을 것이라고 생각하기 때문일 것이다. 그래서 410만 명이 넘는 네덜란드 국민이 우편번호 복권의 정기 구매에 가입해 있는 것이다.[52] 네덜란드의 인구가 1,800만 명임을 고려할 때, 이는 상당한 비중이다. 인생이 한방에 바뀔 당첨금을 받을 수 있었는데 그걸 놓쳤다는 끔찍한 실망감을 어떻게든 느끼고 싶지 않은 것이다.

앞서 자동차 출근 사례에서 살펴본 것처럼, 후회 복권은 직원들의 행동을 바꾸는 과제에서 특히 효과적이다. 그러나 소비자는 좀 다를 수 있다. 그래도 다양한 방법으로 시도해 볼 수 있다. 삶의 특정 영역에서 당첨이 될 뻔한 경험을 한 경우, 이는 직접적으로 관련 없는 다른 영역에서 동기부여 요소로 작용할 수 있다.

프랑스 인시아드 경영대학원 INSEAD MBA의 모니카 와드화 Monica Wadhwa와 지혜 크리스틴 김 JeeHye Christine Kim은 2015년 연구를 통해 이러한 현상을 확인하고자 했다.

두 사람은 한 액세서리 매장을 찾은 손님 164명에게 스크래치 방식의 복권을 나눠줬다. 복권을 긁어서 같은 숫자가 세로로 6번 나오면, 20달러를 받을 수 있다. 여기서 그들은 당첨 복권과 당첨될 뻔한 복권, 당첨과 거리가 먼 복권으로 3가지 유형을 만들었다. 각 유형의 사례는 다음 도표에 나와 있다.

이제 두 연구원은 손님들의 구매 행동을 관찰했다. 그 결과, '당첨될 뻔한' 복권을 받은 사람들이 '당첨' 복권이나 '당첨과 거리가 먼' 복권을 받은 사람들보다 해당 매장에서 더 많이 소비했다는 사실을 확인했다. 두 논문 저자는 보상을 '거의 얻을 뻔한' 경험을 할 때, 도파민이 분비되면서 강한 동기를 느끼는 것으로 추측했다. 그 효과는 심지어 보상을 실제로 받았을 때 더 강력하다. 흥분감과 기대감이 높을 때, 우리는 계속 시도하려는 강한 충동을 느낀다.

● 이 전략은 신중하게 접근할 필요가 있다. 소비자 개인의 장기적인 이해관계와 부합하는 쪽으로 그들의 행동을 유도하고 있는지 고민하자.

그림 12-1. 와드화 연구에 사용된 스크래치 복권

1	6	2	**8**	**8**	5
3	2	6	**8**	4	9
6	**8**	4	**8**	1	5
4	7	2	**8**	1	3
6	**8**	1	**8**	2	6
7	2	3	**8**	1	**8**

당첨 복권

1	6	2	**8**	**8**	5
3	2	6	**8**	4	9
6	**8**	4	**8**	**8**	5
4	7	2	**8**	1	3
6	**8**	1	**8**	2	6
7	2	3	1	1	**8**

당첨될 뻔한 복권

1	6	2	**8**	**8**	5
3	2	6	7	4	**8**
6	7	4	**8**	**8**	5
4	7	2	**8**	1	3
6	9	1	9	2	6
8	2	3	1	1	**8**

당첨과 거리가 먼 복권

출처: Wadhwa(2015)에서 발췌 및 편집.

비즈니스 관점에서 볼 때, 이 연구 결과는 복권 프로모션을 계획한다면, 당첨될 뻔한 경우가 더 많이 나오게 함으로써 소비자들의 구매 욕구를 더 높일 수 있다는 사실을 말해준다.

흐름이
끊기지 않도록

지금까지 페이스북이 불확실한 보상 효과를 활용하여 사용자들이 계속 돌아오게 만드는 방법을 살펴봤다. 또한 여러 기업이 같은 원리를 조직 내부와 소비자 프로모션에 적용하는 다양한 방식도 함께 확인했다.

그런데 페이스북을 비롯한 여러 디지털 플랫폼이 사용자 경험을 중심으로 사람들을 강하게 잡아끄는 또 다른 원리가 있다. 그건 바로 '무한 스크롤Infinite Scroll'이라는 기능이다. 이는 아자 라스킨Aza Raskin이라는 디자이너가 처음 고안한 개념으로 알려져 있다. 페이스북은 트위터나 인스타그램보다 먼저 2006년에 이 기능을 도입했다. 그 목적은 사용자가 다음 페이지로 넘어가기 위해 굳이 클릭을 할 필요가 없도록 만드는 것이었다.

사람들이 원하는 콘텐츠를 끊김 없이 제공하는 무한 스크롤 기능은 **쉽게 만들어라** Make It Easy 는 사용자 경험의 핵심 원칙을 활용한 것이다. 이 원칙은 사용자가 최소한의 노력으로 행동을 계속 이어나가도록 모든 것을 설계하라는 의미다. 온라인이든 오프라인이든 페이지를 넘기기 위해 '다음' 버튼을 클릭해야 하는 것과 같은 사소한 번거로움이 사용자의 지속적인 행동을 가로막는다는 사실을 보여주는 많은 연구 결과가 나와 있다. 대표적인 사례로, 예일대학교 Yale University 앤드루 가이어 Andrew Geier 의 연구는 이러한 점을 꽤 흥미롭게 보여준다.

가이어 연구팀은 소비자 행동을 들여다보고자 대학생 59명을 두 그룹으로 나눴다. 그리고 첫 번째 그룹에는 일반적인 형태의 레이 Lays 감자칩 한 통을 나눠줬다. 다음으로 두 번째 그룹에는 다른 것은 모두 똑같지만 일곱 번째 칩마다 붉게 염색된 칩이 들어 있는 레이 통을 나눠줬다. 그러고는 학생들이 감자칩을 몇 개나 먹는지 관찰했다. 일반적인 레이 감자칩을 받았던 첫 번째 그룹 학생들은 평균 45개의 칩을 먹었다. 그런데 두 번째 그룹은 평균 20개밖에 먹지 않았다. 56% 더 적게 먹은 것이다.

다음으로 붉게 염색된 칩을 다섯 번째마다 넣었을 때는 그 효과가 더 뚜렷하게 나타났다. 그럴 때, 학생들은 평균 18개만 먹었다. 일반적인 레이를 받은 학생들보다 59%나 더 적게 먹은 것이다.

이 연구 결과는 아주 사소한 번거로움도 흐름을 멈추게 만들고, 사람들이 기존 행동을 계속할지 고민하게 만든다는 사실을 잘 보여준다. 그래서 페이스북은 '쉽게 만들어라'는 원칙을 스크롤 기능 외에도 다양한 측면에 적용했다. 예를 들어, 직관적인 아이콘이나 선명한 폰트, 단순한 메뉴와 같은 사용자 인터페이스 요소들 모두 바로 이 원칙을 기반으로 설계되었다.

모든 브랜드는 이 원칙을 활용할 수 있다. 우선 소비자 경험 전반을 살펴보자. 그리고 아무리 사소해 보여도 그들이 불편함을 느낄 수 있는 모든 구석을 찾아보자. 클릭 한 번조차도 사람들이 행동을 멈추게 만들 수 있다는 사실을 명심하자. 길가의 모든 돌멩이를 치우자.

3가지 핵심 포인트

1   예측 불가능성을 활용하자.

불확실한 보상으로 반복 행동을 유도할 수 있다. 좋은 것을 얻을지 모른다는 기대감은 소비자들이 계속 돌아오도록 만드는 중요한 요인이다.

2   후회는 행동을 촉발한다.

후회 복권은 사람들의 행동에 강력한 영향을 미친다. 직원들의 행동을 바꾸고 싶다면, 모두를 추첨 대상에 포함시키되 특정 행동을 한 사람만 당첨금을 받게 하자.

3   사용하기 쉽게 만들어라.

소비자 경험에서 아주 사소한 불편함도 모두 제거하자. 번거로움의 위력은 우리의 예상보다 훨씬 크다.

푼돈처럼 보이게 가격과 수량을 쪼개자.

Klarna.

클라르나

▼

공짜를 싫어하는 사람이 있을까? 클라르나Klarna는 말 그대로 이러한 인간의 심리를 이용한다.

혹평에도
불구하고

세바스티안 시에미아트코브스키Sebastian Siemiatkowski는 스톡홀름경제대학교Stockholm School of Economics 시절에 한 가지 아이디어를 떠올렸다. 그는 학비를 벌기 위해 동료인 니클라스 아달베르트Niklas Adalberth와 함께 버거킹에서 햄버거 패티를 뒤집다가 그 아이디어에 도전해 보기로 결심했다.

그 개념은 간단했다. 온라인으로 물건을 구매하는 사람에게 나중에 결제할 수 있는 선택권을 주는 것이었다. 결제 전에 먼저 제품을 사용해 보도록 함으로써 소비자의 신뢰를 높일 수 있고, 이는 결국 판매자에게도 도움이 된다는 생각이었다. 그들은 이 방식이 신용카드 사용을 꺼리는 스웨덴 소비자들의 성향과 잘 맞아떨어지고, 신용점수 관리에도 도움을 줄 것으로 예상했다.

시에미아트코브스키와 아달베르트, 나중에 합류한 빅토르 야콥슨Victor Jacobsson까지 세 사람은 그 비즈니스 모델이 성공할 것으로 확신했다. 그래서 2005년 초, 세 공동창업자는 스톡홀름경제대학교가 매년 주최하는 창업 대회에 참가해서 그 아이디어를 검증해 보기로 했다. 그 대회는 말하자면 〈샤크 탱크Shark Tank〉(창업 아이템을 투자자들에게 소개하고, 그 자리에서 투자 여부가 결정되는 미국 리얼리티 TV 프로그램-옮긴이)같은 것으로, 참가자는 심사위원들 앞에서 프레젠테이션을 해야 했다. 그리고 그 심사위원단에는 스웨덴 국왕도 포함되어 있었다. 그러나 결과는 좋지 못했다.

사실 그들은 꼴찌를 했다. 스웨덴 금융산업을 주도하던 심사위원들은 그 아이디어에 별 관심을 보이지 않았다. 그들은 그게 정말로 좋은 아이디어였다면, 은행들이 먼저 시작했을 거라고 지적했다. 그러니 새로운 기업이 나타나서 그런 서비스를 제공할 가능성은 없다고 결론을 내렸다. 그래도 그 아이디어를 알아본 사람들이 있었다. 선견지명이 있었던 한 청중은 이렇게 주장했다. "은행들은 절대 그런 비즈니스를 하지 않을 겁니다!" 그는 시에미아트코브스키와 마찬가지로 스웨덴 은행 중에는 그런 결제 서비스에 도전할 혁신적인 곳은 없을 것으로 예상했다. 비록 창업 대회에서는 쓴맛을 봤지만, 그럼에도 세 공동설립자는 그 아이디어를 용감하게 밀어붙이기로 했다.

그들은 아이디어를 실현하고자 크레디터 Kreditor 라는 이름의 회사를 설립했다. 그리고 2005년 4월 10일 오전 11시 6분, 크레디터의 서비스를 이용한 첫 결제가 포켓클루벤 Pocketklubben 이라는 스웨덴의 한 서점에서 이뤄졌다. 이를 시작으로 회사는 빠르게 성장했다. 2010년에는 기업 이름을 스웨덴어로 '투명한'이라는 의미인 클라르나 Klarna 로 바꿨다. 그들의 상승세는 뚜렷했다. 2012년에는 시장 가치가 10억 달러(한화 약 1조 4천억 원) 이상인 IT 업체를 뜻하는 유니콘 기업이 되었다.[53]

이제 세월이 흘러 클라르나는 오늘날 정식 인가를 받은 은행으로 전 세계 9,300만 명의 고객을 보유하고 있다.[54] 그리고 60만 곳에 이르는 협력 업체들이 클라르나 서비스로 하루 250만 건의 결제를 처리하고 있으며, 그 거래 규모는 150억 달러(한화 약 21조 7천억 원)에 달한다.[55]

그들이 큰 성공을 거둘 수 있었던 것은 비즈니스 개념 자체가 대단히 획기적이었기 때문이다. 경영 컨설팅 기업인 베인Bain의 자료에 따르면[56], 소비자에게 '선구매 후결제' 선택권을 제공한 매장 중 60% 정도가 전환률Conversion Rate(쇼핑몰 방문자 중 실제로 구매한 사람의 비율-옮긴이)이 증가했다고 보고했다. 게다가 47%는 평균 주문 금액도 함께 상승했다.

그런데 이 서비스가 성공을 거둔 이유는 뭘까? 클라르나의 비즈니스 모델에는 2가지 요소가 핵심으로 작동한다. 하나는 30일 후 결제처럼 결제 시점을 연기해 주는 기능이며, 다른 하나는 결제를 여러 번에 걸쳐 나눠서 할 수 있도록 해주는 기능이다. 이 두 기능은 소비자의 가격 민감도를 낮춰서 구매 행동을 완료하게끔 유도하며, 또한 더 많이 구매하도록 만든다. 지금부터는 클라르나가 실제로 활용했던 행동과학 원리를 살펴보자.

지금 그리고
여기

클라르나의 핵심적인 심리 편향은 바로 **현재 편향**Present Bias이라는 것이다. 이 개념은 미래에 똑같거나 더 많은 보상을 준다고 해도 사람들은 지금 바로 받을 수 있는 보상을 더 선호한다는 것을 뜻한다. 예를 들어, 의류 매장에서 스웨터를 사려고 50달러를 내야 할 때, 그 비용은 꽤 부담스럽게 느껴진다. 그런데 한 달 뒤에 결제해도 된다면, 훨씬 가볍게 느껴질 것이다. 이처럼 우리는 미래의 부담을 과소평가하는 경향이 있다. 그 이유는 몇 주 뒤에 결제할 때, 어떤 느낌이 들지 상상하는 데 대단히 서툴기 때문이다.

미래에 똑같거나 더 많은 보상을 준다고 해도 사람들은 지금 바로 받을 수 있는 보상을 더 선호한다.

현재 편향이라는 용어는 1960년대부터 사용되었다. 이 편향을 입증하는 과학적인 증거도 나와 있다. 한 가지 사례로, 2017년에 스털링대학교University of Stirling의 리암 딜레이니Liam Delaney와 레온하르트 라데스Leonhard Lades가 추진한 연구가 있다. 두 사람은 실험 참가자 144명에게 물건을 구매하는 가상의 상황을 제시하고, 낮은 금액(9~15파운드)을 바로 지불하는 방식과 높은 금액(16파운드)를 나중에 지불하는 방식 중 하나를 선택하도록 했다.

그 결과, 실험 참가자 중 60%가 13파운드를 즉각 지불하는 것보다 16파운드를 한 달 뒤에 내는 방식을 택했다. 그러나 여기서

16파운드는 월 이자율로 13%, 연이율로는 1099%에 해당하는 금액으로, 당연히 비합리적인 선택이다. 이 결과는 사람들이 미래의 비용보다 지금 당장 치러야 하는 비용에 훨씬 더 민감하게 반응한다는 사실을 보여준다.

그런데 이러한 유형의 사고 실험은 다소 추상적이다. 우리는 사람들의 말과 실제 행동이 서로 다를 때가 많다는 사실을 잘 알고 있다. 그러나 현재 편향이 현실 세상에도 존재한다는 사실을 보여주는 증거가 있다. 2011년에 스톡홀름경제대학교의 안나 브레만Anna Breman은 스웨덴 자선단체인 디아코니아Diakonia와 함께 연구를 진행했다. 브레만은 디아코니아의 정기 후원자 1,134명을 대상으로 절반에게는 후원금을 즉시 인상해 줄 것을, 다른 절반에게는 2달 후부터 인상해 줄 것을 요청했다.

그 결과는 놀라웠다. 첫째, 2달 후부터 인상을 요청받은 그룹은 즉각 인상을 요청받은 그룹보다 11%나 더 많이 그 제안을 수락한 것으로 나타났다. 그리고 둘째, 후원금 인상 폭도 더 컸다. 2달 후 그룹이 제시한 평균 인상액은 72크로나(한화 약 11,500원)로, 즉각 인상 그룹의 61크로나(한화 약 9,700원)보다 19% 더 높았다. 결론적으로 말해서, 후원금 인상을 2달 뒤로 연기하는 방식으로 전체 후원금 규모를 32%나 늘렸다.

딜레이니와 브레만의 실험을 비롯하여 그밖에 여러 유사한 연구의 결과를 종합할 때, 현재 편향을 활용하는 접근방식의 신뢰성이 대단히 높다 하겠다.

현재 편향의
진화적 근거

현재 편향에는 진화적 근거가 있는 것으로 보인다. 수천 년 전, 집단을 이뤄 수렵과 채집으로 살아가던 시절에 인류에게 가장 급박한 생존 과제는 지금 당장 먹고 마시는 일이었다. 다음에 언제 다시 먹을 수 있을지 알 수 없었다. 그러므로 지금 눈앞에 음식이 있다면, 무조건 다 먹어치워야 했다. 오늘 살아남지 못한다면, 내일은 아무런 의미가 없었다.

그러나 이제 상황은 완전히 달라졌다. 음식은 주변에 넘쳐난다. 지금 도넛 하나를 포기해도, 나중에 얼마든지 더 맛있는 걸 먹을 수 있다. 그러나 우리 내면에 깊숙이 자리 잡은 현재 편향은 수백만 년 전에 형성되었다. 식량 환경은 인간 두뇌가 진화하는 것보다 훨씬 빠른 속도로 변했다. 그래서 현재 편향은 오늘날 삶의 조건에는 맞지 않음에도 여전히 강력한 힘을 발휘하고 있다. 우리가 느끼는 조급함은 뼛속 깊이 각인된 본능인 것이다.

현재 편향
활용하기

비즈니스 환경에서는 현재 편향을 손쉽게 적용할 수 있다. 무엇보다 온라인 구매 사이트가 그렇다. 대표적으로, 소비자가 결제를 뒤로 미룰 수 있도록 하는 것이다. 신규 고객 할인 행사나 수수료를 장기적으로 인상하는 방식, 혹은 후불 결제가 여기에 해당한다. 온라인 매장은 클라르나를 비롯하여 애프터페이**After-pay**와 같은 업체의 결제 서비스로 이러한 방법을 쉽게 활용할 수 있다. 연구 결과는 이러한 시도를 할 가치가 충분하다는 이야기를 들려준다.

다음으로 가격 인상을 통보할 때가 그렇다. 현재 편향을 적절히 활용하면, 가격 인상에 따른 소비자의 반발을 누그러뜨릴 수 있다. 다음 달부터 당장 요금을 10달러(한화 약 1만 4,500원) 인상하겠다고 하면, 소비자는 불쾌함을 느낄 것이다. 그러나 3개월이나 6개월 정도 시간 여유를 두고 인상하겠다고 한다면, 반발을 크게 완화할 수 있다. 그리고 소비자들은 그만큼 변화를 더 관대하게 받아들일 것이다.

시간과 함께 놀기

클라르나는 결제를 뒤로 미루는 방식 외에 또 다른 방법으로도 소비자의 가격 민감도를 떨어트린다. 그것은 결제를 적은 금액으로 분할하는 서비스, 즉 할부를 말한다. 할부는 **시간적 리프레이밍**Temporal Reframing 혹은 '푼돈 효과Pennies-a-day Effect'라고 하는 개념을 활용한 서비스다.

할부의 효과를 잘 보여준 초기 연구 사례 중 하나로, 1998년 하버드대학교 존 구빌John Gourville의 실험이 있다. 그는 120명의 실험 참가자를 대상으로 가상의 6가지 기부 요청 중 하나를 보여줬다. 그리고 이들 요청은 다음 2가지 금액 중 하나를 제시했다.

- 하루 기부 금액(가령 하루 1달러씩 1년 기부)

• 비슷한 총액의 일 년 치 기부 금액(1년에 350달러 기부)

그 결과는 분명했다. 실험 참가자들은 연간 기부보다 하루 1달러 기부 제안을 53%나 더 많이 선택했다. 연간 기부 금액이 15달러나 더 적었음에도 말이다.

왜 이런 결과가 나온 걸까? 가장 설득력 있는 설명은 사람들은 제시된 금액을 보고 그 돈으로 뭘 할 수 있을지 상상한다는 것이다. 구빌이 1달러를 제시했을 때, 사람들은 아마도 콜라 한 캔을 떠올렸을 것이다. 여기서 중요한 사실은 콜라 한 캔만 떠올린다는 점이다. 즉, 1년치 365캔을 떠올리지는 않는다는 말이다. 그러고는 스스로 이렇게 묻는다. 굶주린 아이를 도와서 따뜻한 마음을 전하는 게 좋을까, 아니면 콜라 한 캔을 마시는 게 좋을까? 대부분 전자를 선택할 것이다.

반면 연간 금액은 다른 대상을 떠올리게 만든다. 350달러 기부 제안을 받았을 때, 사람들은 무엇을 떠올릴까? 겨울 코트? 고급 호텔 숙박? 가족과 함께 하는 외식? 이처럼 꽤 높은 가치를 포기해야 한다고 생각하기 때문에 결정에서 머뭇거리게 된다.

구빌의 연구 결과는 아주 흥미롭다. 그런데 어쨌든 그건 자선 단체 세상의 이야기다. 그래서 리처드는 2015년에 이러한 푼돈

도표 13-1. 짧은 기간으로 환산한 가격일수록 가성비 점수는 높다

기간	제시된 가격	가성비가 '좋다' 혹은 '아주 좋다'라고 평가한 비중
연	1,688파운드 (한화 약 335만 원)	11%
월	139파운드 (한화 약 27만 원)	40%
주	32파운드 (한화 약 6만 원)	43%
일	4.57파운드 (한화 약 9천 원)	51%

출처: Shotton(2015)에서 발췌 및 편집.

효과가 비즈니스 세상에도 그대로 적용되는지 확인하고자 직접 실험을 설계했다. 그는 500명에게 스포츠카 이미지와 간단한 설명이 담긴 광고를 보여줬다. 거기에는 스포츠카의 가격도 표시되었는데, 참가자들은 하루나 일주일, 월, 연 단위로 표시된 가격 중 하나만 볼 수 있었다.

그러고는 참가자들에게 그 차량의 가성비를 평가해 달라고 했다. 실험 결과는 위 도표에 있다. 여기서 %수치는 가성비가 좋거나, 혹은 아주 좋다고 평가한 사람들의 비중을 말한다.

그 결과, 기간 단위가 길수록 가격 매력도는 떨어진 것으로 나타났다. 연 단위 가격을 제시했을 때, 가성비를 긍정적으로 평가한 비중은 11%에 불과했다. 반면, 일 단위 가격을 표시했을 때, 그 비중은 5배 가까이 상승했다. 절반 이상이 가성비를 긍정적으로 평가한 것이다.

2022년에 리처드와 마이클아론은 가격을 분할하는 방식의 효과를 좀 더 깊이 들여다봤다. 이번에는 제품 단위로 가격을 분할하는 방식이 시간 단위로 분할하는 방식과 비슷한 효과를 나타내는지 알아보고자 했다. 우리는 282명의 소비자에게 할인매장에서 시에라 네바다 페일에일 Sierra Nevada Pale Ale 맥주를 판매하는 가상의 상황을 제시했다. 여기서 절반에게는 330ml짜리 맥주 12병 한 묶음이 18.99달러(한화 약 2만 7천 원)라고 알려주었다. 다음으로 다른 절반에게는 여기에다가 18.99달러를 한 병으로 환산하면 1.58달러(한화 약 2,300원)라는 사실도 추가로 알려줬다. 그러고는 모두에게 이 맥주의 가성비를 평가하도록 했다.

그 결과, 가성비가 좋거나 아주 좋다고 평가한 사람들의 비중은 병당 가격을 추가로 알려준 두 번째 그룹(28.6%)이 첫 번째 그룹(13.7%)에 비해 2배 이상 높은 것으로 나타났다.

가격 프레이밍 활용법

가격을 기간이나 단위를 기준으로 새롭게 설정하기 위해 브랜드가 밟아야 할 간단한 몇 가지 단계를 소개한다.

일반적으로 소비자는 눈에 보이는 금액에 주목한다. 잘게 쪼개진 금액이 장기적으로 누적되면 큰 금액이 될 수 있다는 사실을 쉽게 간과한다. 그들은 학창 시절 수학 시간에 느꼈던 감정을 다시 떠올리고 싶어 하지 않는다.

브랜드는 바로 이러한 사람들의 심리를 활용할 수 있다. 예를 들어, 클라르나처럼 전체 비용을 기간에 걸쳐 쪼갤 수 있다. 혹은 제품의 최소 단위를 기준으로 가격을 쪼개는 방법도 있다. 다시 말해, 하루나 일주일 단위로 지불해야 할 금액으로 가격을 새롭게 프레이밍 할 수도 있고, 또는 묶음 제품의 경우에 한 개 가격으로 프레이밍 할 수도 있다. 어느 쪽이든 소비자 입장에서 최대한 작아 보이게 가격을 새롭게 프레이밍 해보자.

3가지 핵심 포인트

1　시점이 중요하다.

사람들은 미래보다 지금 당장의 비용과 이익에 더 주목한다. 이러한 심리를 고려하여 가격을 프레이밍 하자.

2　푼돈 효과를 활용하자.

소비자들은 가격을 다양한 방식으로 분할하지 않는다. 이는 브랜드가 해야 할 일이다. 기간을 기준으로 가격을 프레이밍 한다면, 가장 짧은 기간 단위로 가격을 제시하자. 다시 말해, 1년보다 하루에 내야 할 금액을 제시하자.

3　제품 단위를 기준으로 가격을 프레이밍 하자.

기간을 기준으로 가격을 프레이밍 할 수 없는 경우에도 기본 원리를 똑같이 적용할 수 있다. 즉, 가격을 제품 단위로 쪼개서 저렴해 보이게 만들 수 있다. 가령 맥주를 판매한다면, 상자 단위 가격과 함께 병 단위 가격도 제시하자.

메시지보다
누가 말하는지가
더 중요하다
got milk?
갓밀크

GOT MILK?

▼

쿠키를 보면, 뭐가 제일 먼저 떠오르는가?

아마도 우유일 것이다. 이러한 연상 작용이 전설적인 광고의 성공을 만든 핵심 요인으로 작용했다. 그 스토리의 주인공은 바로 갓밀크Got Mik의 '우유는 있어요?Got Milk?' 광고다.

이 광고는 미국 시장에서 우유 판매가 시들해지는 흐름을 역전시키면서 대중문화의 상징으로 자리 잡았다. 지금부터 이 성공 신화 속에 숨은 행동과학의 아이디어를 살펴보자.

우유 마시기를 넘어 우유 사랑하기

1993년 무렵, 미국 캘리포니아 지역의 우유 소비량은 점차 줄고 있었다. 이에 그 이름도 특이한 협회인 CFMPAB(캘리포니아

액상 우유 가공업자 자문 위원회)는 뭔가 조치가 필요하다고 판단했다. 그들은 광고를 통해 우유가 건강하고 '몸에 좋다'는 점을 강조함으로써 우유에 대한 사회적 인식을 긍정적으로 바꾸는 데 어느 정도 성공했다. 그러나 실제 우유 판매량에는 별 영향을 미치지 못했다. 결국 CFMPAB 임원인 짐 매닝Jim Manning은 광고대행사인 굿비실버스타인앤파트너스Goodby Silverstein & Partners를 찾아가서 이렇게 상황을 설명했다. "사회적 이미지에는 관심이 없습니다. 사람들의 행동을 바꾸고 싶습니다. 그게 목표입니다. 구체적인 방식은 상관없습니다." 광고대행사로서는 구미가 당기는 제안이 아닐 수 없었다.

그런데 광고대행사가 제일 먼저 발견한 것은 70%의 사람들이 이미 우유를 마시고 있다는 사실이었다. 나쁘지 않은 출발점이었다.[57] 그래서 그들은 우유를 마시지 않는 소수의 행동을 바꾸기보다, 우유를 마시는 다수의 우유 섭취량을 늘리는 데 집중하기로 했다.

먼저 다수가 우유를 어떻게 인식하고 있는지 알아보고자 했다. 그들은 우유를 어떤 방식으로 마시고 있을까? 추적 조사 결과, 사람들은 88%의 경우에 우유를 집에서 마신다는 사실을 확인했다.[58] 그리고 더 중요하게, 대부분 집에서 우유를 마시는 이유가 뭔가를 '함께' 곁들이기 때문이라는 사실도 발견했다. 이러한 깨달음을 바탕으로 그들은 우유에 곁들이는 음식도 함께 광고해야 한다고 결론을 내렸다. 그리고 이 아이디어를 검증하기 위해 포커스 그룹을 진행했다.

포커스 그룹인가, 아니면 지원 모임인가?

이 사례에는 대단히 매력적인 장면이 있다. 광고대행사는 포커스 그룹 참가자들에게 모임에 나오기 전 일주일 동안 우유를 마시지 말라고 요청했다. 그리고 거기에 동의한 사람들에게 금전적인 보상을 추가로 제공했다. 또한 우유를 마시지 않는 일주일 동안 일기를 쓰도록 했다. 그리고 무엇을 먹고 마셨는지, 무슨 활동을 했는지, 그때 어떤 기분이었는지 모두 기록하도록 했다.

그 결과, 곁들이는 음식에 관한 그들의 아이디어는 타당한 것으로 드러났다. 참가자들은 그 일주일 동안 우유를 정말로 그리워했다. 그리고 전혀 예상치 못했던 감정적 반응을 보였다. 한 여성은 직장 내 갈등과 힘든 출퇴근으로 지친 하루의 일과를 일기에 썼다. 그날 그녀는 집에 돌아가서 먹으려고 쿠키 몇 개를 샀다. 그리고 아이들을 재운 뒤 TV 앞에 앉아 쿠키를 즐길 채비를 했다. 그런데 우유를 마실 수 없다는 사실을 깨닫자 절망감이 들었다. "끔찍한 기분이 들었어요. 그냥 우유를 마시고 거짓말을 할까 했지만… 우유를 도로 집어넣었죠. 쿠키는 예전 그 맛이 아니었습니다. 힘든 하루가 더 힘들게 끝나버렸죠."

그 광고대행사의 플래너인 존 스틸Jon Steel의 설명에 따르면, 그녀가 그날의 끔찍한 경험을 토로하고 나자 포커스 그룹 분위기는 마치 우유를 마시지 못하는 사람들을 위한 지원 모임처럼 바뀌어 버렸다. 다른 참가자들도 지난 일주일 동안 우유를 마시지 못하면서 겪었던 고통을 경쟁하듯 쏟아내기 시작했다.[59] 이에 대해 매닝은 이렇게 말했다. "우유 말고는 소용이 없었습니다. 탄산음료나 게토레이, 물도 말이죠. 시리얼에 어울리는 건 오로지 우유뿐이었으니까요."[60]

광고대행사는 포커스 그룹에서 얻은 깨달음으로 곁들이는 음식에 대한 아이디어를 더 발전시켰다. 그들은 "우유와 함께…"라는 광고 문구를 "우유가 없으면…"으로 바꿔보았다. 이 아이디어의 핵심은 쿠키나 커피, 혹은 아침 시리얼을 먹으려고 하는데 우유가 떨어졌다는 사실을 발견했을 때 사람들이 느끼는 당혹감을 강조하는 것이었다.

그 대행사는 이러한 아이디어를 바탕으로 우유가 떨어졌을 때의 충격을 온전히 담아낸 단순하면서도 천재적인 카피를 완성했다. 그건 '우유는 있어요?Got Milk?'였다. 반응은 폭발적이었다. 그렇게 이제 전설로 남은 광고 시리즈가 시작되었다.

그들의 첫 TV 광고인 '애런 버Aaron Burr'는 아마도 가장 유명한 사례일 것이다. 그 광고 영상에는 한 역사 마니아가 알렉산더 해밀턴과 관련된 기념품들로 둘러싸인 방에 있다. 그는 라디오로 클래식 음악을 들으면서 땅콩버터를 빵에 바르고 있다. 음악이 끝나자 진행자가 퀴즈를 낸다. "그 유명한 결투에서 알렉산더 해밀턴에게 총을 쏜 사람은 누구일까요?" 그 순간, 그의 방에 있는 전화기가 울린다. 그에게 생방송 퀴즈 전화가 걸려온 것이다. 이제 정답을 말하기만 하면 1만 달러의 상금을 얻을 수 있다. 역사 마니아인 그에게는 너무 쉬운 문제다! 게다가 알렉산더 해밀턴은 그의 전문 분야다. 그는 평생 이런 순간을 기다려 왔다. 전화기를 들고 "애런 버…"라고 정답을 외치려고 한다. 그런데 이런! 끈적한 땅콩버터 때문에 제대로 발음할 수가 없다. 우유를 마셔 넘겨보려고 손을 뻗지만, 우유갑은 텅 비어 있다! 끝내 그는 정답을 정확하게 말하지 못한다. 라디오 진행자도 그의 대답을 알아

듣지 못한다. 그렇게 1만 달러는 날아가고 말았다. 이 광고는 물론, 후속 광고들 역시 큰 성공을 거뒀다. 그렇다면 그 이유는 무엇이었을까?

중요한 건
손실이다

광고 속 불운한 남자는 우유가 다 떨어지는 바람에 1만 달러를 날렸다. 이 광고를 시작으로 갓밀크의 광고는 모두 우유가 떨어졌다는 사실을 깨닫는 순간에 가슴이 내려앉는 느낌을 떠올리도록 만들었다. 좋아하는 시리얼을 그릇에 부어놓았거나, 커피를 내려놨거나, 혹은 갓 구운 쿠키를 접시 담아놓고 냉장고 문을 열었을 때, 비로소 우유가 없다는 사실을 알게 된다. 그때 느끼는 당혹감은 아주 강력하다. 그 이유는 당혹감이 손실 회피Loss Aver-sion 에서 비롯된 것이기 때문이다.

● 유튜브에 'Michael Bay Original Got Milk Commercial 1993'를 검색하면 볼 수 있다.

손실 회피란 이득에서 느끼는 기쁨보다 똑같은 크기의 손실에서 느끼는 고통이 훨씬 더 크게 느껴지는 심리적 편향을 말한다. 좀 추상적인 개념처럼 보인다면, 사례를 통해 구체적으로 확인해 보자. 예를 들어, 저녁에 집으로 돌아가는 길에 5달러 지폐를 줍는다. 약간의 행복감이 든다. 그런데 반대로 5달러를 잃어버린 사람이라면 어떨까? 그는 나중에 그 사실을 깨닫고는 더 큰 불행감을 느낀다. 여기서 두 사람이 얻거나 잃은 액수는 똑같지만, 그 효과는 다르다. 이것이 바로 손실 회피가 의미하는 바다.

이 편향은 1979년에 이스라엘의 심리학자 아모스 트버스키Amos Tversky와 대니얼 카너먼이 처음 소개했다. 두 사람은 한 실험에서 사람들에게 동전 던지기 내기를 제안했다. 그 조건은 앞면이 나오면 상금을 받지만, 뒷면이 나오면 10달러(한화 약 1만 4,500원)를 잃는 것이었다. 여기서 두 사람은 이겼을 때 얼마를 받아야 이 내기에 응할 것인지 사람들에게 물었다. 그 결과, 대부분 적어도 20달러(한화 약 2만 9천 원)를 받아야 응하겠다고 답했다. 다시 말해, 10달러 손실이 발생할 위험을 감수하려면, 적어도 잠재적 이득이 2배는 되어야 한다는 뜻이다.

다른 연구 사례들 역시 이러한 효과가 현실 세상에서도 그대로 나타난다는 사실을 보여준다. 예를 들어, 1988년에 미네소타

대학교 심리학자 마티 호프 곤잘러스Marti Hope Gonzales는 연구 동료들과 함께 손실 회피 효과가 에너지 절약 행동에 미치는 영향을 살펴봤다. 이 실험에서 연구팀은 지역 에너지 기업 직원들과 함께 404곳의 가구를 방문하여 단열 공사를 제안하도록 했다. 여기서 가구 중 절반에게는 단열 공사를 하면 하루 0.75달러를 '절약'할 수 있다고 설명했다. 그리고 다른 절반에게는 단열 공사를 하지 않으면 하루 0.75달러를 '손해' 보게 된다고 설명했다.

그 결과, 표현의 차이는 작았지만, 효과의 차이는 컸다. 절약할 수 있다고 설명을 들은 그룹은 39%가 단열 공사 제안을 받아들였다. 그러나 손해를 보게 된다는 설명을 들은 그룹은 61%가 제안을 수락했다. 56% 차이를 보인 것이다. 이처럼 금전적 인센티브가 똑같다고 해도, 설명 방식에 따라 효과는 다를 수 있다.

뭔가를 잃지 않으려는 욕망이 우리 행동에 실질적인 영향을 미친다. 우리는 이러한 심리를 마케팅에 활용할 수 있다. 그런데 대부분의 브랜드는 제품을 구매할 때 얻는 이득을 강조한다. 이러한 방식이 효과적일까? 물론 그럴 수 있다. 그러나 손실 회피라는 개념은 구매하지 않을 때 발생하는 손실을 강조하는 편이 더 효과적이라는 이야기를 들려준다.

예를 들어, 인터넷 서비스 기업이라면 "우리 서비스로 바꾸면

100달러를 버는 겁니다"라고 말하기보다, "우리 서비스로 바꾸지 않으면 100달러를 잃는 겁니다"라고 말하는 게 더 효과적이다.

혹은 고객들이 전화보다 실시간 채팅 서비스를 이용하도록 유도한다고 가정해 보자. 그렇다면 채팅 서비스로 시간을 절약할 수 있다고 말하기보다, 통화를 하면 시간을 낭비하게 된다는 점을 강조하는 게 더 효과적이다. 이처럼 표현을 살짝 수정하는 것만으로도 효과를 크게 높일 수 있다.

"우유는 있어요?" 광고는 이러한 손실 회피 개념을 좀 더 미묘하게 활용했다. 이 광고는 구체적인 표현을 사용하지 않고도 손실의 느낌을 전달했다. 그들은 TV 광고에서 포커스 그룹이 공통으로 느꼈던 실망과 당혹감을 그대로 자극하고자 했다. 즉, 기대감이 무너질 때 느끼는 좌절감을 불러일으키고자 했다. 그들은 우유를 오레오나 트릭스 시리얼과 함께 먹는 게 얼마나 즐거운 일인지 강조하지 않았다. 대신에 우유가 떨어졌을 때 우리 일상이 얼마나 끔찍해질 수 있는지에 주목했다. 그리고 이를 통해 더 강력한 감정을 건드렸다.

그러므로 브랜드는 손실 회피의 미묘한 활용에 주목할 필요가 있다. 손실 회피를 암시하는 것만으로 다양한 기회가 열린다. 이제 가상의 브랜드인 버플스 세차장Buffle's Car Wash 사례를 살펴보

도표 14-1. 버플스 세차장이 활용한 암묵적 손실 회피

	스탠더드	스탠더드+	프리미엄
	15달러	20달러	25달러
외부 세차	✔	✔	✔
에어 드라이	✔	✔	✔
휠&타이어 청소	✔	✔	✔
창문 청소	✘	✔	✔
내부 세차	✘	✔	✔
타이어 광택	✘	✘	✔
삼중 거품 세차	✘	✘	✔

출처: Myroshnychenko(2025).

자. 이들은 3가지 가격 패키지를 내놨다.

일반적인 브랜드라면, 각 패키지의 혜택을 자세하게 설명할 것이다. 그리고 더 비싼 패키지일수록 혜택도 더 많다는 점을 강조할 것이다. 그런데 버플스는 조금 다른 접근법을 취했다. 아래 가격표에서 'X' 표시에 주목해 보자. 여기서 버플스는 저렴한 패키지를 선택했을 때 고객이 어떤 혜택을 놓치게 되는지 강조했다. 이는 손실 회피를 단순한 형태로 활용한 사례다.

누가 메시지를 전하는가?

갓밀크의 "우유는 있어요?" 광고는 1995년에 미국 전역으로 퍼져나갔다. 그러자 미국 낙농 협회가 운영하는 기관인 우유 가공업 교육 프로그램Milk Processor Education Program은 크게 인기를 끈 "우유는 있어요?" 유행에 동참할 때가 왔다고 봤다. 그래서 보젤Bozell이라는 또 다른 광고대행사와 손잡고 그 아이디어를 좀 더 새로운 방향으로 발전시킨 '우유 수염Milk Mustache'(우유를 마신 뒤에 입위에 생기는 자국-옮긴이)이라는 광고 캠페인을 시작했다.

그들은 미국 전역의 가구들이 열광했던 "우유는 있어요?" 광고의 위력을 한층 더 강화하고자 또 다른 전략을 시도했다. 그건 여러 유명인을 등장시켜 광고 캠페인을 지지하도록 만드는 것이었다. 이를 위해 그들은 빌 클린턴Bill Clinton과 엘튼 존Elton John, 비욘세Beyonce, 마이클 조던Michael Jordan 등 당대 최고 스타들을 끌어들였다. 사실 유명인을 앞세우는 마케팅 전략은 당시 광고업계의 유행이기도 했다. 한번 떠올려 보자. 마이클 조던×나이키, 톰 크루즈×레이밴, 마이클 잭슨×펩시 등등… 그 목록은 끝없이 이어진다. 그중에서도 몇몇 브랜드는 유명인 광고를 통해 엄청난 수익을 올리기도 했다.

그렇다면 이러한 전략이 성공을 거둘 수 있었던 이유는 뭘까? 이처럼 인플루언서의 추천을 활용하는 광고 전략은 **메신저 효과**Messenger Effect라는 심리적 편향에 기반을 둔 것이다. 여기서 메신저 효과란 '누가' 정보를 전달하느냐에 따라 그 파급력이 달라진다는 개념이다.

'누가' 정보를 전달하느냐에 따라 그 파급력이 달라진다.

이 편향의 효과를 입증해 준 대표적인 고전 연구로, 1951년 예일대학교 칼 호블랜드Carl Hovland와 월터 와이스Walter Weiss의 실험이 있다. 두 사람은 실험 참가자 223명을 대상으로 4가지 주제 중 하나를 제시하고는 이에 대한 개인의 입장을 드러내도록 했다. 여기서 4가지 주제는 당시 유명한 사회적 사안으로, 가령 "현재 기술 수준으로 실전에 투입할 원자력 잠수함을 개발할 수 있을까?"와 같은 것이었다.

실험 참가자들은 해당 주제에 대한 자기 생각을 진술했다. 그리고 5일 후, 두 연구원은 실험 참가자들에게 그들의 의견과 상반되는 내용을 담은 기사를 보여줬다. 주제별로 각 그룹의 실험 참가자는 모두 똑같은 내용의 기사를 읽었다. 그런데 여기서 연구원들은 일부에게는 그 기사의 출처를 신뢰도가 높은 곳으로 소개했고, 다른 일부에게는 신뢰도가 낮은 곳으로 소개했다. 예를 들어, 원자력 잠수함 주제 그룹에서 일부에게는 제시한 기사가 물리학자인 로버트 오펜하이머Robert Oppenheimer가 썼다고 소개한 반면, 다른 일부에게는 소련 신문인 〈프라브다Pravda〉에 실린 것으로 소개했다.

다음으로 연구원들은 실험 참가자들에게 혹시 생각이 바뀌었는지 물었다. 그리고 그 결과는 매우 놀라웠다. 모두 똑같은 추가 정보를 받았음에도, 신뢰도가 낮은 곳으로 출처를 소개한 경우에는 7%만이 생각이 바뀌었다고 답한 반면, 신뢰도가 높은 곳으로 소개한 경우에는 23%가 바뀌었다고 답했다. 3배가 넘는 차이를 보인 것이다. 브랜드는 대개 전달하려는 메시지의 내용에 집중한다. 그러나 메신저 효과는 '누가' 메시지를 전하느냐에도 마찬가지로 주목해야 한다고 말한다.

우리는 이러한 효과를 메시지 내용이 전부라고 당연시하는 분야의 전문가들 사이에서도 똑같이 발견할 수 있다. 2023년에 사이먼프레이저대학교 Simon Fraser University의 모센 자브다니 Mohsen Javdani와 케임브리지대학교 Cambridge University의 장하준은 19개국의 경제학자 2,245명을 대상으로 메시지 효과를 검증해 봤다. 두 사람은 실험 참가자들에게 저명한 경제학자들이 쓴 기사를 보여줬다. 그리고 일부에게는 그 출처를 유명 경제학자로, 다른 일부에게는 덜 유명한 비주류 인물로 소개했다. 그리고 나서 해당 기사의 주장에 동의하는지 물었다.

그 결과, 후자의 경우에 동의한다고 밝힌 이들이 전자의 경우보다 7.3% 줄어든 것으로 나타났다. 이 실험 결과는 메시지의 출처가 정보를 받아들이는 과정에 무의식적으로 영향을 미치는 현상이 전문가 집단에서도 똑같이 나타난다는 사실을 분명하게 보여준다. 그런데 여기서 더 흥미로운 사실은, 실험에 참가한 경제학자 중 82%가 오직 기사의 내용만을 기준으로 삼았다고 답했다는 점이다. 다시 한번, 이러한 사실은 사람들이 자신의 판단에 영향을 미친다고 생각하는 것과 실제로 영향을 미치는 것이 서로 다를 수 있다는 점을 뚜렷이 보여준다.

이러한 점에서 메신저 효과를 활용하여 대중의 사랑을 받는 유명인의 얼굴을 앞세워 메시지를 전달하는 방식이 브랜드 입장에서 대단히 효과적인 전략이라고 하겠다. 실제로 이 전략은 "우유는 있어요?" 광고에서도 큰 힘을 발휘했다.

메신저 효과가 브랜드에 도움을 준다는 사실을 보여주는 연구 결과는 그 밖에도 많다. 2014년 빈대학교University of Vienna의 요하네스 크놀Johannes Knoll과 외르크 마테스Jörg Matthes는 메타분석을 통해서 유명인을 동원한 광고가 브랜드 인식에 미치는 효과를 들여다봤다.

두 사람은 46편의 논문을 분석해서 유명인을 등장시킴으로써 광고와 제품에 대한 긍정적인 인식을 강화할 수 있다는 사실을 확인했다. 더 흥미롭게도, 유명인 중에서도 배우의 영향력이 가장 크다는 점도 발견했다. 그렇다면 해리슨 포드Harrison Ford나 노아 와일Noah Wyle, 제니퍼 러브 휴잇Jennifer Love Hewitt, 린제이 로한Lindsay Lohan, 제니퍼 애니스톤Jennifer Aniston, 리사 쿠드로Lisa Kudrow 등 1990년대 인기를 끌었던 배우들이 '우유는 있어요?' 광고에서 가장 강력한 영향을 미쳤을 것으로 예상할 수 있겠다.

지금 우유와 쿠키 생각이 난다면, 그건 당신의 취향 때문만은 아닐지 모른다. 어쩌면 행동과학의 원리가 작동했을 수도 있다.

3가지 핵심 포인트

1 손실 회피는 강력한 동기부여 요소다.

브랜드 대부분 제품을 구매하면 무엇을 얻을 수 있는지를 강조한다. 그러나 손실이 이득보다 더 강력한 동기부여 요소라는 점에서, 이러한 접근방식을 뒤집어 볼 필요가 있다. 즉, 제품을 구매하지 않으면 무엇을 놓치게 되는지에 주목하자.

2 심리 편향을 창의적으로 활용하자.

연구 결과에 얽매일 필요는 없다. 편향을 창의적인 방식으로 활용함으로써 효과를 배가시킬 수 있으니 말이다.

3 최고의 메신저를 찾자.

누가 말하는지는 무엇을 말하는지만큼 중요하다. 자신이 아닌 다른 누군가가 브랜드를 지지하게 만들자.

무엇이든
하나쯤은
비밀이
있어야 한다
KFC
켄터키 프라이드 치킨

맛있는 패스트푸드가 생각나는가? 그러면 주변 KFC 매장을 둘러보고 있을지 모른다.

커넬 샌더스Colonel Sanders가 처음 주방에서 프라이드 치킨을 팔기 시작한 지 90년이 지났지만, KFC라는 브랜드는 지금도 건재하다. 그런데 그 성공 비밀은 무엇일까? 우리는 그 대답을 '비밀'이라는 단어에서 찾을 수 있다.

시작은 조금 늘었으나

샌더스는 여러 분야에서 실패를 겪고 마흔이 되어서야 식품 산업에 발을 들였다. 그 무렵 그는 켄터키주 코빈에 있는 한 주유소의 운영을 맡게 되었다. 조건은 매출 일부를 보수로 받는 것이었다. 이후 샌더스는 뛰어난 비즈니스 감각을 발휘하여 25번 국도를 지나다가 그 주유소를 찾은 운전자들에게 따뜻한 식사를 판매하기 시작했다.

처음에는 주방에서 직접 요리해서 테이블에 앉아 있는 손님들에게 서빙했다. 그런데 맛이 좋다는 입소문이 돌면서 샌더스는 주방을 카페로 확장했다. 장사는 계속 잘 되었고, 1939년에는 〈어드벤쳐 인 굿이팅 Adventures in Good Eating〉이라는 맛집 가이드에 이름을 올렸다. 그리고 '샌더스 코트 앤드 카페 Sanders Court and Café'라는 상호를 지도에 정식으로 등록했다. 그때부터 샌더스는 프라이드 치킨을 팔았다. 그러나 압력 튀김 방식을 도입해서 11가지 허브와 향신료를 가미한 레시피가 완성되기까지는 꽤 오랜 시간이 걸렸다. 그는 그 레시피를 철저히 비밀에 부쳤다.

1950년대 후반부터는 정부에서 받은 켄터키 명예 대령(커넬)의 호칭을 가지고 독특한 브랜드 이미지를 만들어 가기 시작했다. 이를 위해 흰색 양복과 나비넥타이도 갖춰 입었다. 이후 몇 년 만에 프랜차이즈 매장을 200곳으로 늘리면서 미국의 대표적인 햄버거 브랜드들과 경쟁하기 시작했다.[61]

KFC는 계속 번창했다. 지금은 염 브랜즈 Yum! Brands의 소유로, 전 세계 3만 곳 이상의 매장을 운영하면서[62] 매일 약 1,200만 명의 손님에게 프라이드 치킨을 제공하고 있다. [63] 그렇다면 이처럼 흥미진진한 창업 스토리를 떠나서, KFC의 성공에는 어떤 비밀이 숨겨져 있을까?

쉿,
비밀이야

KFC 레시피는 처음부터 베일에 가려져 있었다. 그리고 지금도 마찬가지다. 그들은 양념 레시피를 특허로 등록하지 않았다. 그건 의도적인 전략이었다. 특허는 만기가 되면 공개되기 때문이다. KFC는 비밀 유지를 위해 많은 공을 들였다. 알려진 바에 따르면, 한 업체가 양념의 절반을 만들어서 넘기면, 다른 업체가 여기에 나머지 재료를 추가해서 완성하는 식으로 만들어진다고 한다. 다시 말해, 어떤 업체도 전체 레시피 알지 못하는 것이다.

KFC 양념 레시피는 전설적인 비법이 되었다. 루이빌에 위치한 KFC 본사에는 레시피 사본과 11가지 허브 및 향신료를 담은 병이 금고에 보관되어 있다는 소문이 있다. 또한 전 세계에서 오직 2명만이 전체 레시피를 알고 있으며, 그 두 사람은 절대 같은 비행기에 타지 않는다는 이야기도 있다.

그런데 이 레시피는 대중에 이미 공개된 것일 수도 있다. 실제로 인터넷을 검색하면 그 비법을 알 수 있다. 그런데 그게 정말로 KFC 레시피라고 장담할 수 있을까? 이러한 의심이야말로 KFC 레시피를 둘러싼 비밀의 장막이다. 그리고 그 장막이 사람들을 계속 끌어들이고 있다.

호기심을 일으키는 정보 격차

KFC 비밀 레시피에서 우리는 뭔가 알아야 할 게 있다는 사실은 알지만, 그게 뭔지는 모른다. 카네기멜론대학교Carnegie Mellon University 심리학자 조지 로웬스타인George Loewenstein은 이러한 상황을 **정보 격차**Information Gap라는 개념으로 설명한다. 정보 격차가 존재할 때, 우리는 호기심을 느낀다. 로웬스타인의 설명에 따르면, 호기심은 '우리가 알고 있는 것과 알고 싶어 하는 것 사이에 격차가 있을 때' 발행한다.

미국의 과학 기자인 조나 레러Jonah Lehrer는 정보 격차를 좀 더 시적으로 설명했다. 그는 그 개념을 '심리적 가려움, 혹은 뇌에 난 모기 물린 자국'이라고 말했다. KFC 사례에서, 사람들은 그 가려움을 해소하고자 매장으로 달려간다.

이러한 생각을 뒷받침하는 연구 결과가 있다. 1994년에 로웬스타인은 카네기멜론대학교 연구 동료들과 함께 실험 참가자를 모집해 두 그룹으로 나누었다. 그리고 모든 참가자에게 컴퓨터 화면 속 정사각형 격자를 보도록 했다. 다음으로, 최소 5개의 격자 칸을 클릭해서 숨겨진 이미지를 확인하도록 했다. 여기서 중요한 점은 약간의 시간 간격이 있었다는 것이다. 즉, 하나의 칸을 클릭하고 나서 다른 칸을 클릭하려면 4초를 기다려야 한다.

첫 번째 그룹의 경우, 칸을 클릭할 때마다 동물 이미지가 온전한 형태로 나타났다. 그 이미지는 분명했다. 말인지, 아니면 늑대인지 쉽게 알 수 있었다. 애매모호한 부분은 없었다. 뒤 그림에서 (a) 격자를 보면, 2개의 칸을 클릭한 경우를 확인할 수 있다. 그러나 두 번째 그룹의 경우, 칸을 클릭할 때마다 동물의 옆구리나 뒷다리 등 일부의 이미지가 나타났다. 퍼즐 조각을 맞추는 것과 비슷하다. 뒤 그림 중 (b) 격자다.

여기서 연구팀은 흥미로운 사실을 발견했다. 그건 두 번째 그룹이 훨씬 더 많이 격자 칸을 클릭했다는 점이었다. 실험 참가자

그림 15-1. 전체 이미지를 넣은 (a) 격자

출처: Loewenstein(1994)에서 발췌 및 편집.

그림 15-2. 부분 이미지를 넣은 (b) 격자

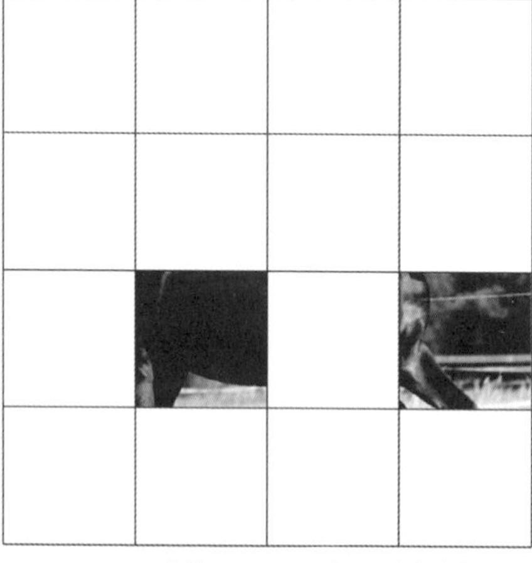

출처: Loewenstein(1994)에서 발췌 및 편집.

들은 5개만 클릭해도 되었고, 추가로 클릭하려면 인내심을 갖고 기다려야 했음에도 말이다. 로웬스타인의 정보 격차 이론에 따른다면, 두 번째 그룹이 더 많이 클릭한 이유는 무슨 동물인지 퍼즐을 풀고 싶었기 때문이다. 반면에 첫 번째 그룹은 칸마다 온전한 이미지를 확인할 수 있었기에 호기심을 느끼지 못했다.

이처럼 정보 격차를 좁히고 싶어 하는 욕구는 내재적인 본능이다. 호기심에는 진화적인 이점이 있기 때문이다.

다시 말해, 호기심이 강한 개체가 생존에 더 적합하고, 그만큼 유전자를 물려줄 가능성이 높다.

그런데 중요한 사실은, 로웬스타인 실험에서 알 수 있듯이 호기심을 자극하는 정보가 꼭 생존에 필요한 것은 아니라는 점이다. 우리는 격자 뒤 숨어 있는 동물이나 11가지 허브와 양념처럼 생존과 별 상관없는 정보에도 강한 호기심을 느낀다. 이에 대해 심리학자들은 이렇게 설명한다. "사소한 질문에도 우리는 정보 격차를 메우려는 본능적인 욕망을 느낀다."

KFC가 감춰온 비밀이 호기심을 자극할 때, 우리는 틀림없이 뭔가 특별한 게 있을 거라고 생각한다. 비밀을 지키기 위해 그렇게 오랫동안 애쓴 걸 보면, 대단히 소중한 뭔가가 있는 게 아닐까?

풀리지 않은
미스터리

비밀은 호기심을 자극하는 것 이상의 일을 한다. 풀리지 않은 미스터리는 우리의 기억을 더 오래가게 만든다. 그 이유는 **자이가르닉 효과**Zeigarnik Effect 때문이다. 이는 그 개념을 가장 먼저 소개한 소련 심리학자의 이름을 딴 것이다.

알려진 바에 따르면, 블루마 자이가르닉Bluma Zeigarnik은 베를린 훔볼트대학교Humboldt University of Berlin 시절인 1927년에 스승인 쿠르트 레빈Kurt Lewin, 몇몇 동료와 함께 한 레스토랑에 들렀다가 운명적인 순간을 맞이했다. 그들은 거기서 음식과 음료를 잔뜩 주문했다. 그런데 종업원은 메모도 하지 않은 채 가만히 듣기만 했다. 그리고 잠시 후, 종업원은 모든 메뉴를 정확하게 가져다줬다. 참으로 신기한 일이었다.

계산을 마치고 레스토랑을 나왔을 때, 자이가르닉은 스카프를 두고 왔다는 사실을 깨달았다. 레스토랑으로 돌아갔을 때, 그녀는 다행히 기억력 좋은 그 종업원을 발견했다. 그런데 혹시 스카프를 보지 못했냐고 묻자 종업원은 어리둥절한 표정을 지었다. 그녀가 누군지조차 알아보지 못했던 것이다. 그 순간, 강한 호기심이 일었다. 그렇게 기억력이 좋은 사람이 어떻게 나를 알아보지 못한 걸까? 혹시 우리 두뇌가 해결된 과제와 미해결 과제를 완전히 다르게 처리하는 것은 아닐까 하는 생각이 들었다.

자이가르닉은 그 가설을 검증해 보고자 실험을 설계했다. 그녀는 실험 참가자들에게 퍼즐 맞추기나 종이상자 조립하기와 같은 다양한 과제를 내줬다. 여기서 절반에게는 과제를 완성하도록 했고, 다른 절반에게는 중간에 중단하도록 했다. 그리고 나중에 과제의 세부 사항에 대해 물어봤다. 그 결과, 과제를 중단한 그룹은 완성한 그룹보다 세부 사항을 90%나 더 많이 기억한 것으로 나타났다.

왜 이런 차이가 나타났을까? 우리는 정보로 넘쳐나는 세상에서 살고 있다. 그런데 그 정보를 모두 기억할 수는 없다. 그래서 선택해야 한다. 중요한 정보에만 집중해야 한다. 그런데 여기서 과제의 처리 상태가 중요한 정보인지를 판단하는 유용한 기준으로 작용한다.

즉 과제를 이미 완료했다면, 관련 정보의 중요성은 낮아지고, 그래서 기억에서 지워버려도 된다.

놀라운 기억력을 보여준 종업원의 사례도 여기에 해당한다. 모든 메뉴를 테이블에 가져갈 때까지 과제는 진행 중이었으므로 종업원은 세부 사항을 꼼꼼이 기억해야 했다. 그러나 손님들이 떠나고 과제가 완료 상태로 바뀌자 더 이상 기억할 필요가 없어진 것이다.

자이가르닉의 실험은 흥미롭다. 그래도 이러한 퍼즐 실험의 결과를 광고 분야에도 그대로 적용해도 좋을지 의문이 든다. 하지만 이 아이디어를 광범위하게 활용할 수 있다는 사실을 보여주는 연구 결과가 있다. 1972년에 퍼듀대학교Purdue University의 제이컵 저코비Jacob Jacoby와 네이션와이드 리서치센터Nationwide Research Center의 제임스 하임바흐James Heimbach는 실험 참가자들에게 30분짜리 TV 프로그램을 보여주었다. 그런데 그 영상에는 광고들이 삽입되어 있었다. 총 6개의 광고는 완전한 형태이거나, 아니면 앞이나 뒤가 잘린 불완전한 형태였다. 나중에 두 사람은 참가자들에게 광고에 나온 브랜드가 무엇이었는지 물어보고, 광고 내용을 설명하도록 했다.

그 결과, 참가자들은 완성된 형태의 광고보다 미완성 광고에서 세부 사항을 34%나 더 많이 기억한 것으로 나타났다. 그리고 이틀 뒤 다시 물었을 때, 참가자들은 미완성 광고에 등장한 브랜드를 52%나 더 많이 기억했다.

이제 우리는 정보 격차 이론과 자이가르닉 효과를 바탕으로 KFC 비밀 레시피의 위력을 설명할 수 있다. 사람들은 풀리지 않은 미스터리에 매혹된다. 그리고 오랫동안 기억한다. 그들은 허브와 스파이스 조합의 정체를 계속 궁금해 했다. 이러한 심리를 잘 알고 있는 KFC는 영리하게도 광고를 통해 아무도 모르는 정보가 있다는 사실을 계속 상기시킨다. 그래서 그 브랜드는 항상 사람들의 마음속에 머무를 수 있는 것이다.

이제 당신의 브랜드를 한번 살펴보자. 개발 과정의 정보를 숨김으로써 제품의 매력도를 높이고 많은 이들이 더 오래 기억하도록 만들 수 있을까? 소비자의 호기심을 자극할 만한 비밀 요소가 있을까? 여기서 중요한 점은 비밀이 존재한다는 사실을 사람들에게 적극적으로 알려야 한다는 것이다. 그렇게 정보 격차를 만들어야 자이가르닉 효과를 활용할 수 있다.

다음으로 KFC가 활용했던 또 다른 소규모 비밀 전략도 우리에게 영감을 준다. 2020년에 호주 KFC는 직원용 "비밀 메뉴"라는 걸 만들었다. 이 메뉴로 주문하려면 KFC 앱에서 정해진 절차를 따라야 했다. 이후 호주 KFC는 아무 말 없이 지켜보면서 누군가 그걸 발견하고 소셜미디어에 올리기만을 기다렸다. 그 결과는 놀라웠다. KFC 앱 다운로드 수가 111% 증가했고, 비밀 메뉴의 매출은 77% 늘었다.[64] 우리는 풀리지 않은 미스터리를 그냥 지나치지 못한다. 이러한 심리가 KFC 전략의 핵심이다. 그래서 KFC는 지금도 사람들의 마음속에 확고한 자리를 차지하고 있다.

수요와 공급의
문제일까?

지금까지 KFC가 레시피 정보를 제한함으로써 수요를 높인 방법을 살펴봤다. 그런데 KFC가 제한하는 것은 레시피만이 아니다. 그들은 구매 수량도 제한한다. 아이러니하게도 공급을 제한함으로써 수요를 늘린다.

희소성이 수요를 자극한다는 개념은 행동과학의 기본적인 원리다. 브랜드는 이 원리를 손쉽게 활용할 수 있다. 2012년 한양대학교 이승윤 교수가 진행한 실험이 이를 보여준다. 그는 실험 참가자들에게 한 시계 광고를 보여줬다. 그리고 절반에게는 "독점 한정판. 서두르세요, 재고가 얼마 남지 않았습니다"처럼 희소성을 강조하는 광고를 보여줬고, 다른 절반에게는 "새로운 에디션, 넉넉한 재고를 확보하고 있습니다"처럼 물량이 충분하다는 메시지를 담은 광고를 보여줬다. 다음으로 참가자들에게 9점 만점으로 구매 의향을 물었다(1점은 전혀 없음, 9점은 아주 높음).

그 결과, 재고가 넉넉하다는 광고를 본 그룹은 구매 의향을 3.37점으로 보고한 반면, 재고가 얼마 없다는 광고를 본 그룹은 4.62점을 보고했다. 37% 차이가 난 것이다. 이처럼 희소성에 대한 인식은 강력한 효과를 발휘한다.

희소성은 의사결정에 큰 영향을 미치는 심리 편향 중 하나다. 이 편향을 마케팅 도구로도 활용할 수 있다는 사실을 보여준 연구 사례로, 2017년 큐빗디지털Qubit Digital의 윌 브라운Will Browne과 마이크 스워브릭 존스Mike Swarbrick Jones의 실험이 있다. 두 사람은 6,700건의 온라인 광고에 대한 분석을 바탕으로 희소성이 매출을 강화하는 중요한 마케팅 요소라는 사실을 확인했다.

희소성을 강조한 메시지를 활용했을 때, 매출은 평균 2.9% 상승했다. 두 사람은 29가지 메시지 요소 중에서 희소성이 가장 뚜렷한 차이를 드러냈다는 사실을 확인했다. 그리고 세 번째로 효과

도표 15-1. 희소성은 메시지 중 가장 효과적이었다(방문자당 매출 상승 기준)

메시지 요소	매출 상승률
희소성	2.9%
사회적 증거	2.3%
급박함(시간적 희소성)	1.5%
이탈 방지	1.1%
제품 추천	0.4%

출처: Browne & Swarbrick Jones(2017)에서 발췌 및 편집.

적인 메시지 요소는 급박함이었는데, 이는 시간적 차원의 희소성으로 볼 수 있다. 이를 활용했을 때는 매출이 1.5% 상승했다.

희소성은 간단하게 활용할 수 있는 마케팅 도구다. 공급이 제한적이라는 메시지를 전하는 것만으로 소비자들에게 관심을 받을 수 있다. 그런데 실제로 재고가 부족하지 않아도 희소성을 활용할 수 있는 방법이 있다. 역시 KFC 사례에서 확인해 보자.

가질 수 없을 때
더 원한다

2016년에 호주 KFC 매장에 들렀다면, 아마도 감자튀김을 1호주달러에 행사하는 걸 봤을 것이다. 그 행사 포스터에는 커널 샌더스 얼굴과 함께, 빨강과 흰색이 조합된 KFC 특유의 포장지에 먹음직스러운 감자튀김이 넉넉히 담긴 이미지가 들어 있었다.

좋은 가격 아닌가? 그런데 그 행사에는 한 가지 조건이 있었다. 그건 "1인당 4개까지만" 살 수 있다는 제한이었다. 이 문구를 보는 순간, 아마도 얼른 사고 싶은 마음이 들었을 것이다.

그 이유는 뭘까? 희소성 때문이다. 우리는 더 적을수록 더 원한다. 물론 KFC는 감자튀김 재고가 부족해서 그런 조건을 내건 게 아니다. 대신에 1인당 구매 수량을 제한함으로써 희소성에 대한 인식을 전하고자 했던 것이다. 소비자들은 가격이 너무 싸서 KFC는 팔면 팔수록 손해라는 인상을 받았다. 이런 효과를 일컬어 **거짓 희소성** False Scarcity 이라고 한다.

거짓 희소성 효과를 입증한 연구로, 1998년 코넬대학교 마케팅 교수인 브라이언 완싱크의 실험이 있다.[65] 그는 거짓 희소성 효과를 확인하고자 한 가지 현장 실험을 설계했다.

완싱크는 아이오와주 수시티 지역의 할인매장 3곳을 대상으로 캠벨 Campbell 수프를 정가인 0.89달러(한화 약 1,300원) 대신 0.79달러(한화 약 1,150원)로 소폭 할인 행사를 하도록 했다. 그리고 행사 과정에서 다음과 같이 3가지 조건을 적용했다.

- 통제 조건: 구매 수량 제한 없음
- 조건 1: 1인당 최대 4캔까지
- 조건 2: 1인당 최대 12캔까지

통제 조건(통제 집단과 마찬가지로 아무런 개입도 하지 않는 조건 -옮긴이)에서 소비자들은 평균 3.3개의 캔을 구매했다. 그리고 조건 1에서는 약간 증가한 3.5개를 구매했다. 그런데 조건 3에서는 평균 7개를 구매한 것으로 나타났다. 그 효과는 마지막 조건에서 가장 뚜렷했다. 그 이유는 제한 수량이 구매 기준으로 작용했기 때문이다. 사람들은 그 기준에 맞춰 자신의 구매 행동을 조정했다.

이 실험 결과의 타당성을 검증하고자, 우리는 또 다른 거짓 희소성 실험을 직접 진행해 봤다. 이를 위해 282명의 미국인 실험 참가자를 모집하여 두 그룹으로 나눴다. 먼저 통제 그룹에게는 맥주 한 상자를 보여주면서 그 가격이 18.99달러(한화 약 2만 7천 원)라고 말했다. 다음으로 거짓 희소성 그룹에게는 똑같은 가격을 제시하면서 최대 여섯 상자까지 살 수 있다고 했다. 그러고 나서 두 그룹 모두에게 맥주의 가격에 대해 어떻게 생각하는지 물었다.

그 결과, 통제 그룹은 13.7%가 좋거나 아주 좋다고 답했다. 그러나 거짓 희소성 그룹은 21.8%가 그렇게 답했다. 59%의 차이를 보였다. 이 실험 결과 역시 KFC 마케팅이 성공을 거둔 이유를 설명해 주고, KFC의 실제 매출 데이터가 이를 뒷받침한다. 당시 행사에서 1호주달러짜리 감자튀김 매출은 전년도 같은 기간보다 56%나 증가했다.[66] 게다가 감자튀김을 4개 구매한 소비자 비중도 전년도 29%에서 87%로 크게 늘었다.

행사 조건이 좋다고 생각한 소비자들은 행사를 하지 않았을 때보다 훨씬 더 많이 구매했다. 다음에 마케팅 행사를 한다면, KFC 사례를 따라 1인당 구매 수량을 제한하는 방법을 활용해 보자. 소비자들은 아마도 가격이 너무 싸서 손해를 보고 판다고 생각하거나, 아니면 조건이 너무 좋아서 금방 품절될지 모른다고 걱정할 것이다. 어느 쪽이든 매출은 증가할 것이다.

3가지 핵심 포인트

1 신비주의 전략을 활용하자.

사람들은 미완성 상태일 때 더 오래 기억한다. 제품에 관한 비밀이나 신비로움을 유지하는 전략으로 사람들이 브랜드를 계속 떠올리게 만들자.

2 희소성으로 수요를 자극하자.

우리는 가질 수 없는 것을 더 갖고 싶어 한다. 희소성을 강조하는 것은 수요를 높이는 효과적인 마케팅 전략이다. 재고가 한정적이거나 행사 기간이 짧다는 사실을 적극적으로 알리자.

3 구매 제한으로 수요를 높이자.

일 인당 구매 수량을 제한하는 방식은 희소성을 활용하는 간편한 전략이다.

PRINGLES

눈코입에 착 달라붙는
운율의 힘

프링글스

PRINGLES

▼

"한 번 열면 멈출 수 없다 Once you pop, you can't stop." 정말 기발한 광고 카피다. 지나가는 사람을 붙잡고 물어보면 대부분 이 카피의 주인공이 무슨 브랜드인지 알 것이다. 프링글스Pringles는 전 세계 스낵 시장에서 신드롬을 일으켰다. 그렇다면 그 성공 뒤에는 어떤 행동과학적 통찰력이 숨어 있을까?

칩인가 아닌가, 아니면 다른 무엇?

제2차 세계대전 동안 사람들의 식사는 단출했다. 그러다 종전 이후 1940년대 말, 배급제가 끝나면서 사람들은 다시 스낵을 먹기 시작했다. 특히 평평한 모양에 바삭하게 튀겨진 한 입 크기의 과자, 칩Chip이 시장에 모습을 드러냈다. 그러나 사람들은 잘 부스러지고 손에 기름기가 묻어나는 칩에 만족하지 못했다.

1956년, 이러한 불만을 해결하기 위해 P&G(프록터 앤드 갬블)이 나섰다. 그들은 화학자인 프랭크 바우어Frank Baur를 영입해서 봉지 안에서도 잘 부서지지 않는 칩을 개발했다. 바우어는 자신의 뛰어난 수학적 역량으로 획기적인 아이디어를 내놨다. 그건 안장 모양으로 칩을 만들어 튜브 형태의 용기에 넣으면 안전하게 보관할 수 있다는 것이었다. P&G는 이 신제품을 프링글스 뉴팽글드 포테이토 칩Pringles Newfangled Potato Chips이라는 이름으로 출시했다. 어쨌든 잘 부서지지 않고 손에 기름이 묻지 않는다는 목표는 충족시킨 제품이었다. 그러나 결과는 실패였다. 그 이유는 맛의 중요성을 간과했기 때문이었다. 그랬다. 잘 부서지지는 않았지만, 맛이 없었던 것이다.

P&G는 다시 시작해야 했다. 그들은 또 다른 인재를 영입해서 바우어의 아이디어를 개선했고, 새로운 공법으로 특허도 받았다. 그런데 이 프링글스라는 이름이 어디서 나왔는지 의견이 분분하다. 2명의 P&G 홍보 임원이 거주했던 오하이오주 프링글 드라이브에서 따온 것일까? 혹은 프록터 앤 갬블이라는 이름을 살짝 틀어서 만든 걸까? 아니면 특허 신청 서류에 등재된 마크 프링글Mark Pringle이라는 연구원의 이름에서 가져온 걸까? 진실은 아무

도 모른다.

　새로운 레시피로 출시하자 소비자 반응은 훨씬 긍정적이었다. 이번 제품에는 줄리어스 프링글Julius Pringle이라는 이름의 콧수염 난 유쾌한 캐릭터가 그려져 있었다. 프링글스 광고는 꾸준히 좋은 반응을 얻었다. 그러자 스낵 시장 경쟁자들이 '칩'이라는 용어를 걸고넘어졌다. 결국 1975년 미국 식품의약국FDA은 그 주장을 받아들여 칩 대신에 '크리스프Crisps'라는 이름을 써야 한다고 결정을 내렸다. 원래 기준에 따를 때, 칩은 감자 슬라이스로만 만들어야 하며, 그밖에 다른 탄수화물을 다량 포함해서는 안 되었다. 프링글스는 이 기준을 충족시키지 못했다.

　그래도 프링글스가 말린 감자와 쌀가루, 옥수수전분, 밀전분을 혼합해 만든 제품이라는 사실은 대세에 큰 영향을 미치지 못했다. 오늘날 프링글스는 미국 감자 스낵 시장에서 레이즈Lay's와 러플스Ruffles에 이어 세 번째로 인기 있는 브랜드로 자리를 지키고 있다. 그리고 시장 점유율은 13%에 달한다.[67]

　P&G는 지역에 따라 아주 다양한 맛으로 프링글스를 출시했다. 일본에서는 김 맛이 인기고, 한국에서는 스위트 마요치즈 맛이 잘 팔린다. 모기업인 켈라노바Kellanova의 발표에 따르면, 현재 이 브랜드의 매출 규모는 연간 30억 달러(한화 약 4조 3,500억 원)

에 이른다. [68] 그리고 줄리어스 프링글은 세계적으로 유명한 브랜드 마스코트로 인기를 누리고 있다.

여기에다가 신선한 스낵과 포장도 분명히 성공 요인으로 작용했을 것이다. 한 번쯤 통 안에 손이 낀 적이 있지 않은가? 프링글스 2장을 입에 물고 오리 흉내를 내본 적은? 혹은 프링글스 링(프링글스 칩을 겹쳐서 둥그런 원 모양을 만든 것-옮긴이)에 도전한 적은? 바우어는 자신의 발명품을 너무나 자랑스러워한 나머지 자기가 죽거든 유골 일부를 프링글스 통에 담아달라는 유언까지 남겼다고 한다. 그렇다면 프링글스가 스낵의 아이콘으로 떠오르기까지 어떤 심리적 편향이 작용했을까?

입에 붙는 문장, 혀에 감기는 운율

이 이야기의 시작은 이런 카피였다. "한 번 열면 멈출 수 없다." 정말 그럴듯하지 않은가? 프링글스는 악마의 중독성을 지닌 스낵이다. 그러나 엄밀히 말해서 이 카피는 사실이 아니다. 실제로 다른 칩 제품들보다 더 쉽게 멈출 수 있다. 뚜껑을 닫아 놓으면 얼마든지 신선하게 보관할 수 있기 때문이다.

　그럼에도 이 카피는 한 통을 다 먹어치워도 괜찮다는 허락처럼 느껴진다. 그런데 왜 그런 생각이 드는 걸까? 바로 여기에 **키츠 휴리스틱**Keats Heuristic이라는 편향이 숨어 있다. 키츠 휴리스틱이란 우리가 운율이 있는 문장을 더 쉽게 이해한다는 사실을 뜻한다. 심리학자들은 운율이 있는 문장은 더 읽기 쉽고, 그래서 우리 두뇌가 더 수월하게 처리할 수 있기 때문이라고 설명한다. 다시 말해, 우리의 뇌는 운율이 있는 문장을 더 편안하게 받아들인다는 뜻이다.

　키츠 휴리스틱 효과를 보여주는 연구로, 1999년 라파에트칼리지Lafayette College의 심리학자인 매슈 맥글론Matthew McGlone과 제시카 토피바흐슈Jessica Tofighbakhsh가 수행한 실험이 있다. 두 사람은 실험 참가자를 두 그룹으로 나누고는 잘 알려지지 않은 속담들을 보여줬다. 여기서 한 그룹에게는 자연스러운 운율이 살아있는 형태로 보여준 반면, 다른 그룹에게는 의미는 같지만 운율은 없는 형태로 보여줬다. 뒤의 표에서 확인할 수 있다.

도표 16-1. 키츠 휴리스틱 실험에서 사용한 문구

운율이 있는 형태	운율을 제거한 형태
Woes unite foes. (고난은 적을 친구로)	Woes unite enemies. (고난은 적들도 뭉치게 한다)
Anger restrained is wisdom gained. (분노를 참으면 지혜를 얻는다)	Anger held back is wisdom gained. (분노를 뒤로 미루는 것은 지혜를 얻는 길이다)
Those who are poor by condition are rich in ambition. (지갑은 비어도 포부는 가득하게)	Those who are poor by circumstance are rich in ambition. (가난한 사람의 꿈이 더 크다)
What sobriety conceals, alcohol reveals. (맨정신이 숨긴 것, 술기운이 밝힌 것)	What sobriety conceals, alcohol unmasks. (맨정신이 감춘 것을 술이 드러낸다)

출처: McGlone and Tofighbakhsh(1999)에서 발췌 및 편집.

실험 결과, 운율이 있는 형태의 속담에 대한 신뢰도가 운율을 제거한 형태보다 17%나 더 높은 것으로 나타났다.

프링글스는 오래전부터 이러한 효과를 활용해 왔다. 그들은 1980년대와 1990년대부터 운율에 주목했다. 어쩌면 브래드 피트가 잊고 싶어 할지 모를 유명한 광고로 "들뜬 마음을 가라앉혀 주는 한 입 The Fever Reliever"이 있다. 그리고 "흘리지도 않고, 찍어 먹을 필요도 없는, 3단으로 쌓아올린 즐거움 No-drip, no-dip, 3-layer snack"이라는 카피도 있다. 또한 2000년대에는 "스낵 쌓기-점심에 바삭함을 더하려면 어떻게 하시겠어요? Snack stacks—what would you do to put that crunch in your lunch?"라는 카피도 나왔다. 이러한 전략은 대단히 효과적이다. 그 이유는 운율이 신뢰도를 높일 뿐 아니라(프링글스를 3겹씩 먹는 게 재미있다는 걸 보여준다), 기억하기 쉽게 만들어 주기 때문이다. 반면에 "뚜껑을 한 번 열면 멈출 수 없다 Once you take the lid off, you can't stop"처럼 운율을 제거한 형태의 문장은 설득력도 떨어지고 기억에도 도움이 되지 않는다.

이처럼 운율을 통해 기억력을 높이는 전략은 광고 분야에서 직관적인 차원으로 자주 활용되어 왔다. 운율의 효과를 객관적으로 보여주는 연구 결과도 나와 있다. 2013년 오슬로대학교 University of Oslo 의 페트라 필쿠코바 Petra Filkuková 와 노르웨이 과학기술대학교 Norwegian University of Science and Technology 의 스벤 로아르 클렘

● 유튜브에 'Pringles Fever Reliever'라고 검색하면 왜 브래드 피트가 잊고 싶어 할지도 모르는지 알 수 있다.

페Sven Hroar Klempe는 실험을 통해 이를 입증했다. 두 사람은 실험 환경을 실제 비즈니스에 더 가깝게 만들고자 의류 브랜드인 이고 EGO나 다이어트 프로그램 기업인 베터라이프BetterLife와 같은 실제 브랜드를 활용했다. 그들은 이들 브랜드의 광고를 위해 운율이 있는 형태의 카피와 운율이 없는 카피를 만들었다. 그리고 183명의 실험 참가자에게 9가지 카피를 보여줬다. 여기서 절반에게는 운율이 있는 카피를, 다른 절반에게는 운율을 제거한 카피를 보여줬다. 그러고는 여러 기준에 따라 카피를 평가하도록 했다.

그 결과, 참가자들은 운율이 있는 카피를 운율이 없는 카피보다 25%나 더 많이 기억한 것으로 나타났다. 그런데 흥미로운 점은, 운율이 있는 카피가 여러 다른 항목에서도 꽤 높은 성과를 보여줬다는 것이다. 가령 호감도는 24% 상승했고, 신뢰도는 22%, 설득력은 21% 증가했다.

나는 이 실험 결과를 직접 검증해 보고 싶었다. 그래서 2024년에 시장 조사 기업인 칸타의 존 풀스턴Jon Puleston, 니키 몰리Nicki Morley와 함께 실험을 진행했다. 우리는 전국 표본으로 401명의 실험 참가자를 모집했다. 그리고 운율이 있는 문장 5가지와 그렇지 않은 문장 5가지로 구성된 10개 문장을 보여줬다. 그리고 어느 정도 시간이 흘러 참가자들에게 최대한 많은 문장을 떠올려 보라고 했다.

결과는 분명했다. 실험 참가자들은 운율이 있는 문장을 그렇지 않은 문장보다 3.5배 이상 더 많이 기억한 것으로 나타났다.

실제로 하리보Haribo의 "아이도 어른도 너무 좋아하는 하리보의 행복한 세상Kids and grown ups love it so, the happy world of Haribo"과 세븐일레븐7-Eleven의 "세븐일레븐이 있어 다행이야 Oh, thank heaven for 7-Eleven", 마즈의 "하루 마즈바 하나면 일과 휴식, 놀이가 즐거워져요A Mars a day helps you work, rest and play" 등 상징적인 기업들이 이러한 전략으로 큰 성공을 거뒀다. 특히 마즈는 프링글스처럼 매일 먹어도 좋다는 메시지를 통해 놀라운 성과를 이뤄냈다. 키츠 휴리스틱 효과를 입증하는 증거는 충분히 많다. 소비자가 신뢰하는, 중요한 순간에 떠오르는 카피를 만들고자 한다면, 운율을 적극 활용하자.

소리가 미치는 영향

운율은 편하게 들린다. 그건 우리 두뇌가 내용을 더 수월하게 처리할 수 있기 때문이다. 자연스럽고 부드러운 느낌이 든다. 그러므로 어떻게 들리느냐는 대단히 중요하다. 그리고 이러한 사실은 문장에만 국한되지 않는다.

이번에 소개할 행동 편향에서는 지금까지와 좀 다른 방식으로 접근해 볼까 한다. 프링글스가 활용했던 심리적 편향 자체를 들여다보기보다, 행동과학 원리를 입증하는 과정에서 칩을 어떻게 사용했는지 살펴보고자 한다. 이렇게 조금 우회하는 접근방식도 의미가 있다. 그 과정에서 행동과학 원리를 적용할 수 있는 수많은 방법을 발견할 수 있기 때문이다.

프링글스를 출시할 무렵, P&G가 해결하고자 했던 과제는 부서지지 않게 온전한 형태로 신선하게 칩을 보관하는 것이었다. 그리고 재사용이 가능한 튜브 뚜껑으로 이 문제를 완벽하게 해결했다. 사실 너무 완벽해서 옥스퍼드대학교University of Oxford의 찰스 스펜스Charles Spence 교수는 프링글스를 가지고 소리에 관한 이론을 검증해 보고자 했다.

2004년 스펜스는 연구 동료인 마시밀리아노 잠피니Massimiliano Zampini와 함께 실험 참가자들을 모집하여 오리지널 프링글스와 헤드폰 180개를 나눠줬다. 그리고 각자 마이크 앞에 앉아 프링글스를 먹도록 했다. 그러면 씹는 소리가 헤드폰으로 들리게 된다. 여기서 두 연구원은 씹는 소리의 크기를 다르게 해봤다. 어떤 참가자에게는 더 크게, 다른 참가자에게는 더 작게 들리도록 했다. 그러고는 프링글스 칩이 얼마나 신선한지, 얼마나 맛있는지 평가하게 했다.

이 실험에 사용된 칩들 모두 신선도 측면에서 똑같았다. 그러나 실험 참가자들은 그렇게 느끼지 않았다. 헤드폰 음량을 키웠을 때, 사람들은 신선도를 더 높게 평가했다. 즉, 소리가 컸을 때 사람들은 소리가 작았을 때보다 신선도가 15% 더 높다고 보고했다. 이 실험 결과는 음식의 맛이 신선도에 대한 인식을 결정하는 유일한 요소가 아니며, 소리도 마찬가지로 영향을 미친다는 사실을 보여준다.

이 결과는 **공감각** Synesthesia 이라는 현상을 보여주는 좋은 사례다. 공감각이란 한 가지 감각(가령 청각) 경험이 다른 감각(가령 미각) 경험에 영향을 미치는 현상을 말한다. 공감각은 때로 극단적인 형태로 나타나기도 한다. 음식과 아무 관련 없는 소리나 단어를 들었을 때, 어떤 맛이 느껴지는 경우가 있다. 예를 들어, 어떤 교수의 목소리를 들을 때마다 감자 맛이 느껴질 수 있다. 그러나 일반적인 경우, 특정 소리가 지금 먹는 음식이나 음료의 풍미에 살짝 영향을 미치는 미묘한 방식으로 작용하게 된다.

어울리는
음악인가?

이처럼 감각들 사이의 간섭을 잘 보여주는 사례로, 연구 당시 해리엇와트대학교Heriot-Watt University 심리학 교수였던 에이드리언 노스Adrian North의 실험이 있다. 1999년에 그는 학생들을 모아놓고 레드 와인(카베르네 소비뇽), 혹은 화이트 와인(샤도네이)을 시음하도록 했다. 그리고 학생들이 와인을 마시는 동안에 다음과 같은 여러 가지 음악을 들려줬다. '강렬하고 진중한' 음악으로 소개한 칼 오르프Carl Orff의 〈카르미나 부라나Carmina Burana〉, '섬세하고 정제된' 곡인 차이콥스키Cajkovski의《호두까기 인형The Nutcracker》중 〈꽃의 왈츠Waltz of the Flowers〉, '자극적이고 상쾌한' 누벨 바그Nou-velle Vague의 〈Just Can't Get Enough〉, '편안하고 포근한' 마이클 브룩Michael Brook의 〈Slow Breakdown〉을 말이다. 다음으로 노스는 실험 참가자들에게 시음 중 들었던 음악의 특성을 기준으로 와인의 맛을 0~10점으로 평가하도록 했다(0점은 전혀 어울리지 않음, 10점은 완전히 어울림).

그 결과, 참가자들은 함께 들었던 음악의 분위기와 일치하는 특성에 대해 일관적으로 높은 점수를 부여한 것으로 나타났다.

예를 들어, '편안하고 포근한' 음악을 들려줬을 때, 그들은 시음한 와인이 '편안하고 포근한' 와인이라고 평가했다. 그러나 음악을 틀어주지 않았을 때는 이런 현상이 뚜렷하게 나타나지 않았다.

분명하게도 음악은 우리가 맛을 느끼는 방식에 큰 영향을 미친다. 만약 지금 요식업에 종사하고 있다면, 이는 매장의 전반적인 분위기를 꾸미는 과정에서 꼭 주목해야 할 대목이다. 가령 샐러드를 판매하는 식당이라면? 톡톡 튀는 상쾌한 음악이 잘 어울릴 것이다. 혹은 스테이크와 레드 와인을 판매한다면? 강하고 묵직한 음악이 제격일 것이다. 그러나 음악이 영향을 미치는 것은 단지 맛에 대한 인지만은 아니다. 음악은 실제로 다양한 영역에 영향을 미치며, 이 사실은 매장을 운영하는 브랜드에 특히 의미가 있다. 많은 연구 결과는 음악이 고객의 지불 의사에도 영향을 미친다는 사실을 말해준다.

2003년 또 다른 연구에서 노스는 다양한 장르의 음악이 고급 레스토랑에 미치는 영향을 분석해 봤다. 그는 한 레스토랑에서 18일 동안 음악을 다양하게 바꿔봤다. 어떤 저녁에는 클래식을, 다른 저녁에는 팝을 틀었다. 그리고 또 다른 저녁에는 아무 음악도 틀지 않았다. 그러고 나서 노스는 레스토랑을 찾은 손님들의 평균 결제 금액을 살펴봤다. 먼저 아무 음악도 틀지 않은 날에는 일 인당 평균 30파운드(한화 약 5만 7천 원)를 썼다. 그리고 팝 음악을 틀었던 날에는 소폭 하락한 29파운드(한화 약 5만 5천 원)를 기록했다. 그런데 클래식 음악을 틀었던 날에는 평균 33파운드(한화 약 6만 2천 원)로, 통계적으로 유의미한 차이를 보였다. 음악을 틀지 않은 날보다는 10%, 팝 음악을 틀었던 날보다는 14% 증가한 금액이다.

이러한 결과에 대한 가장 설득력 있는 설명은 사람들이 클래식 음악과 부유함을 연결하여 인식한다는 것이다. 일반적으로 부자들이 더 많이 소비하기 때문에, 클래식 음악이 소비를 부추기는 역할을 한다고 말이다. 이러한 효과는 유통이나 건강 등 다양한 비즈니스 분야에서도 똑같이 나타날 것으로 보인다. 그렇다면 브랜드는 매장에서 흘러나오는 음악 플레이리스트에 신경을 써야 할 것이다.

무게가 주는 가치

우리는 하나의 감각이 다른 감각에 영향을 미치는 현상을 다양한 상황에서 관찰할 수 있다. 영국 심리학자 찰스 스펜스는 자신의 저서, 《일상 감각 연구소》에서 이러한 현상을 설명했다. 가령 뱅앤올룹슨Bang & Olufsen의 리모콘을 예시로 들며 제품의 무게와 품질에 대한 인식 사이의 연관성에 주목했다. 사람들은 처음 뱅앤올룹슨의 리모컨을 손으로 들 때, 그 무게에 깜짝 놀란다. 스펜스의 표현에 따르면, 이 무게감으로부터 '고급스러움이 흘러나온다'. 그런데 흥미로운 점은 뱅앤올룹슨이 리모콘 설계에 필요한 것보다 더 많은 중량을 추가해서 의도적으로 무겁게 만들었다는 사실이다. 덕분에 사람들은 뱅앤올룹슨 스피커에서 흘러나오는 소리를 더 깊이 있게 느낀다.

마지막 사례로, 2015년 찰스 미셸Charles Michel 연구팀은 실제 환경에서 식기의 무게가 요리에 대한 선호도와 지불 의사에 미치는 영향을 실험을 통해 살펴봤다.

미셸 연구팀은 에든버러에서 열린 컨퍼런스에 참석한 121명을 고급 레스토랑 테이블에 무작위로 앉게 했다. 그리고 여러 테이블 중 절반에는 가벼운 구내 식당용 식기로 세팅했고, 다른 절반에는 무겁고 값비싼 은 재질의 식기로 세팅했다. 이후 연구팀은 참석자들이 제공된 요리를 얼마나 좋아하는지를 7점 만점으로 평가하도록 했다(1점은 전혀 좋아하지 않는다, 7점은 아주 좋아한다).

그리고 그 요리에 얼마까지 지불할 의사가 있는지 물었다.

그 결과, 가벼운 식기로 세팅한 테이블에 앉은 사람들은 요리에 평균 5.1점을 줬고, 똑같은 요리였지만 무거운 식기로 세팅한 테이블의 사람들은 평균 5.7점을 줬다. 12% 차이를 보인 것이다. 다음으로 가벼운 식기 테이블 사람들은 요리에 평균 12파운드(한화 약 2만 3천 원)를 지불할 의사가 있다고 밝혔던 반면, 무거운 식기 테이블 사람들은 평균 13.90파운드(한화 약 2만 7천 원)까지 지불할 의시가 있다고 했다. 16%가 상승한 것이다.

미셸 연구팀은 무거운 식기 테이블 참석자들이 일상 경험과 다르게 느꼈기 때문이라고 설명한다. 즉, 식기의 무게를 느꼈을 때, 그들은 먹는 행위에 더 집중했고, 그래서 요리의 맛을 더 민감하게 느낀 것이다. 이러한 실험 결과는 우리가 감각의 이면을 들여다볼 때 많은 도움을 받을 수 있다는 사실을 말해준다. 향수 매장에서 중요한 요소는 후각만이 아니다. 마찬가지로 레스토랑에서 중요한 요소는 미각만이 아니다. 흔히들 "눈으로 먹는다"고 말한다. 더 나아가 우리는 귀와 손으로도 먹는다.

그러므로 언제나 5가지 감각을 함께 고려하자. 고품질과 고가의 이미지를 강조하고자 한다면, 병을 더 무겁게 만들거나, 클래식 음악을 틀어놓거나, 혹은 매장 내 고급스러운 향을 풍기는 방법을 고려하자. 반대로 실용성과 저가의 이미지를 전하고 싶다면, 무게를 가볍게 만들거나, 매장에 팝 음악을 틀어놓는 전략이 좋겠다. 그리고 칩 스낵을 판매한다면, 씹을 때 나는 소리에 주목하자. 프링글스는 크고 균일한 모양, 최적의 신선도에 주목함으로써 소비자들이 한 입 베어 물 때마다 항상 맛있는 소리가 나도록 했다.

3가지 핵심 포인트

1 운율은 신뢰도를 높인다.

운율은 두뇌가 메시지를 더 쉽게 처리하게 함으로써 설득력을 강화한다. 광고 카피에 운율을 담는다면, 소비자는 더 신뢰 있게 받아들일 것이다.

2 운율은 기억력을 높인다.

사람들이 헤드라인이나 문구, 광고 카피를 더 오래 기억하게 하려면, 운율을 적극 활용하자. 운율이 있을 때, 우리는 더 잘 기억한다. 그러면 중요한 순간에 당신의 브랜드를 더 쉽게 떠올릴 것이다.

3 5가지 감각을 모두 활용하자.

제품 개발과 포장, 마케팅 영역에서 5가지 감각을 모두 고려하자. 하나의 감각이 다른 감각에 영향을 미치기 때문이다.

행동과학으로
설득력을 높이자

1840년대 오스트리아 빈에서는 도심에 위치한 유명 종합병원보다 가정집 주방에서 출산하는 게 더 안전했다. 그 종합병원 내 몇몇 병동에서는 산모의 약 12%가 분만 직후 사망했다. 러시안룰렛과 비슷한 생존율이었다. 산모들이 눈물을 흘리며 집에서 출산하게 해달라고 애원한다는 소문까지 돌 정도였다.

1846년 이그나츠 제멜바이스Ignaz Semmelweis라는 젊은 의사가 그 종합병원에 부임했을 때, 그는 얼마든지 막을 수 있었던 안타까운 죽음이 많다는 것에 큰 충격을 받았고, 이 문제를 해결하기로 결심했다. 그는 여성 조산사들만 근무하는 산부인과 병동에서 한 줄기 희망을 발견했다. 그 병동의 산모 사망률은 의사들이

근무하는 병동의 1/5 수준에 불과했다. [69]

조산사 병동을 따라가려면, 먼저 두 병동 사이의 차이를 밝혀내야 했다. 이를 위해 제멜바이스는 몇 가지 실험을 했지만, 아무것도 알아내지 못했다. 그러던 어느 날, 의사 병동의 높은 사망률이 혹시 의사들의 주요 업무 중 하나인 시체 부검과 관련이 있지 않을까 의문이 들었다. 의사들은 흔히들 말하는 '시체 보관소'에서 나오자마자 분만 병동으로 곧장 이동하곤 했다. 제멜바이스는 이런 의문이 들었다. '죽음의 입자' 같은 것이 병동을 돌아다니며 감염을 일으킨 게 아닐까?

그게 맞다면, 어떻게 해야 할까? 의사들이 시체의 부패 냄새가 하나도 나지 않을 때까지 손을 씻도록 해야 했다. 지금은 당연한 이야기처럼 들리지만, 세균 이론이 나오기 이전인 당시로서는 혁신적인 아이디어였다. 1847년, 제멜바이스는 모든 의사를 대상으로 분만실에 들어가기 전에 염소 용액으로 손을 씻도록 의무화했다. 그 결과는 어땠을까?

산모 사망률이 크게 떨어졌다. 1847년 마지막 7개월간 출산했던 1,841명 산모 중 56명 만이 사망했다. 이는 3%의 사망률이었다. 당시 빈 지역의 전체 산모 사망률과 비교할 때, 약 1/4 수준이었다. [70] 의학적 기적이 일어난 것이다.

생명에서
죽음으로

그러나 제멜바이스의 성취감은 그리 오래가지 못했다. 충격적으로 많은 병원이 그의 권고를 받아들이지 않았기 때문이다. 당시 제멜바이스의 제안은 일반적인 의료 상식과 상충했다. 결국 그의 조언을 받아들인다는 것은 그동안 잘못된 판단으로 불필요한 죽음을 일으켰다는 사실을 인정하는 셈이었다. 여기서 제멜바이스가 고위직 의사가 아니었다는 점도 설득에 불리하게 작용했다. 1847년 당시에 그는 3년 전 자격증을 딴 29세의 신출 의사에 불과했다. 게다가 그는 자신의 발견을 적극적으로 알리지 않았다. 그의 저서인 《산욕열의 병인 **The Etiology of Childbed Fever**》은 그로부터 11년이 지난 1858년이 되어서야 출간되었다.

자신의 무력감에 따른 고통이 깊어지면서, 제멜바이스는 점점 더 감정적으로 대응하기 시작했다. 그는 의료계를 '무책임한 살인자들'이라고 싸잡아 비난했다. 한번은 더러운 침대보를 병원 관리자의 책상에 내던지기도 했다. 그러던 1861년, 다른 방법을 찾을 수 없었던 제멜바이스의 아내는 잠깐 바람을 쐬고 오자며 그를 속여 인근 정신병원으로 데려갔다. 그렇게 그는 경비들의 강압적인 손에 이끌려 감금되고 말았다. 그런데 안타깝게도 병동에 들어가지 않으려고 저항하는 과정에서 제멜바이스는 부상을 입었고, 결국 상처로 인한 감염으로 2주 후 생을 마감하고 말았다.

아이러니하게도 그의 사망 원인은 패혈증으로, 이는 그가 산부인과 병동에서 그토록 없애고자 했던 바로 그 질병이었다.

발견만으로는 충분치 않다

제멜바이스의 이야기는 특별한 경우가 아니다. 실제로 기존의 생각을 뒤흔드는 새로운 아이디어가 외면당하는 일은 종종 일어난다. 그리고 이러한 현상을 일컬어 제멜바이스 반사Semmelweis Reflex라고도 한다. 놀라운 의학적 발견이 곧바로 인정받지 못한 사례는 아주 많다. 1976년 에드워드 제너Edward Jenner는 실제 효과를 보이는 천연두 백신을 발견했지만, 보편적인 처방으로 인정받기까지는 수십 년의 세월이 걸렸다.

좀 더 최근 사례로, 1982년 배리 마셜Barry Marshall과 로빈 워런

Robin Warren은 헬리코박터 파일로리Helicobacter Pylori 세균이 위궤양의 주요한 원인이라는 사실을 밝혀냈다. 유명한 일화로, 마셜은 헬리코박터 배양균을 직접 들이켜서 위염이 발병했다는 사실을 보여줬다. 그러나 두 사람은 이후 다른 학자들을 설득하는 과정에서 많은 어려움을 겪었다. 그로부터 20여 년이 흘러서야 마셜과 워런의 발견은 공로를 인정받았다. 마셜은 노벨상 수상 연설에서 당시 의료계의 회의적인 반응을 이렇게 떠올렸다. "세균이 궤양을 일으킨다는 주장에 대해, 사람들은 마치 제가 지구가 평평하다고 우기는 것처럼 바라보더군요."

진실을 발견하는 것 그리고 다른 사람들이 그 진실을 받아들이게 만드는 것은 완전히 다른 과제다. 이러한 현상은 의학계라는 전문 분야에만 국한되지 않는다. 비즈니스 세상도 다르지 않다. 좋은 아이디어를 제시했는데 아무도 들으려 하지 않았던 적이 있는가? 직장에서 획기적인 제안을 내놨는데 클라이언트나 내부 의사결정권자가 아무 관심을 보이지 않았던 경험이 다들 한 번쯤은 있을 것이다.

객관적인 증거로
설득하기

다행스럽게 행동과학은 여기서도 도움을 준다. 지금까지 행동과학 연구를 통해 얻은 깨달음을 현실 세상에 적용해서 수익을 높이는 방법을 살펴봤다. 그런데 이러한 깨달음은 다른 사람을 설득하는 과정에도 마찬가지로 도움을 준다.

예를 들어, 당신은 고객들이 고정관념에서 벗어나도록 만들고 싶다. 여기서 자신의 권위나 경험만 내세워서는 아무런 소용이 없다. 이러한 대립적인 접근방식은 부정적인 반응만 촉발할 뿐이다. 고객은 이렇게 생각할 것이다. '그렇다면 나의 권위와 경험은 뭐란 말인가?' 상대가 당신의 주장을 받아들이려면, 자신의 권위와 경험이 별로 중요하지 않다는 사실을 암묵적으로라도 인정해야 한다. 그렇지 않으면, 논쟁은 계속 맴돌기만 할 뿐이다. 당신은 자신의 아이디어와 비슷한 전략으로 성공을 거둔 다른 브랜드의 사례를 보여줄 수도 있다. 하지만 그것만으로는 충분하지 않다.

대신에 우리는 10장의 폰 레스토프 연구 결과를 활용한다. 즉, 그 연구의 방법론과 학계의 신뢰, 결과, 그 의미를 사람들에게 보여준다. 우리 두 저자는 총 50년의 경력에서 이보다 더 효과적인 설득 방법을 본 적이 없다. 우리가 폰 레스토프 연구 결과를 소개하면, 논의의 흐름은 '꼭 독특하게 행동해야 할까?'에서 '어떻게 그렇게 행동할 수 있을까?'로 넘어간다. 이처럼 행동과학 분야의 연구 결과를 소개함으로써 설득력을 높일 수 있는 3가지 핵심 이유는 다음과 같다.

1. 공정성: 행동과학 연구는 자신의 주장이 받아들여질 때 이익을 얻게 될 비즈니스 주체가 추진한 것이 아니다. 오직 진실에만 관심 있는 과학자들이 주도한 것이다. 이러한 중립성을 기반으로 신뢰성을 높일 수 있다.

2. 학문적 신뢰성: 행동과학 연구는 주로 세계적으로 권위 있는 대학 연구팀이 주도하며, 또한 동료 학자들의 철저한 검증을 거친다. 그래서 객관적인 데이터를 무엇보다 중요하게 여기는 조직도 그 결과를 신뢰한다.

3. 투명성: 행동과학 연구에는 블랙박스가 없다. 즉, 숨겨진 미스터리가 없다. 그래서 자신의 주장을 믿으라고 강요할 필요가 없다. 일단 연구 과정을 자세히 소개하고 나면, 사람들은 실험 결과를 어떻게 자기 환경에 맞게 적용할 수 있을지 고민하기 시작한다. 그리고 적극적으로 동참한다.

물론 당신의 주장에 소극적인 태도를 보이는 이들도 있을 것이다. 그들은 아마도 당신이 소개한 연구 결과를 자신의 분야에 적용할 수 있을지 의심할 것이다. 이러한 사람들까지 설득하고자 한다면, 자기 브랜드로 직접 실험을 수행해 볼 필요가 있다. 자신이 운영하는 비즈니스와 웹사이트, 혹은 매장을 하나의 거대한 실험실로 활용할 방법을 찾아보자.

행동과학 연구는 진행 방식과 과정이 모두 공개되어 있다. 그러므로 당신이 활동하고 있는 시장과 카테고리에 맞게 수정할 수 있다. 그럴 때, 연구 결과는 더욱 반박하기 어려워진다. 행동과학에는 2가지 중요한 장점이 있다. 우선 소비자를 움직이게 만드는 진짜 동기를 발견할 수 있다. 그리고 더 중요하게, 자신의 아이디어를 외면하지 못하게 만드는 탄탄한 근거를 확보할 수 있다.

자, 무엇을 망설이는가?

더 읽어볼 만한 자료

소비자 행동 연구소 Consumer Behavior Lab, CBL

이 책을 재미있게 읽었다면, 당신을 위한 더 많은 정보가 준비되어 있다. 우리가 운영하는 웹사이트에 이 책의 페이지를 구축해 놨다(www.theconsumerbehaviorlab.com/hthm). 여기서는 이 책에서 소개한 사례 연구로 이어지는 링크 그리고 미처 소개하지 못한 독점 콘텐츠는 물론, 이 책에서 제시한 여러 아이디어를 실제 비즈니스 환경에 적용하도록 도움을 줄 마스터클래스를 확인할 수 있다. 여기서 제공하는 간단하고 실용적인 학습 도구를 통해 우리의 강의를 직접 들을 수 있고, 또한 책에 미처 담지 못한 많은 사례도 접할 수 있다.

소비자 행동 연구소는 마케터를 대상으로 행동과학 활용법을 가르치는 광범위한 프로그램이다. 우리는 이 연구소를 중심으로 전 세계 많은 브랜드와 협력하고, 또한 연구 성과를 비즈니스에 적용하는 일을 하고 있다.

팟캐스트 〈브랜드를 위한 행동과학〉

우리가 운영하는 팟캐스트(www.BSci4Brands.com)는 세계적인 브랜드 사례 뒤에 숨은 행동과학의 비밀을 파헤친다. 각 에피소드는 20~40분 분량으로, 성공적인 브랜드들이 활용했던 몇 가지 심리학 원리를 중점적으로 다룬다.

이러한 설명이 익숙하게 들린다면, 그건 우연이 아니다. 팟캐스트를 녹음하는 과정에서 이 책의 핵심 아이디어가 떠올랐기 때문이다. 로레알L'Oréal에서 그레이 구스Grey Goose, 치폴레Chipotle 그리고 코스트코Costco에 이르기까지, 우리는 팟캐스트에서 책보다 더 광범위한 브랜드를 다룬다. 이동 중에도 공부하고 싶다면, 우리의 팟캐스트는 친절한 동반자가 되어줄 것이다. 우리 팟캐스트는 새로운 광고와 사례 연구, 신선한 행동과학 아이디어를 탐구하면서 계속 진화해 나가는 중이다.

도서 《어떻게 팔지 답답할 때 읽는 마케팅 책》, 《선택한다는 착각》

이 책이 도움 되었다면, 행동과학을 마케팅에 적용하는 주제로 리처드가 썼던 또 다른 두 권의 책도 함께 읽어보자. 《어떻게 팔지 답답할 때 읽는 마케팅 책》에서는 마케팅 성과를 높이기 위해 활용할 수 있는 심리 편향 25가지를 소개한다. 그리고 5년 뒤 출간된 《선택한다는 착각》에서는 또 다른 16과 ½가지의 마케팅 통찰력을 제시한다(½이라고 표기한 이유는 사람들이 미심쩍은 둥근 모양의 숫자보다 정확한 모양의 숫자를 더 신뢰하는 성향을 소개한 짧은 장이 들어 있기 때문이다).

도서 《메신저》

스티브 마틴Steve Martin은 행동과학 분야에서 막강한 영향력을 떨치고 있는 로버트 치알디니와 오랜 기간 협력한 인물로 널리 알려져 있다. 두 사람의 공저로, 《설득의 심리학 3~4》가 있다. 이 책에서 마틴은 런던대학교 연구원인 조지프 마크스Joseph Marks와 함께 메신저 효과를 깊이 있게 들여다보고 있다. 메신저 효과란 누가 메시지를 전하느냐에 따라 설득력 차이가 발생하는 현상을 말한다. 우리는 이 편향을 14장 갓밀크 사례에서 다뤘다.

도서 《히트 메이커스》

〈애틀랜틱〉전속 작가인 데릭 톰슨Derek Tompson은 이 책에서 왜 어떤 제품은 실패하는데 다른 제품은 성공하는지 그 이유를 들여 다본다. 그리고 광범위한 주제를 기반으로《그레이의 50가지 그림자》도서에서 시작해 브람스Brahms의 자장가, 인스타그램Insta-gram 그리고 스타워즈Star Wars에 이르기까지 다양한 성공 사례 속 숨은 비밀을 파헤친다. 그가 소개하는 핵심 개념 중에 마야 원칙이라는 것이 있다. 앞서 말했듯이 이는 '가장 진보적이면서도 받아들여질 수 있는'의 약자로, 산업 디자이너인 레이먼드 로위가 주창한 원칙이다. 우리도 애플 사례를 다룬 4장에서 이 원칙을 소개했다. 우리의 책을 흥미롭게 읽었다면, 톰슨의 책에서도 많은 깨달음을 얻게 될 것이다.

도서 《기대의 발견》

2022년 〈파이낸셜 타임스Financial Time〉로부터 건강 및 웰빙 분야에서 최고의 도서로 선정되었다. 〈BBC 퓨처BBC Future〉의 선임 기자인 데이비드 롭슨은 복잡한 개념을 쉽게 설명하는 탁월한 재주꾼이다. 이 책에서 그는 사전 기대가 실제 경험에 미치는 영향을 깊이 있게 들여다본다. 우리도 이 주제를 크래프트 맥앤치즈 사례를 소개한 1장에서 다룬 바 있다. 롭슨은 기대의 영향을 좀 더 깊이 있게 살펴보고 있다.

도서 《이토록 간결한 글쓰기》

글을 효과적으로 쓰는 방법을 다룬 책들은 아주 오래전부터 나왔다. 이 분야의 고전이라 할 수 있는 윌리엄 스트렁크William Strunk와 E.B. 화이트E.B. White의 《영어 글쓰기의 기본》은 1959년에 출간(국내에서는 2007년 출간)되었다. 하버드대학교 행동과학자인 토드 로저스Todd Rogers와 제시카 래스키-핑크Jessica Lasky-Fink는 그 주제를 새로운 관점으로 바라본다. 두 사람은 커뮤니케이션의 정확성과 효과를 높이는 방법을 추측이 아니라 객관적인 증거를 통해 살펴본다. 그리고 현실적인 제안을 들려준다.

도서 《일상 감각 연구소》

옥스퍼드대학교 찰스 스펜스 교수는 감각들 사이의 상호 간섭에 주목한다. 그는 우리의 감각이 놀라울 정도로 서로 긴밀하게 연결되어 있으며, 미각이 청각과 촉각, 시각으로부터 큰 영향을 받는다는 사실을 발견했다. 그의 연구는 요리사와 레스토랑 및 식품 브랜드가 어떻게 이러한 현상을 활용할 수 있을지에 초점을 맞추고 있다. 우리도 프링글스 사례를 다룬 장에서 그의 연구를 소개했다.

스펜스는 여러 권의 책을 발표했지만, 그중에서도 《일상 감각 연구소》는 식품 카테고리를 넘어 광범위한 주제를 다룬다. 그의 연구 성과를 식품 분야에 적용하고 싶다면, 이 주제를 깊이 있게 다룬 《왜 맛있을까》와 《완벽한 식사 The Perfect Meal》도 함께 읽어보자.

도서 《가격 심리학 핸드북 Handbook on the Psychology of Pricing》

가격 심리학은 흥미진진한 연구 분야다. 좋은 책이 많이 나와 있지만, 이 핸드북은 이 주제를 가장 포괄적인 관점으로 다루고 있다. 마르쿠스 후제만-코페츠키 Markus Husemann-Kopetzky 는 《가격 심리학 핸드북》에서 수백 가지의 실험을 간략하게 소개한다. 이 분야의 다른 책들과 달리, 이 책은 처음부터 끝까지 한 번에 읽기보다 항상 곁에 두고 가격에 관한 의문이 들 때마다 꺼내보길 권한다.

도서 《계획을 세우지 않는 법 How Not to Plan》

레스 비네 Les Binet 와 세라 카터 Sarah Carter 는 여기서 마케팅을 복잡한 과제로 만드는 여러 가지 미신을 타파한다. 나아가 목표 세우기와 4P 원칙, 조사와 분석, 브리핑, 크리에이티브 작업, 미디어와 효과 등 관련된 모든 주제를 다루고 있다.

본격적인 행동과학 서적은 아니지만, 무엇이 효과적이고 무엇이 그렇지 않은지 설명하는 과정에서 행동과학 원리를 자주 끌어다 쓴다. 66개의 짧은 장들로 구성되어 술술 읽힌다.

감사의 글

가장 먼저 소비자 행동 연구소와 함께 협력하고, 우리가 운영하는 팟캐스트인 〈브랜드를 위한 행동과학〉에 출연해 준 마케팅 및 행동과학 분야에서 앞서가는 여러 전문가에게 감사를 전한다. 우리는 글을 쓰고 조사하는 과정에서 많은 이들의 도움을 받았다. 특히 편집 과정에서 크레이그 피어스Craig Pearce와 에이미 웨버Amy Webber가 중요한 역할을 해줬다.

다음으로 기네스와 리쿼드 데스, CFMPAB(캘리포니아 액상 우유 가공업자 자문 위원회) 사례에서는 월터 캠벨과 앤디 피어슨, 존 스틸이 업무 현장에서 직접 얻은 깨달음을 기꺼이 나눠줬다. 이 책을 비롯하여 이전 프로젝트를 위한 조사 과정에서 많은 이들이 아이디어를 공유해 줬다. 그중에서도 니키 몰리와 존 풀스턴Jon Puleston, 맥스 위긴스, 던컨 월럿, 숨란 카울, 마이크 트러헌Mike Treharne에게 특별한 고마움을 전한다.

리처드가 전하는 감사의 말

행동과학을 마케팅에 적용하는 나의 프로젝트는 지난 5년간 이뤄진 협력에 기반을 두고 있다. 그 과정에서 조안나 스탠리Joanna Stanley와 알렉스 미로슈니첸코Alex Myroshnychenko가 크게 기여했다. 두 사람은 주요 연구를 찾고 분석하는 일에 최선을 다했다. 그리고 언제나 데이브 트로트Dave Trott과 로리 서덜랜드Rory Sutherland, 로버트 치알디니는 내게 영감의 원천이 되어줬다.

그동안 내 집필 과정에 자주 참여했던 제인 맥퀸Jane McQueen은 이번 책에서도 그 어느 때보다 중요한 역할을 맡았다. 문체 선택에서 핵심 주제 선정에 이르기까지 소중한 조언을 베풀어 줬다.

마지막으로, 아낌없는 격려와 더불어 연구 성과를 우리 삶에 적용하고자 애쓰는 나를 끈기 있게 지켜봐 준 안나Anna와 톰Tom에게 감사하다는 말을 전한다. 바라건대, 이제 책이 나왔으니 각자 학교로 돌아가거든 도서관에서 이 책을 몇 권씩 구매하도록 설득해 줬으면 좋겠다.

마이클아론이 전하는 감사의 말

열네 살부터 일을 시작한 이후로 중요한 프로젝트를 믿고 맡겨준 수많은 클라이언트들에게 감사하다는 말을 하고 싶다. 그리고 업무 과정에서 보여준 협력과 믿음에 대해 모든 동료와 직원에게 고마움을 전한다. 특히 팻 도너휴Pat Donohue 와 팀 윌리엄스Tim Williams에게 깊은 감사의 말을 드린다. 두 사람은 소중한 조언자이자 사고 파트너로서, 내가 더 나은 사람, 더 나은 리더가 되도록 많은 도움을 줬다.

내 눈과 두뇌를 마케팅 세상으로 열어준 조지 루브삼George Rub-sam에게 깊은 감사를 드린다. 그리고 나를 행동과학의 세계로 이끌어 준 팀 프랭크Tim Frank에게도 고마움을 전한다. 또한 글의 아름다움과 힘을 내게 가르쳐 준 프랭크 살레르노Frank Salerno에게도 감사의 말을 건네고 싶다.

무엇보다, 아내 에리카Erika에게 특별한 감사를 전한다. 아내는 나의 가장 든든한 지원군이자 믿음직한 협력자이며, 매일 함께하고픈 삶의 동반자다. 그리고 부모님과 형제들은 다양한 방식으로 나를 성장하게 해줬고, 지금도 영감의 원천이 되어주고 있다. 마지막으로 내가 이 모든 일을 하는 가장 중요한 '이유'가 되어준 맥스Max와 니나Nina, 아멜리아Amelia에게도 고마움을 전한다.

주석

1. Podcast: How I built this with Guy Raz. Five Guys: Jerry Murrell.
2. www.fiveguys.com/wp-content/uploads/2025/07/Five-Guys-Media-Fact-Sheet-2024_compressed-final.pdf
3. www.americanbuildersquarterly.com/2024/five-guys-stands-apart-from-the-competition.
4. www.restaurantbusinessonline.com/top-500-chains-2024/five-guys.
5. www.huffpost.com/entry/10-things-you-didnt-know_b_6327382.
6. news.kraftheinzcompany.com/press-releases-details/2025/Kraft-Mac--Cheese-Proves-its-the-Best-Thing-Ever-in-Bold-New-Creative-Platform/default.aspx
7. www.kaylin-goldstein.com/works/worlds-largest-blind-taste-test
8. www.britannica.com/money/Starbucks.
9. www.forbes.com/sites/michelinemaynard/2013/09/22/how-starbucks-turned-pumpkin-spice-into-a-marketing-bonanza/.
10. www.snickers.com/our-story.
11. www.yahoo.com/lifestyle/most-popular-candy-bar-us-184555355.html.
12. www.medium.com/better-marketing.
13. www.landingi.com/social-media-marketing/traditional-marketing-compared.
14. www.apple.com/newsroom/2024/02/apple-reports-first-quarter-results.
15. www.statista.com/topics/846/amazon; www.marketwatch.com/story/heres-why-a-whopping-83-of-american-households-now-shop-at-amazon.
16. www.statista.com/topics/4076/amazon-prime/#topicOverview.
17. www.explodingtopics.com/blog/amazon-prime-member-stats.
18. Gabrielle Olya, "How Does Your Amazon Spending Compare to the Average American's?", *Yahoo! Finance*, July 18, 2023.
19. www.tabletmag.com/sections/food/articles/ice-creams-jewish-innovators.
20. www.tabletmag.com/sections/food/articles/ice-creams-jewish-innovators
21. www.nytimes.com/2006/12/01/obituaries/01mattus.html.

22. 완싱크의 논문들 가운데 일부는 이후 철회되었다는 점을 언급할 필요가 있다. 그러나 이 연구는 철회 대상에 포함되지 않았다. 어떤 논문이 철회되었는지는 다음에서 확인할 수 있다: retractiondatabase.org/RetractionSearch.aspx.

23. 스타벅스의 사이즈 체계가 궁금하다면, 다음에서 어느 정도 설명을 찾을 수 있다. Brooke Nelson Alexander, "Everything You Need to Know About Starbucks Cup Sizes," *Reader's Digest*, May 19, 2025.

24. patagonian-toothfish-story.msc.org.

25. www.redbull.com/gb-en/energydrink/company-profile.

26. 이해관계 고지: 리처드는 씽크박스의 연구 초기 단계에서 행동과학과 관련해 자문을 제공 헌 바 있음.

27. www.economist.com/business/2002/05/09/selling-energy.

28. www.pbs.org/newshour/nation/full-length-video-of-felix-baumgartners-242-mile-jump-released-on-first-anniversary.

29. www.redbull.com/gb-en/best-of-2012-red-bull-stratos.

30. www.thetimes.com/sunday-times-100-tech/hardware-profile/article.

31. www.medium.com/better-marketing/red-bulls-30-million-marketing-stunt-almost-didn-t-happen-88d24fefdeff.

32. www.diageo.com/en/news-and-media/press-releases/2025/guinness-us-spotlights-lovely-days-across-the-country-in-new-campaign.

33. www.guinnesscelebrate.com/download/03-01_The_Quality_Chain_Full_Presentation.pdf.

34. www.marketingweek.com/guinness-surfer/.

35. www.forbes.com/sites/tomward/2022/11/23/mike-cessario-is-a-marketing-genius.

36. www.cnbc.com/2022/11/26/liquid-death-ceo-mike-cessario-we-chose-the-dumbest-possible-name-for-water.html.

37. www.thegrocer.co.uk/analysis-and-features/what-is-liquid-death-and-is-it-about-to-take-the-uk-by-storm/682693.article.

38. www.time.com/7023597/mike-cessario.

39. www.forbes.com/profile/james-dyson.

40. Stephen Dowling, "Frustration and failure fuel Dyson's success," BBC Future, March 14, 2013, www.bbc.com/future/article/20130312-failure-is-the-best-medicine.

41. https://nedwin.medium.com/the-1-5m-napkin-abd2702927d0.

42. Thomas Barrie, "Sir James Dyson: 'Most focus groups are wrong,'" *GQ*, December 1, 2021.

43. www.thecrimson.com/article/2003/11/19/facemash-creator-survives-ad-board-the.

44. www.history.com/this-day-in-history/february-4/facebook-launches-mark-zuckerberg.

45. www.edition.cnn.com/world/facebook-fast-facts.

46. www.statista.com/chart/5380/facebook-user-engagement.

47. www.bbc.co.uk/news/business-18105608.

48. www.finance.yahoo.com/quote/META/?p=FB.

49. www.forbes.com/profile/mark-zuckerberg.

50. www.abcnews.go.com/Business/PersonalFinance/story?id=3771803&page=1.

51. www.chiefmarketer.com/red-sox-win-would-be-furniture-buyers-boon.

52. www.postcodelotterygroup.com/what-we-do/postcode-loterij-nederland.

53. www.klarna.com/international/about-us.

54. www.investors.klarna.com/overview/default.aspx

55. www.ft.com/content/eaeb36f1-495d-48a1-9d2a-eef87d144670.

56. www.bain.com/insights/assessing-benefits-and-challenges-bnpl-report-2021.

57. www.aef.com/classroom-resources/case-histories/got-milk.

58. www.aef.com/classroom-resources/case-histories/got-milk.

59. Jon Steel, *Truth, Lies, and Advertising: The Art of Account Planning*. John Wiley&Sons. 1998.

60. Matthew Daddona, "Got Milk? How the iconic campaign came to be, 25 years ago," *Fast Company*, June 13, 2018, www.fastcompany.com/40556502/got-milk-how-the-iconic-campaign-came-to-be-25-years-ago.

61. www.c-suitenetwork.com/articles/the-multi-billion-dollar-kfc-franchise-started-as-a-gas-station-recipe.

62. global.kfc.com/press-releases/kfc-surpasses-30-000-restaurants-worldwide.

63. www.franchiseeurope.com/top-500/kfc/9.

64. www.nathanmoraza.work/KFC-Secret-Menu.

65. 완싱크의 논문들 가운데 일부, 특히 후기에 발표된 것들은 이후 철회되었다. 그러나 이 연구는 철회 대상에 포함되지 않았다. 어떤 논문이 철회되었는지는 다음에서 확인할 수 있다: retractiondatabase.org/RetractionSearch.aspx.retractiondatabase.org/RetractionSearch.aspx.

66. www.nineblaess.de/blog/how-ogilvy-used-psychology-to-increase-sales-of-kfc-french-fries-by-56.

67. finance.yahoo.com/news/15-biggest-potato-chip-brands-155245264.html

68. finance.yahoo.com/news/why-kellanova-sees-pringles-gateway-105200952.html.
69. www.npr.org/sections/health-shots/2015/01/12/375663920/the-doctor-who-championed-hand-washing-and-saved-women-s-lives.
70. www.wellcomecollection.org/stories/the-father-of-handwashing.

참고문헌

들어가며

Zhang, Ying, Ayelet Fishbach and Arie W. Kruglanski, "The Dilution Model: How Additional Goals Undermine the Perceived Instrumentality of a Shared Path," *Journal of Personality and Social Psychology*, 92(3), 389-401, 2007.

1장 크래프트 맥앤치즈

Guido, Gianluigi, Marco Pichierri, Giovanni Pino and Rajan Nataraajan, "Effects of Face Images and Face Pareidolia on Consumers' Responses to Print Advertising: An Empirical Investigation," *Journal of Advertising Research*, 59(2), 219-231, 2019.

Lee, Leonard, Shane Frederick and Dan Ariely, "Try It, You'll Like It: The Influence of Expectation, Consumption, and Revelation on Preferences for Beer," *Psychological Science*, 17(12), 1054-1058, 2006.

Raghunathan, Rajagopal, Rebecca Walker Naylor and Wayne D. Hoyer, "The Unhealthy = Tasty Intuition and Its Effects on Taste Inferences, Enjoyment, and Choice of Food Products," *Journal of Marketing*, 70(4), 170-184, 2006.

Read, Daniel and Barbara van Leeuwen, "Predicting Hunger: The Effects of Appetite and Delay on Choice," *Organizational Behavior and Human Decision Processes*, 76(2), 189-205, 1998.

Robson, David "Neuroscience: Why Do We See Faces in Everyday Objects?" *BBC News*, 2014.

Turnwald, Bradley P., Danielle Z. Boles and Alia J. Crum, "Association Between Indulgent Descriptions and Vegetable Consumption: Twisted Carrots and Dynamite

Beets," *JAMA Internal Medicine*, 177(8), 1216-1218, 2017.

2장 스타벅스

Lasaleta, Jannine D., Constantine Sedikides and Kathleen D. Vohs, "Nostalgia Weakens the Desire for Money," *Journal of Consumer Research*, 41(3), 713-729, 2014.

Lee, Seung Yun and Russell Seidle, "Narcissists as Consumers: The Effects of Perceived Scarcity on Processing of Product Information," *Social Behavior and Personality*, 40(9), 1485-1499, 2012.

Sharot, Tali, and Cass R. Sunstein, *Look Again: The Power of Noticing What Was Always There.* Atria/One Signal Publishers. 2025.

Nelson, Leif D. and Tom Meyvis, "Interrupted Consumption: Disrupting Adaptation to Hedonic Experiences," *Journal of Marketing Research*, 45(6), 654-664, 2008.

Shu, Suzanne B. and Ayelet Gneezy, "Procrastination of Enjoyable Experiences," *Journal of Marketing Research*, 47(5), 933-944, 2010.

3장 스니커즈

Gollwitzer, Peter M. and Veronika Brandstätter, "Implementation Intentions and Effective Goal Pursuit," *Journal of Personality and Social Psychology*, 73(1), 186-199, 1997.

Milne, Sarah, Sheina Orbell and Paschal Sheeran, "Combining Motivational and Volitional Interventions to Promote Exercise Participation: Protection Motivation Theory and Implementation Intentions," *British Journal of Health Psychology*, 7(2), 163-184, 2002.

Eisend, Martin, "A Meta-analysis of Humor in Advertising," *Journal of the Academy of Marketing Science*, 37, 191-203, 2009.

Boyd, Dom, Ecem Erdem and Polly Wyn Jones, "Time to Get Serious About Humour in Advertising," Kantar, August 15, 2024. www.kantar.com/inspiration/advertisingmedia/time-to-get-serious-about-humour-in-advertising.

Nerhardt, Göran, "Humor and Inclination to Laugh: Emotional Reactions to Stimuli of Different Divergence from a Range of Expectancy," *Scandinavian Journal of Psychology*, 11(1), 185-195, 1970.

4장 애플

Begg, Ian, "Recall of Meaningful Phrases," *Journal of Verbal Learning and Verbal Behaviour*, 11(4), 431-439, 1972.

Boudreau, Kevin, Eva Guinan, Karim Lakhani and Christoph Riedl, "The Novelty Paradox and Bias for Normal Science: Evidence from Randomized Medical Grant Proposal Evaluations," *Harvard Business School Working Paper*, No.13-53, 2012.

Hargadon, Andrew and Yellowlees Douglas, "When Innovations Meet Institutions: Edison and the Design of the Electric Light," *Administrative Science Quarterly*, 46(3), 476-450, 2001.

Hekkert, Paul, Dirk Snelders and Piet C. van Wieringen, "'Most Advanced, Yet Acceptable': Typicality and Novelty as Joint Predictors of Aesthetic Preference in Industrial Design," *British Journal of Psychology*, 94, 111-124, 2003.

Thompson, Derek, "The Four Letter Code to Selling Just About Anything," *The Atlantic*, 2017.

Thompson, Derek, *Hit Makers: How Things Become Popular*. Penguin. 2017.

Uzzi, Brian, Satyam Mukherjee, Michael Stringer and Ben Jones, "Atypical Combinations and Scientilc Impact," *Science*, 342(6157), 468-472, 2013.

Wood, Orlando, *Lemon. How the Advertising Brain Turned Sour*. IPA. 2019.

5장 아마존

Arkes, Hal R. and Catherine Blumer, "The Psychology of Sunk Cost," *Organizational Behavior and Human Decision Processes*, 35(1), 124-140, 1985.

Gourville, John T. and Dilip Soman, "Payment Depreciation: The Behavioral Effects of Temporally Separating Payments from Consumption," *Journal of Consumer Research*, 25(2), 160-174, 1998.

Kivetz, Ran, Oleg Urminsky and Yuhuang Zheng, "The Goal-Gradient Hypothesis Resurrected: Purchase Acceleration, Illusionary Goal Progress, and Customer Retention," *Journal of Marketing Research*, 43(1), 39-58, 2006.

Roth, Stefan, Thomas Robbert and Lennart Straus, "On the Sunk-Cost Effect in Economic Decision-Making: A Meta-analytic Review," *Business Research*, 8, 99-138, 2015.

6장 아페롤

The Behavioural Insights Team, Applying behavioural insights to reduce fraud, error and debt. Cabinet Office. 2012.

Cialdini, Robert, *Influence: Science and Practice*. Pearson. 1984.

Keizer, Kees, Siegwart Lindenberg and Linda Steg, "The Spreading of Disorder," *Science*, 322, 1681-1685, 2008.

Berger, Jonah, *Contagious: Why Things Catch On*. Simon & Schuster. 2013.

Peterson, Robert, Yeolib Kim and Jaeseok Jeong, "Out-of-Stock, Sold Out, or Unavailable? Framing a Product Outage in Online Retailing," *Marketing Letters*, 37(3), 428-440, 2019.

Breeze, James, "Here's Looking at You!" *LinkedIn*, August 13, 2014.

7장 하겐다즈

Nathan, Joan, "Ice Cream's Jewish Innovators," *Tablet Magazine*, August , 2012.

Carlson, Michael, "Rose Mattus," *The Guardian*, January 9, 2007.

Wansink, Brian, Colin Payne and Jill North, "Fine as North Dakota Wine," *Physiological Behaviour*, 90(5), 712-716, 2007.

Akdeniz Ar, Aybeniz and Ali Kara, "Emerging Market Consumers' Country of Production Image, Trust and Quality Perceptions of Global Brands Made-in China," *Journal of Product & Brand Management*, 23(7), 491-503, 2014.

Aichner, Thomas, Cipriano Forza and Alessio Trentin, "The Country-of-Origin Lie: Impact of Foreign Branding on Customers' Willingness to Buy and Willingness to Pay When the Product's Actual Origin is Disclosed," *The International Review of Retail, Distribution and Consumer Research*, 27(1), 43-60, 2017.

Blumenthal, Karen, *Grande Expectations: A Year in the Life of Starbucks' Stock*. Crown Business. 2007.

Thaler, Richard H. and Cass R. Sunstein, *Nudge: Improving Decisions about Health, Wealth and Happiness*. Penguin Books. 2009.

Nosowitz, Dan, "Häagen-Dazs Ice Cream Is From the Bronx—So What's With the Name?" *Atlas Obscura*, September 5, 2017.

Loftus, Elizabeth and John Palmer, "Reconstruction of Automobile Destruction: An Example of the Interaction between Language and Memory," *Journal of Verbal Learning & Verbal Behavior*, 13(5), 585-589, 1974.

Luntz, Frank, *Words That Work: It's Not What You Say, It's What People Hear*. Grand Central Publishing. 2008.

8장 레드불

Kirmani, Anna and Peter Wright, "Money Talks: Perceived Advertising Expense and Expected Product Quality," *Journal of Consumer Research*, 16(3), 344-353, 1989.

Plassmann, Hilke, John O'Doherty, Baba Shiv and Antonio Rangel, "Marketing Actions Can Modulate Neural Representations of Experienced Pleasantness," *Proceedings of the National Academy of Sciences of the United States of America*, 105(3), 1050-1054, 2008.

Just, David R., Özge Sığırcı and Brian Wansink, "Lower Buffet Prices Lead to Less Taste Satisfaction," Journal of Sensory Studies, 29(5), 362-370, 2014.

Sutherland, Rory, *Alchemy*. WH Allen. 2019.

Thinkbox, *Signalling Success*. Thinkbox. 2020.

9장 기네스

Aronson, Elliot, Ben Willerman and Joanne Floyd, "The Effect of a Pratfall on Increasing Interpersonal Attractiveness," *Psychonomic Science*, 4(6), 227-228, 1966.

Bohner, Gerd, Sabine Einwiller, Hans-Peter Erb and Frank Siebler. "When Small Means Comfortable: Relations Between Product Attributes in Two-sided Advertising." *Journal of Consumer Psychology*, 13(4), 454-463, 2003.

Williams, Kipling D., Martin J. Bourgeois and Robert T. Croyle, "The Effects of Stealing Thunder in Criminal and Civil Trials," *Law and Human Behavior*, 7(6), 597-609, 1993.

10장 리퀴드 데스

Australian Department of Health "Nudge vs Superbugs," 2018.

von Restorff, Hedwig, "On the Effect of Area Formation in the Trace Field," *Psychologische Forschung*, 18(1), 299-342, 1933.

Zappi, *The State of Creative Effectiveness*. Zappi. 2023.

Zajonc, Robert, "Attitudinal Effects of Mere Exposure," *Journal of Personality and Social Psychology*, 9(2), 1-27, 1968.

11장 다이슨

Buell, Ryan W., Tami Kim and Chia-Jung Tsay, "Creating Reciprocal Value through Operational Transparency," *Management Science*, 63(6), 1673-1695, 2015.

Buell, Ryan W. and Michael I. Norton, "The Labor Illusion: How Operational Transparency Increases Perceived Value," *Management Science*, 57(9), 1564-1579, 2011.

Kruger, Justin, Derrick Wirtz, Leaf Van Boven and T. William Altermatt, "The Effort Heuristic," *Journal of Experimental Social Psychology*, 40(1), 91-98, 2004.

Millet, Kobe, Florian Buehler, Guanzhong Du and Michail D. Kokkoris, "Defending Humankind: Anthropocentric Bias in the Appreciation of AI Art," *Computers in Human Behavior*, 143, 107707, 2023.

12장 페이스북

Alter, Adam, *Irresistible*. Bodley Head. 2017.

Corrigan, Jay, Saleem Alhabash, Matthew Rousu and Sean Cash, "How Much is Social Media Worth? Estimating the Value of Facebook by Paying Users to Stop Using It," *PLoS One*, 13(12), e0207101, 2018.

Geier, Andrew, Brian Wansink and Paul Rozin, "Red Potato Chips: Segmentation Cues Can Substantially Decrease Food Intake," *Health Psychology*, 31(3), 398-401, 2012.

Gneezy, Uri. *Mixed Signals: How Incentives Really Work*. Yale University Press. 2012.

Mazar, Nina, Kristina Shampanier and Dan Ariely, "When Retailing and Las Vegas Meet: Probabilistic Free Price Promotions," *Management Science*, 63(1), 250-266, 2017.

Wadhwa, Monica and JeeHye Christine Kim, "Can a Near Win Kindle Motivation? The Impact of Nearly Winning on Motivation for Unrelated Rewards," *Psychological Science*, 26(6), 701-708, 2015.

Zeelenberg, Marcel and Rik Pieters, "Consequences of Regret Aversion in Real Life: The Case of the Dutch Postcode Lottery," *Organizational Behavior and Human Decision Processes*, 93(2), 155-168, 2004.

Zeiler, Michael, "Fixed-Interval Behaviour: Effects of Percentage Reinforcement," *Journal of the Experimental Analysis of Behaviour*, 17(2), 177-189, 1972.

13장 클라르나

Breman, Anna, "Give More Tomorrow: Two Field Experiments on Altruism and Intertemporal Choice," *Journal of Public Economics*, 95(11-12), 1349-1357, 2011.

Delaney, Liam and Leonhard K. Lades "Present Bias and Everyday Self-Control

Failures: A Day Reconstruction Study," *Journal of Behavioural Decision Making*, 30(5), 1157-1167, 2017.

Gourville, John T., "Pennies-a-Day: !e Effect of Temporal Reframing on Transaction Evaluation," *Journal of Consumer Research*, 24(4), 395-408, 1998.

O'Hear, Steve, "Making Sense of Klarna," *TechCrunch*, December 8, 2020. techcrunch.com/2020/12/08/making-sense-of-klarna/

14장 갓밀크

Daddona, Matthew, "Got Milk? How the Iconic Campaign Came to Be, 25 Years Ago," *Fast Company*, June 13, 2018. www.fastcompany.com/40556502/got-milk-how-the-iconic-campaign-came-to-be-25-years-ago

Gonzales, Marti Hope, Elliot Aronson and Mark A. Costanzo, "Using Social Cognition and Persuasion to Promote Energy Conservation: A Quasi-Experiment," *Journal of Applied Social Psychology*, 18(12), 1049-1066, 1988.

Hovland, Carl I. and Walter Weiss, "The Influence of Source Credibility on Communication Effectiveness," *Public Opinion Quarterly*, 15(4), 635-650, 1951.

Javdani, Mohsen and Ha-Joon Chang, "Who Said or What Said? Estimating Ideological Bias in Views among Economists," *Cambridge Journal of Economics*, 47(2), 309-339, 2023.

Kahneman, Daniel and Amos Tversky, "Prospect Theory: An Analysis of Decision under Risk," *Econometrica*, 47, 263-291, 1979.

Knoll, Johannes and Jörg Matthes, "The Effectiveness of Celebrity Endorsements: A Meta-analysis," *Journal of the Academy of Marketing Science*, 45, 55-75, 2017.

Steel, Jon, *Truth, Lies, and Advertising: The Art of Account Planning*. John Wiley & Sons. 1998.

15장 켄터키 프라이드 치킨

Blaess, Nine, "How Ogilvy Used Psychology to Increase Sales of KFC French Fries by

56%," *Brie Stewart*, n.d.

Browne, Will and Mike Swarbrick Jones, "What Works in E-commerce–a Meta-analysis of 6700 Online Experiments," *Qubit Digital Ltd*, 21, 2017.

Heimbach, James T. and Jacob Jacoby, "The Zeigarnik Effect in Advertising," *Association for Consumer Research (3rd Annual Conference)*, 746-757, 1972.

Lee, Seung Yun and Russell Seidle, "Narcissists as Consumers: The Effects of Perceived Scarcity on Processing of Product Information," *Social Behavior and Personality*, 40(9), 1485-1499, 2012.

Lehrer, Jonah, "The Itch of Curiosity," *WIRED*, August 3, 2010. www.wired.com/2010/08/the-itch-of-curiosity/

Loewenstein, George, "The Psychology of Curiosity: A Review and Reinterpretation," *Psychological Bulletin*, 116(1), 75, 1994.

Moraza, Nathan, "KFC's Secret Menu," *Nathan Moraza*, 2020.

Stewart, Brie, "90 Ways to Say $1 Chips," *Brie Stewart*, 2018.

Wansink, Brian, Robert J. Kent and Stephen J. Hoch, "An Anchoring and Adjustment Model of Purchase Quantity Decisions," *Journal of Marketing Research*, 35(1), 71-81, 1998.

Zeigarnik, Bluma, "On Finished and Un1nished Tasks," *Psychologische Forschungen*, 9, 1-85, 1927.

16장 프링글스

Filkuková, Petra and Sven Hroar Klempe, "Rhyme as Reason in Commercial and Social Advertising," *Scandinavian Journal of Psychology*, 54(5), 423-431, 2013.

McGlone, Matthew S. and Jessica To1ghbakhsh, "The Keats Heuristic: Rhyme as Reason in Aphorism Interpretation," *Poetics*, 26(4), 235-244, 1999.

Michel, Charles, Carlos Velasco and Charles Spence, "Cutlery Matters: Heavy Cutlery Enhances Diners' Enjoyment of the Food Served in a Realistic Dining Environment," *Flavour*, 4(26), 1-8, 2015.

North, Adrian C., "The Effect of Background Music on the Taste of Wine," *British Journal of Psychology*, 103(3), 293-301, 2012.

North, Adrian C., Amber Shilcock and David J. Hargreaves, "The Effect of Musical Style on Restaurant Customers' Spending," *Environment and Behavior*, 35(5), 712-718, 2003.

Spence, Charles, *Sense-hacking: How to Use the Power of Your Senses for Happier, Healthier Living*. Penguin. 2022.

Zampini, Massimiliano and Charles Spence, "The Role of Auditory Cues in Modulating the Perceived Crispness and Staleness of Potato Chips," *Journal of Sensory Studies*, 19(5), 347-363, 2004.

옮긴이 박세연

서울대에서 원예학을, 고려대에서 철학을 공부하고 글로벌 IT 기업에서 마케터와
브랜드매니저로 일했다. 《부동산은 어떻게 권력이 되었나》, 《나는 AI와 공부한다》,
《행동경제학》 등 100여 권의 책을 우리말로 옮겼다.

마인드 해킹

1판 1쇄 인쇄 2026년 4월 10일
1판 1쇄 발행 2026년 4월 27일

지은이 리처드 쇼튼, 마이클아론 플리커
옮긴이 박세연

발행인 양원석　**편집장** 김건희　**책임편집** 이수민
영업마케팅 조아라, 박소정, 김유진, 원하경, 정민지

펴낸 곳 ㈜알에이치코리아
주소 서울시 금천구 가산디지털2로 53, 20층(가산동, 한라시그마밸리)
편집문의 02-6443-8904　　**도서문의** 02-6443-8800
홈페이지 http://rhk.co.kr
등록 2004년 1월 15일 제2-3726호

ISBN 978-89-255-6942-0 (03320)